Interest Groups and Decision-Making in the EU
History, Institution and Cases

欧盟利益集团与欧盟决策
历史沿革、机制运作与案例比较

张海洋 / 著

社会科学文献出版社
SOCIAL SCIENCES ACADEMIC PRESS (CHINA)

Contents 目录

第一章 导论 / 001
- 一 选题背景 / 001
- 二 国内外研究现状 / 004
- 三 本领域尚需进一步研究的问题 / 013
- 四 本研究的研究思路、方法和章节安排 / 014
- 五 相关概念的限定 / 015

第二章 欧盟利益集团的历史发展 / 017
- 一 从欧洲经济合作组织到煤钢共同体：欧洲一体化初期的利益集团（1949~1957）/ 017
- 二 欧洲经济共同体时期的利益集团：联盟的联盟（1957~1966）/ 025
- 三 欧洲一体化停滞期的利益集团（1966~1986）/ 031
- 四 从统一大市场到欧盟：迈向多元化的利益集团（1986~2000）/ 037
- 五 21世纪的欧盟利益集团：欧盟东扩、《里斯本条约》和游说监管问题的挑战 / 053

第三章 欧盟利益集团参与欧盟决策的机制和运作 / 062
- 一 欧盟利益集团参与欧盟决策的基础 / 062
- 二 欧盟利益集团对欧盟政策和立法的影响渠道 / 065
- 三 欧盟利益集团影响欧盟政策与立法的过程分析 / 102

第四章　欧盟利益集团参与欧盟决策的案例分析 / 118
　　案例一　欧盟健康政策中的利益集团与欧盟决策
　　　　　　——以欧盟反烟草广告指令为例 / 120
　　案例二　欧盟环境政策中的利益集团与欧盟决策
　　　　　　——以欧盟废气排放指令和欧盟汽车燃油指令为例 / 134
　　案例三　欧盟劳资利益集团与欧盟社会政策的发展 / 142
　　案例四　欧洲企业界圆桌会议与欧洲统一大市场的建设 / 159
　　案例五　欧洲货币联盟委员会、欧洲货币联盟协会与欧洲经货
　　　　　　联盟的建设 / 167

第五章　对欧盟利益集团在欧盟决策中地位和作用的评估 / 179
　　一　基于经验性观察的总结 / 179
　　二　对欧盟利益集团在欧盟决策中地位与作用的规范性评估 / 183
　　三　未来的研究议程 / 188

主要参考文献 / 192

索　引 / 201

第一章
导　论

一　选题背景

公众应当如何参与政治决策？这是西方政治学研究中重要的核心议题之一。代议制民主，以及这一范式下政党、政府和法律性权威等行为体共同参与的政治系统及其运作，历来受到主流研究界的重视，但自詹姆斯·麦迪逊在《联邦党人文集》中提出派别（faction）概念以来，越来越多的研究者注意到，在现实政治中，政党、政府和法律性权威等行为体及其互动只反映了复杂政治决策活动中有限的层面，在社会生活固有的复杂化背景下，来自经济社会层面的各种力量对政治决策参与形式的多样化是一种常态。他们经常以利益集团的形式组织起来，成为政治系统内影响决策的重要行为体。事实上，在任何一个给定的政治系统中，个体实现利益的途径固然多种多样，但在代议授权等传统的决策参与渠道之外，通过合作和集团化，以正式或非正式的手段影响既有系统内的决策并最大限度地获益，是每个个体在理性状态下常见的一种选择。这种"结社理性"效应，在各个政治系统中催生了大量的利益集团，他们成为西方政治生活中一个重要的组成部分，其影响也渗透到政治决策的各个层面。要想达成对西方政治中政治决策行为的全面了解，就必须对利益集团在政治生活中的决策参与进行系统的研究。

利益集团研究的重要性，同样体现在有关欧盟决策的研究中。欧盟是一个处于成长过程中的特殊政体（sui generis），一方面，它和传统的国家行为体一样，在诸多公共领域扮演仲裁者和监管者的角色；另一方面，它又通过开辟新的政策空间和成员国的权力转移，不断进行自我建构。这种特征使欧盟的决策具有双重维度。在传统的比较政治视角下，欧盟是一个具有公共决策权威的政体，其决策领域经常涉及公共利益的分配与调和，以及各种公共性问题的监管，这充分反映在欧盟第一支柱中的种种政策权能上；而在欧洲一体化研究的视角下，欧盟不像传统国家行为体那样，处于政策权限的相对稳定和政治架构的相对均衡状态，而是一个随着欧洲一体化不断发展和演变的特殊行为体，需要在一体化进程中做出涉及公共权力转移、重大制度创新和新政策空间塑造等一系列战略性问题的决策。无论是在比较政治视角下的一般公共性决策中，还是在一体化视角下的战略性决策中，利益集团都是欧盟决策研究不可忽视的研究对象。

从比较政治视角来看，对利益集团参与欧盟决策的观察，是我们全面了解欧盟一般性公共决策运作和特点的必要条件。

第一，经济社会层面的力量通过自我组织在政治生活中发挥作用是欧洲政治的传统，这一传统甚至可上溯至中世纪的欧洲行会组织，和美国"主流民意"式的政治文化相比，经济社会层面组织化色彩较强的结社行为一直是欧洲政治生态的一大特色。

第二，正如贝娅特·科勒－科赫等学者在《欧盟研究中的治理转向》一文中提出，近十几年来的经验观察表明，欧盟似乎代表了一种新的国家形态的出现，这种国家不是传统意义上的等级式国家形态（即首先获得代议制合法性，然后依靠代议授权的政治精英垄断政治讨论，对公共事务进行自上而下管理的国家形态），而是在尽量吸收公共和私人行为体参与的基础上、在充分讨论的情况下出台各种公共政策，并通过协商、开放式协调等软手段，在有组织的利益集团配合下加以实施。在这种政治决策中，没有传统意义上的管理者与被管理者的区别，所有相关行为体都参与政策目标和政策工具的确立过程，有组织的利益集团因为其专业能力和一定程度上的民主代表性，成为决策的重要组成部分。[①] 如果我们承认"欧盟治理"

---

① 〔德〕贝娅特·科勒－科赫：《欧盟研究中的治理转向》，《欧洲研究》2007年第5期。

学派的经验性判断，即随着利益集团的介入，多层治理和网络治理正在成为欧盟决策的一大特色，那么对欧盟决策中利益集团参与情况的研究，就是我们理解欧盟决策必不可少的一个观测点。

第三，当欧盟正在欧洲的诸多领域成为前所未有的重要决策中心时，欧盟政治的另外几个现象也颇为引人关注。一是以欧盟成员国为代表的传统国家形态在欧洲化背景下的权力弱化，这与欧洲一体化的发展逻辑自洽。二是成员国层面上政治党派之间政策竞争的空洞化[1]。三是欧洲议会在欧盟中的话语权虽有一定的增长，但它是否能够作为欧盟层面真正的民主力量，在公共政策领域有效地发挥代议制机关的公共利益调节功能，其前景仍然存在较大的不确定性。笔者无意夸大上述几个现象对欧盟政治的影响（笔者认为成员国、传统的代议制民主和政党政治在可预见的将来仍将是欧盟政治决策的重要组成部分），但在成员国权力的弱化、欧洲政党政治衰落和欧洲议会发展前景不明的情况下，无论从民主代表性还是从决策有效性的需求上看，欧盟的公共决策系统都面临一个不确定的真空。如何填补这一真空？就目前的经验研究看，利益集团代表了一种可能性。学界因此需要进一步加强对欧盟层面利益集团的观察，笔者认为，这可能是我们进一步深入理解欧盟公共政策决策以及欧盟政治未来发展方向的关键一环。

从欧洲一体化的研究视角来看，对利益集团决策参与行为的观察同样具有重要意义。长久以来，欧洲一体化的动力问题，一直是欧洲一体化研究者的讨论重点，大量的研究都围绕着一体化进程中若干重大战略性决策的过程展开，而这一过程中相关政党、政府、政治领导人和共同体机构的行为都是学界重要的研究对象，但主流的研究者从未忽视利益集团在这一过程中的重要作用。哈斯等新功能主义者就注意到跨国利益集团因追求自身利益而施加的压力对一体化决策产生的影响；而莫劳夫奇克等政府间主

---

[1] 部分关于欧洲化对成员国政党政治影响的研究表明，欧盟在公共事务诸多领域的渗透已侵蚀了成员国各党派竞争的政策空间，通过超国代表方式缩小了成员国党派政治可用的政策工具，与此同时，近十年来部分基于传统范式（政党党人数、参选率、选举流动性）对欧洲政党的观察也表明，政党政治在欧洲处于明显的衰落状态。参见张海洋《持续深化的欧洲政党组织危机》，《当代世界》2012年第五期。

义者，虽然更重视成员国政府在推动一体化进程中的主体性作用，却也强调了利益集团对成员国政府偏好的形成及其在一体化谈判中立场的重要意义。① 总体而言，在一体化的背景下，凭借着与经济社会基层的密切联系以及在政治决策圈中的广泛存在，各种利益集团成为连接共同体决策精英和共同体经济社会力量的重要桥梁，并因此与政党、政府和政治权力精英一样，成为影响欧洲一体化决策的重要行为体之一。要深化对欧洲一体化的发展动力及其战略性发展阶段决策过程的认识，就有必要对利益集团在这一过程中的决策参与进行进一步的考察。

除了在学理层面，对欧盟层面利益集团决策参与的研究也具有重要的现实意义。一方面，欧盟是具有重大经济政治影响力的全球性战略力量，在全球化的背景下，欧盟的政策走向具有影响全球经济政治格局的潜在可能。由于利益集团在欧盟决策中的重要角色，其实际上可以成为我们了解欧盟决策的前沿窗口，对欧盟利益集团的系统研究，有助于我们更高效、更深入地了解欧盟的政策动向，为我国的相关决策提供参考。另一方面，欧盟是人类历史上前所未有的制度创新，代表一种潜在的新型公共决策模式，而且在欧洲一体化的背景下，欧盟的政治制度仍在不断地发展和转型。欧盟的利益集团不但在欧盟的公共决策中扮演重要角色，而且也是欧盟的制度创新讨论中颇受关注的对象。对于欧盟利益集团的系统研究，有助于我们更全面地了解欧盟公共决策和制度创新过程中的各种经验，为同处于转型期的中国的公共决策和制度改革提供必要的参考。

二 国内外研究现状

（一）国外研究现状

利益集团长期以来都是政治决策系统中无法被忽视的一个存在，但其在

---

① Ernst B. Haas, *Beyond the Nation-state: Functionalism and International Organization*, Stanford University Press, 1964, pp. 86–113; A. Moravcsik, "Preferences and Power in the European Community: A Liberal Intergovernmentalist Approach", *Journal of Common Market Studies*, Vol. 31, No. 4, 1993, pp. 481–483.

政治决策中的角色一直备受争议。这种争议通常缘于民主政治哲学的价值判断和政治实用主义对利益集团在决策参与中地位和作用的不同解读。一方面，在西方主流民主政治理论的话语体系内，只有经历了民主过程并处于充分民主监督下的行为体，才能在决策参与的合法性上受到较大的认可，所以具有较高程度的形式化特征和稳定性的代议制民主，是公共决策制度安排中颇具主流色彩的解决方案，而有组织的利益集团由于经常游离于有形的民主过程和民主监督之外，往往成为很多传统民主理论的批判对象。另一方面，利益集团的成员也是公众的一部分，享有结社的自由并体现了不完全的民主代表性，而且由于利益集团通常更贴近经济社会的基层，可以为公共决策提供更具专业性的意见，这使任何一个民主政体都无法完全拒绝他们对决策的参与。自有关利益集团的系统研究出现以来，如何解读利益集团对决策的参与，并对其争议性角色进行评估，就是学界热烈讨论的问题。

最早对这些问题做出理论性评估的研究者是美国总统詹姆斯·麦迪逊（James Madison），他提出了著名的"麦迪逊悖论"，简单地说，政治制度的设计是为了维护社会的公正和保障公民权利，利益团体是人们自由且自愿地联合起来主张自我利益的必要手段。然而，利益集团天然的自利性对社会的整体利益是一种固有的威胁，因为一旦某些公民在共同的利益驱使下结成团体，就有可能展开不顾他人利益的集体行动，这不利于社会的长远发展。问题的困境在于，在一个纯粹的民主政体中，自由与利益集团的关系如同空气与火，没有前者，后者自然消失，但为了限制利益集团的危害而将其彻底扼杀，也就扼杀了公民的自由。[①] 麦迪逊担忧利益集团会拥有太大的政治影响，所以他认为必须对其进行控制，但同时他也意识到，自由社会必须允许人们主张自我利益。麦迪逊本人并没有给出解决这个问题的完美方案，而"麦迪逊悖论"也成为所有后续的利益集团研究者必须严肃考虑的问题。

如果说麦迪逊侧重于对利益集团决策参与的价值判断，那么美国学者奥尔森（Mancur Olson）则从实证的角度出发，对利益集团内在的运作机制及其对国家决策的影响做出了系统的评估。奥尔森的主要贡献有两个：一

[①] 〔美〕亚历山大·汉密尔顿、詹姆斯·麦迪逊、约翰·杰伊：《联邦党人文集》，程逢如等译，第10篇，《续前篇内容》，商务印书馆，2004。

方面，他在《集体行动的逻辑》一书中对利益集团实现集体行动的条件做出了令人信服的分析。在他看来，由于"搭便车"行为难以根除，大型利益集团的集体行动能力无法得到保障，而小规模的集团则可以通过建立选择性的激励机制，实现较为有效的集体行动，总体而言，一个组织的成员越多，规模越大，其集体行动的困境也越大。① 另一方面，他将《集体行动的逻辑》一书中的研究发现应用于对战后西方不同国家经济增长速度差异的解释。在《集体行动的逻辑》的姐妹篇《国家兴衰探源——经济增长、滞涨与社会僵化》中，奥尔森提出了分利集团的概念，出于自利的考虑，分利集团具有排他性，他们会通过各种寻租活动影响政府的决策。在奥尔森看来，分利集团对决策的参与不利于国家的发展，因为他们总是倾向于改变财富的分配规则为自身谋利，而不是致力于社会财富总量的增加。此外，由于分利集团之前存在利益纠纷，在影响决策的过程中，各个集团之间为解决分歧进行的争斗会严重拖慢决策的速度。② 通过对战后若干西方国家的观察，奥尔森认为，允许自由结社且没有经历动乱和入侵的国家，分利集团的数量越多，其对国家经济增长的阻碍和危害越大。反而是因为各种动荡削弱了分利集团的国家，在建立稳定的秩序后可以实现迅速的经济增长，英国的衰落和德国、日本的经济崛起就是上述假设的有力证据。简而言之，分利集团越少的国家，其集体行动的能力就越强。③

与奥尔森对利益集团的批判立场相对应的是大卫·杜鲁门（David Truman）以多元主义范式对利益集团决策参与的解读。在《政治过程》一书中，杜鲁门继承了麦迪逊在政治哲学层面对利益集团两难角色的思考，但他没有过多地从应然的角度去评判利益集团对公共决策的影响，而是以更务实的态度，指出利益集团与现代社会发展的必然联系。他认为，任何社会都是由人们之间的习惯性交往即集团所构成的。任何社会，即使其成员只使用最简单、最原始的技术，也是由大量不同类别的集团交叠构成的。④

---

① 〔美〕曼瑟尔·奥尔森：《集体行动的逻辑》，陈郁等译，三联书店，1995，第64~74页。
② 〔美〕曼瑟尔·奥尔森：《国家兴衰探源——经济增长、滞涨与社会僵化》，吕应中等译，商务印书馆，1999，第43~87页。
③ 〔美〕曼瑟尔·奥尔森：《国家兴衰探源——经济增长、滞涨与社会僵化》，吕应中等译，商务印书馆，1999，第87~135页。
④ 〔美〕大卫·杜鲁门：《政治过程》，陈尧译，天津人民出版社，2005，第48页。

而且在杜鲁门看来，技术的进步和社会专业化分工的发展，客观上促使利益集团的出现，"在有利的条件下，集团从那些具有共同的'知识'和由这种'知识'所促成的态度的人们中间形成。社会中所使用技术的性质和技术之间的互相依赖决定了集团交往的数量和种类。"[①] 杜鲁门对利益集团在公共决策中的作用持积极态度，基于对美国政治的观察，他认为，公众自由地结成利益集团之间展开竞争会形成一种多元化的格局，这一方面可以防止公权力的暴政，另一方面防止了少数集团对公共决策的垄断，多元竞争有助于公共决策中利益调和的均衡。[②]

利益集团研究最初的繁荣，主要源于美国学者对美国政治的观察和思考，20世纪中期以后，在欧洲研究，尤其是欧洲一体化和欧盟研究领域的学者，也开始将越来越多的研究视野投向利益集团。基于欧洲政治的现实，尤其是欧洲一体化的发展和欧盟的发展，学界将大量的研究精力，投向了利益集团在欧洲一体化和欧盟决策中的角色。在欧洲一体化初期，共同体的超国家公共性权威还处在形成过程中，所有相关的利益集团研究最初并不是从比较政治开始，而是从国际关系和地区一体化的视角切入，这方面的两种主流理论——新功能主义理论和政府间主义理论都对利益集团在欧洲超国家共同体框架内的活动进行了观察，但其观察的重点则是利益集团对欧洲一体化进程的影响。新功能主义的代表性学者哈斯（Ernst Haas）的主要关切在于"二战"以后欧洲国际关系格局的深刻变化以及在此基础上超国家组织的生成。他没有对利益集团决策参与的价值判断着墨过多，而是将重点放在利益集团的功能性作用上。他相信在一体化进程中，经济领域的功能性外溢将成为全面的地区一体化进程的重要推动力量，所以他特别关注利益集团，尤其是经济利益集团在欧洲一体化进程中作为"外溢"的载体的角色[③]。受到美国多元主义范式的影响，哈斯认为在发达的多元化民主国家，利益集团是政治进程的动力因素，他们总是处于呼吁公共需求得到认可的人群中的最前沿，所以如果利益集团处在一体化的进

[①] 〔美〕大卫·杜鲁门：《政治过程》，陈尧译，天津人民出版社，2005，第59页。
[②] 〔美〕大卫·杜鲁门：《政治过程》，陈尧译，天津人民出版社，2005，第563页。
[③] Ernst B. Haas, *The Uniting of Europe: Political, Social and Economic Forces 1950–1957*, University of Notre Dame Press, 1958.

程，只要来自经济层面的功能性需求出现，利益集团就会在这种功能性需求的作用下成为能动的行为体，推动一体化的发展，甚至在必要的时候克服来自国家政府的阻碍。[①] 而支持政府间主义的学者，同样重视利益集团在欧洲一体化的作用，如莫劳夫奇克（Andrew Moravcsik）就认为在公民社会中相互作用并具有自主利益的私人和社团是政治中最基本的行为体，但与新功能主义不同的是，他们强调国家行为体是基层的经济社会力量与欧洲一体化发展之间必要的一个桥梁。在一体化的谈判中，政府的偏好决定了他们在相关政府间协商中的立场，而这种偏好是国内的各种经济社会力量博弈的结果。社会团体的身份，他们的各种利益的本质和他们对国内政治的影响能力，最终决定了政府在一体化进程中的政策。简单地说，利益集团表明自身的各种诉求，政府则把他们聚合起来。[②]

新功能主义和政府间主义倾向于在欧洲一体化不断发展的动态性背景下去考察利益集团在一体化中的角色，但随着超国家机构在组织结构和政策权限上的不断发展，欧洲共同体和后来的欧盟越来越多地显示出作为公共决策权威的特征，并成为比较政治领域重要的研究对象。在这个领域，大量的研究都是经验性的，主要考察共同体和欧盟层面的利益集团如何对共同体和欧盟的决策施加影响。早期的研究以梅纳德（Jean Meynaud）和斯蒂安斯基（Dusan Sidjanski）为代表，他们对欧洲经济共同体运作过程中公共利益的调节方式以及利益集团在共同体决策中扮演的角色做出了初步的经验性描述。[③] 此后，相关的研究不断细化，部分学者将重点投向了利益集团本身，如以格林伍德（Justin Greenwood）为代表的一批学者将活跃在欧盟的利益集团进行了较为详细的类型学描述，并对欧盟不同政策领域利益

[①] Ernst B. Haas, *Beyond the Nation–state: Functionalism and International Organization*, Stanford University Press, 1964, pp. 86 – 113.

[②] A. Moravcsik, "Preferences and Power in the European Community: A Liberal Intergovernmentalist Approach", *Journal of Common Market Studies*, Vol. 31, No. 4, 1993, pp. 481 – 483.

[③] Jean Meynaud and Dusan Sidjanski, 1971, Les Groupes de Pression dans la Communaut'e Europ'eenne, 1958 – 1968. Structure et Action des Organisations Professionnelles, Universit'e Libre, Institut de Sociologie, Brussels; Dusan Sidjanski, "Pressure Groups and the European Economic Community", in COSGROVE, C. et TWITCHETT, K. J. (eds.), *The New International Actors*, New York et Londres, MacMillan, St Martin's Press, 1970.

集团的历史发展和行为特点进行了归纳,①也有部分学者对特定类型的利益集团展开重点研究,如科恩(David Coen)就系统地总结了欧盟商业利益集团的发展演变及其在欧盟决策系统中的运作特点;②另外一些学者把目光投向了利益集团在欧盟决策参与的制度结构,如史丹勒(Rinus van Schendelen)就从欧盟的决策制度特点出发,对利益集团在欧盟决策中的运作和影响空间做出了非常详细的梳理。③还有一些学者将欧盟利益集团和欧盟决策机制的特点结合起来,较为全面地分析了欧盟利益集团影响欧盟决策的过程和方式。如科恩(David Coen)和理查德森(Jeremy Richardson)就从决策机构在决策方面的"需求"和利益集团对决策的"供应"两个角度分析了利益集团和欧盟机构的互动,以及不同政策领域中利益集团对欧盟决策的影响。一些欧盟层面利益集团的从业者也在这个领域做出了贡献。古根(Daniel Guéguen)和德考克(Caroline De Cock)较为全面地整理了欧盟职业游说者在欧盟游说活动中的实务经验,并基于欧盟的决策特点总结出了系统的游说技巧,极大地丰富了学界对欧盟利益集团在欧盟日常政治决策中运作规律的理解。④

在经验研究不断发展的同时,部分学者开始对相关经验研究进行提炼,尝试建立理论范式,对利益集团在欧盟的决策参与模式加以归纳。一些学者从欧洲传统的社团主义(corporatism)理论中汲取营养,将根据国家内部公共利益调节模式发展而来的理论框架复制到对超国家共同体的观察中,他们认为,作为公共性权威的超国家机构和利益集团之间可以展开合作,通过赋予利益集团在决策中正式与合法的地位、超国家公共权威和利益集团可以建立稳定的互助关系,煤钢共同体时期的咨询委员会、欧共体的经

---

① Justin Greenwood, *Interest Representation in the European Union*, 3rd Edition. Palgrave Macmillan, 2011, Kindle Version read by Genius PDF 2.0 version.
② David Coen: "The Evolution of the Large Firm as a Political Actor in the European Union", *Journal of European Public Policy*, 1997, Vol. 4, No. 1.
③ Rinus van Schendelen, *More Machiavelli in Brussels*, *The Art of Lobbying the EU*, Amsterdam University Press, 2010.
④ Daniel Guéguen, *Reshaping European Lobbying*, Published by PACT European Affairs, First Edition, Kindle Version Read by Calibre e-book Version 1.21, 2013; Caroline De Cock, Survival Guide to EU Lobbying, Including the Use of Social Media, Eburon Academic Publishers, 2010, Kindle Version Read by Calibre e-book 1.21 Version.

社委员会以及欧盟社会对话等一系列欧盟机制化的决策实践证明，这种"欧洲社团主义"色彩的公共利益调节机制是存在的。[①] 然而，一些受到美国多元主义理论影响的学者则对社团主义模式的解读提出质疑，一方面，他们注意到欧洲超国家共同体的多层次性和多重决策权威的特点，并认为在这种背景下，由于政策影响渠道的多样化，利益集团的行为呈现出灵活性，他们通常采取多重战略进行决策参与，并不局限于某一固化的制度性安排。另一方面，他们也注意到欧盟层面社团主义式的公共利益调节机制存在低效化的问题，并对社团主义模式在欧盟决策中的发展潜力表示怀疑。[②] 在他们看来，欧盟决策权威的分散化和多层次性鼓励利益集团以非正式的、灵活多样的方式进行决策参与，这事实上创造了一种类似于美国的多元主义政治氛围。由于欧盟决策本身的多样性和复杂性，无论是社团主义论者还是多元主义论者，都可以从实证的研究中找到依据，所以两种观点的争论一直持续至今。

在利益集团参与欧盟决策的经验研究以及相应的参与模式的理论探讨基础上，很多欧盟的研究者开始对利益集团在欧盟层面的决策参与进行价值判断。对美国式多元主义传统持批判态度的研究者认为，利益集团天然的自利冲动会使他们在参与决策的过程中过分追求自我利益，如果他们过多地卷入共同体的决策中，可能会伤害整个共同体决策的合法性。[③] 不过，近年来，随着有关欧盟民主赤字的讨论不断出现，更多的学者开始强调利益集团的决策参与对促进欧盟民主有积极意义。这种讨论主要从民主理论的两个基本维度——输入合法性和输出合法性上展开。一方面，尽管利益集团难以作为欧盟社会整体意义上的民主代表，但其毕竟是社会中部分成员自愿结社的产物，拥有有限的民主代表性；另一方面，由于利益集团相

---

① Sven S Andersen, Kjell A Eliassen, "European Community Lobbying", *European Journal of Political Research*, 1991, Vol. 20, No. 2, pp. 173 – 187; Christine Mahoney, "The Power of Institutions: State and Interst Group Activity in the European Union", *European Union Politics*, 2004, Vol. 5, No. 4, pp. 441 – 466.

② Wolfgang Streeck and Philippe C. Schmitter, "From National Corporatism to Transnational Pluralism: Organized Interests in the Single European Market", *Politics & Society*, 1991, Vol. 19, No. 2.

③ James A. Caporaso, *The Structure and Function of European Integration*, Goodyear Publishing Company, 1974, Pacific Palisades, California.

对而言更贴近社会基层，他们的决策参与可以为公共政策的制定带来更好的专业性知识补充，提高政策讨论的水平，从而加强相关决策的输出合法性。在这种背景下，通过发挥利益集团的作用在欧盟构建新民主形式的探索开始升温，有关参与式民主的讨论正是这种探索的直接反映。[1] 这些讨论的一个核心问题是，在欧盟层面利益集团的决策参与是否可以使欧盟决策的民主代表性和决策质量两个方面都得到改善？这一问题的提出，使利益集团在欧盟决策中的功能性角色及其在欧盟民主建设中的价值性角色结合起来，并催生了相关领域大量研究的出现。这方面的典型代表，就是20世纪90年代以后欧洲学界新兴的欧盟治理（European Governance）理论。

欧盟治理理论对参与式民主提出的问题做出了热烈的回应。在大量经验研究基础上，欧盟治理理论者首先对欧盟的决策模式进行了总结：第一，共同体方式决策，即在欧盟委员会、欧洲议会和部长理事会共同参与，并在私人团体和组织提供咨询和协助的基础上联合决策；第二，决策的多层次性，决策权力不被成员国政府所垄断，而是扩大到超国家、成员国和次成员国等多个层面，各个行为体之间相互依赖，以一种非等级制的方式共享决策权威；第三，决策的网络化，以问题为导向，对决策的权力进行重新分割和组合，按问题的功能性需求在欧盟各层级的行为体以及私人团体之间建立新的政策共同体，注重问题的解决而不是单一行为体的利益最大化；第四，决策的低政治性，在欧盟层面，传统的政党竞争仍处在相对空洞化的状态，这使欧盟的政治化程度仍然处于较低水平，政党竞争对决策的影响仍然较小。[2]

欧盟治理理论对欧盟决策模式特征的基本判断实际上为利益集团参与欧盟决策的合法性开辟了新的空间，因为欧盟治理理论部分打破了多元主义和社团主义对决策权力的传统思维，提出了以问题为导向，将决策权力进行功能性划分和重组，构建去等级化的决策网络的理念。在这种合作型决策中，公权力提供指导性建议并设立规则，而在规则和指导下各层级的

---

[1] Beate Kohler‑Koch and Berthold Rittberger, (eds.), *Debating the Democratic Legitimacy of the European Union*, 2007, Rowman & Littlefield, Lanham.
[2] 〔德〕贝娅特·科勒－科赫:《欧盟研究中的治理转向》,《欧洲研究》2007年第5期，第28~29页。

公私行为体展开合作。决策的特点倾向于创造公共产品而不是某个单一行为体的利益最大化，而这种以解决问题为导向的思维，也使利益集团在决策中的重要性进一步上升，利益集团在决策专业知识和信息上的优势，使其成为这种决策模式中必不可少的组成部分，不再仅仅是一个追逐利益的场外游说者。

欧盟治理理论通过在欧盟的语境下强调利益集团对决策的积极意义，将参与式民主范式进行了系统的发展，而且其对公共决策权威的功能性划分，也在更大程度上赋予了利益集团作为欧盟决策的输出合法性提供者的地位。然而，作为民主政治话语体系下的产物，在利益集团的角色定位问题上，欧盟治理理论和其他理论一样，也需要面对一个传统的"输入合法性难题"：如何在利益集团参与决策的过程中确保广泛的民主参与和有效民主的监督？理论上看，对决策的功能性划分并引入专业能力较强的利益集团似乎可以促进欧盟决策水平的专业化，但这种"专家治国"的模式会使专业领域之外的公众对决策的民主参与和监督越发困难，而欧盟决策权的多层面和多领域分配也使其很难接受民主监督。[①] 由于欧盟还在不断的转型和发展中，且目前的经验性研究也不够全面，欧盟治理理论尚难以从输入合法性角度对利益集团在欧盟决策中的角色做出全面和系统的评估，这一问题也有待欧盟和利益集团研究领域的相关学者进行进一步的深入探讨。

（二）国内的研究现状

相对于国外学者的研究，我国国内对利益集团的研究起步较晚，且相当一部分研究聚焦美国，对欧盟层面利益集团决策参与的系统研究仍然比较匮乏。较早涉及这个领域的学者是中国社会科学院欧洲研究所的杨解朴，在她的硕士论文《欧盟层面的利益集团》中，杨解朴对欧盟的决策机制进行了较为系统的梳理，并引入了德国学者菲利普·施密特（Pillipe C. Schimitter）和沃夫冈·斯瑞克（Wolfgang Streeck）的"影响逻辑"理论和"成员逻辑"理论，对欧盟层面利益集团的类型、历史演变、活动渠道

[①] 〔德〕贝娅特·科勒-科赫：《对欧盟治理的批判性评价》，《欧洲研究》2008年第2期，第103页。

和活动方式进行了一定的介绍，并在此基础上对欧盟层面利益集团未来的发展方向做出了预测。① 河北师范大学的曾凡锋则以比特·博文（Pieter Bouwen）等学者提出的接近理论为基础，对欧盟商业利益与欧盟决策机构之间的互动做出了一定的分析。② 中央编译局的彭萍萍对国外有关欧盟利益集团研究的相关理论和研究做了较为全面的引介，并对利益集团与欧盟在政策制定中的互动范式，做出了较为全面的基础性分析。③ 华东师范大学的徐静将欧盟多层治理的理论应用于对欧盟利益集团的观察，并结合欧盟决策的机制、特点和部分案例对欧盟利益集团的游说活动进行了分析。④ 上海社会科学院的孙敬亭对国外学术界有关欧盟利益集团概念和影响力等方面的研究进行了理论性介绍。⑤

三 本领域尚需进一步研究的问题

利益集团的决策参与是政治学研究中一个重要的议题，近年来在欧洲一体化和欧盟研究领域，这方面的相关探索也热度不减，如同所有的研究一样，这个领域的研究也有很大的发展空间。

从国外的情况看，无论是对利益集团参与欧盟决策的实证观察、相关的理论提炼还是政治哲学层面对利益集团参与欧盟决策的价值判断，都有大量系统研究出现，各方面的研究总体上已经比较成熟。然而，由于欧盟这一研究对象的特殊性，一方面是比较政治视角下的公共决策权威，另一方面则是一体化研究视角下不断发展变化的行为体，对欧盟层面利益集团的研究因此也需要跨学科、多视角的观察。要更全面地研究利益集团在欧盟决策中的地位和作用，就需要在相对常态的公共决策和动态的一体化进

---

① 杨解朴：《欧盟层面的利益集团》，中国社会科学院欧洲研究所，2001年硕士论文。
② 曾凡锋：《欧盟商业利益集团与欧盟决策机构互动探究——接近理论视角》，河北师范大学，2007年硕士论文。
③ 彭萍萍：《欧盟利益集团与欧盟政策制定》，中共中央党校，2010年博士论文。
④ 徐静：《欧盟多层级治理下利益集团对欧盟决策作用的分析》，华东师范大学，2011年博士论文。
⑤ 孙敬亭：《欧盟利益集团研究：概念、重要性及影响力》，《欧洲研究》2011年第4期。

程中，对利益集团的决策参与行为进行更大范围的跨学科对话，这也是本领域研究进一步发展的一个空间。

从国内的情况看，我国对欧盟层面利益集团的研究还处于起步阶段，各方面的研究都有待进一步发展。具体而言，第一，目前国内学界尚没有对欧洲一体化进程中利益集团的产生和发展历史进行系统和深入的梳理，尽管部分著作对欧盟层面利益集团的发展史有一定介绍，但这些介绍仍欠全面，此外，由于欧盟仍处在不断的发展变化中，在最近的十几年来出现了很多新的制度和运作机制的变化，这就需要我们扩大研究的视野，进一步拓展经验研究的范围。第二，目前国内学界尚缺乏对欧盟层面利益集团实际运作的深度实证解读，对其在实际操纵层面如何影响欧盟决策的机制的探索仍显不足。第三，对欧洲一体化背景下一些重要的利益集团在一体化决策中作用的考察仍明显不足，相关的案例研究仍然处于匮乏状态。

四 本研究的研究思路、方法和章节安排

本研究是一个基于历史梳理、制度介绍和案例分析与比较的综合性研究，该研究旨在探索下列三个相互关联的问题：

1. 欧盟层面的利益集团是如何产生和发展的？

2. 在欧盟的日常运作和欧洲一体化的进程当中，欧盟利益集团如何影响欧盟的决策？

3. 如何对欧盟利益集团在欧盟决策中的地位和作用进行规范性评价？具体而言，这种评价涉及两个层面：一、欧盟利益集团对欧盟决策的参与是否有助于欧盟的民主建设？二、欧盟利益集团对欧盟决策的参与是否有助于提高欧盟的决策质量？

基于上述问题，本研究的主要任务有四：

第一，使用历史研究法，结合欧洲一体化的发展历史，对欧盟主要利益集团的产生、发展、演变及其在欧盟层面的活动进行宏观的梳理，时段从"二战"后到欧盟的《里斯本条约》，这部分内容安排在本研究的第二章。

第二，使用经验观察法和过程分析法，对欧盟层面利益集团参与欧盟决策的一般性机制和运作方式进行系统性的描述，一方面，研究将对欧盟层面利益集团主要的决策影响渠道进行经验性观察和描述，并在此基础上分析利益集团在各个渠道中的运作空间。另一方面，本研究将基于欧盟政策法规一般性的生成过程，对利益集团在相关政策法规形成过程中的角色进行描述和分析，这部分内容安排在本研究的第三章。

第三，使用案例研究方法，选择欧盟公共决策的若干领域和欧洲一体化进程中两个重要的战略性决策过程进行案例研究。公共决策方面选择社会政策、健康政策和环境政策的案例，一体化方面选择统一大市场建设和经货联盟建设作为案例。通过案例分析，研究利益集团在欧盟上述决策中的运作和特点，并从输入合法性和输出合法性的角度，对利益集团在这些案例的决策参与中扮演的角色进行初步评估，这部分内容安排在本研究的第四章。

第四，使用经验归纳和比较研究方法，结合上述三个部分的研究，对欧盟利益集团在欧盟决策中的地位和作用进行规范性评估，并在此基础上对既有理论可能的发展空间和未来的研究议程做出探讨，这部分内容安排在本研究的第五章。

五 相关概念的限定

在开展进一步的研究之前，有必要对本研究的核心概念"欧盟利益集团"进行明确的界定。在相关的研究中，因为关注点的差异，学界经常对"利益集团"这一称谓背后蕴含的客观事实采取不同的表述形式，并发展出侧重点各有不同的概念。比如侧重于观察利益集团在微观层面对政治影响的学者，就经常使用政治意味浓厚的"压力集团"（pressure groups）这一称谓，而研究社会和公民运动的学者，尽管其研究对象的内涵常常囊括利益集团，但由于他们的关注点不仅仅局限于政治决策，所以就经常使用"公民社会"（civil society）这一宽泛的表述。笔者认为，如果我们遵循实证研究的规律，那么对利益集团的概念建构应该考虑两个层面的问题：一是概念背后的客观事实产生的条件，简单地说，利益集团在什么情况下才得以存在。二是概念背后的客观事实以何种独特性区别于其他客观实在。基于这点考虑，笔者认为西方学者贝耶（Jan Beyers）、艾辛格（Rainer Eising）和玛洛尼（William. A. Maloney）提出了建构利益集团概念所必要的三个基本要素：共同的利益、组织和非正式性。① 共同的利益是利益集团产生的前提，只有共同的利益存在，才能促使社会中的个体有结成组织并参与政治生活的动机。组织则是确保利益集团稳定存在的基础，也是确保集团内部成员能够展开集体行动并为外界所认知的必要条件。非正式性则主要强调利益集团与政党行为体的区别，即利益集团不谋求获取正式的政治权力，只是谋求通过影响政治性决策而获利。

在这三个基本要素的基础上，笔者尝试引入欧盟这一表述，建构本研究的"欧盟利益集团概念"。笔者认为，欧盟为利益集团的活动提供了"场域"，这种"场域"使场域内的利益集团与一般意义上的利益集团有了一定区分，但这种"场域"却不是一个地理或空间意义的概念，而是与利益集团的产生密切相关。简单地说，因为一体化背景下欧盟政策权威的发展催生了潜在的利益空间，才导致利益相关方采取组织化的行动，并尝试通过影响欧盟的决策获利，这就从行为体的动机上限定了欧盟利益集团的范围。因此，本研究对"欧盟利益集团"的界定为：为了从欧盟获取利益，对欧盟层面的决策施加影响，但不谋求正式政治权力的有组织集团，即是"欧盟利益集团"。这是一个广义上的界定，与欧洲学界经常使用的公民社会概念有部分的重叠。笔者认为，区分这两个概念的标准在于，如果公民社会呈现出组织性，并尝试通过影响欧盟决策而获利，那么这种公民社会组织也属于欧盟利益集团的范畴，如在欧盟治理研究中经常提及的"有组织的市民社会"就是这种类型的欧盟利益集团。

---

① Jan Beyers, Rainer Eising and William. A. Maloney, "Researching Interest Groups Politics in Europe and Elsewhere: Much We Study, Little We Know?", in Jan Beyers, Rainer Eising and William. A. Maloney (eds.), *Interest Group Politics in Europe: Lessons from EU Studies and Comparative Politics*, West European Politics Series, Routledge, 2010, p. 4.

第二章
欧盟利益集团的历史发展

一 从欧洲经济合作组织到煤钢共同体：
欧洲一体化初期的利益集团（1949~1957）

（一）欧洲经济合作组织与二战后初期的西欧利益集团

欧盟利益集团的演进和发展，最早渊源于"二战"结束后的欧洲重建时期。为了抵御苏联和共产主义势力在欧洲的扩张，恢复欧洲盟友因战争而濒临崩溃的经济体系，美国发起了旨在复兴欧洲的"马歇尔计划"，当时的杜鲁门总统签署了总价值约130亿美元的援助计划，用于欧洲各国购买原材料、生活消费品和工业恢复，而这笔资金的分配和使用就成了一个迫切需要解决的问题。由于之前欧洲各国分别提出的重建方案均存在种种缺陷，美国国务卿马歇尔建议欧洲各国加强多边协调，以多边机制取代原来的美英、美法双边机制，以便使马歇尔计划的援助获得最大化的效果。西欧各国采纳了马歇尔的建议，成立了欧洲经济合作组织（the Organisation for European Economic Co-operation，OEEC），作为"马歇尔计划"美方管理机构——经济合作总署（Economic Co-operation Agency）的合作者，以支持"马歇尔计划"的实施工作[1]。

---

[1] 江碧华：《欧盟安全政策发展之研究》，台湾政治大学，2004年硕士论文，第141页，注1，http://nccuir.lib.nccu.edu.tw/bitstream/140.119/33659/7/25303407.pdf；另见 OECD, *Explorations in OEEC History*, p.34, OECD Publishing. 2009。

OEEC 自创立伊始,就致力于为欧洲各国的重建项目提供资金,促进贸易自由化、创造贸易支付系统的便利以提高欧洲国家间贸易,[1] 这无疑有利于当时欧洲的经济恢复和国家间的经济融合。而这些举措的一个副产品就是 OEEC 成为当时欧洲经济重建工作的信息中心和重要的决策中心之一。由于"马歇尔计划"对于欧洲工商业的发展具有重大意义,自 1948 年欧洲经济合作组织设立之后,欧洲各国的生产者就意识到 OEEC 的重要性。一些跨国利益集团就此开始建立,他们成立的主要目的是加强行业间的跨国沟通、与欧洲经济合作组织建立稳定的联系以获取"马歇尔计划"资源分配以及欧洲经济重建的相关信息,并将自身的利益诉求反馈到欧洲经济合作组织[2],这方面的代表性组织如欧洲工业联盟理事会(the Council of European Industrial Federation)、欧洲复兴计划工会建议委员会(ERP Trade Union Advisory Committee)、国际农业生产者欧洲委员会(the European Committee of the International Federation of Agricultural Producers)和欧洲独立企业理事会(the European Council of Independent Enterprises)等[3]。1949 年以后,这种跨国性利益集团的建立进入一个高潮期。在欧洲至少有 58 个非官方的跨国组织得以建立,其行业涵盖了制造业、批发零售、进出口等,其成员的主要来源国是法、德、意、比、荷、卢六国,也有少量成员来自英国、瑞士、奥地利、西班牙、葡萄牙和北欧。排除以提高产品质量、产量、销售和专业标准的技术性合作组织,其中专注于政治游说的利益集团仍有 29 个。[4]

---

[1] OECD, *Explorations in OEEC History*, p. 34, OECD Publishing. 2009.
[2] Michael J. Hogan, Blueprint for recovery, website of U. S. Diplomatic Mission to Germany, http://usa.usembassy.de/etexts/marshall/pam-blu.htm. Dusan Sidjanski, "Pressure Groups and the European Economic Community", in COSGROVE, C. et TWITCHETT, K. J. (eds.), *The New International Actors*, New York et Londres, MacMillan, St Martin's Press, 1970, p. 223.
[3] Dirk Stikker, "OEEC, a Great Factor in European Co-operation", in *Road to recovery, The Marshall Plan. Its Importance for the Netherlands and European Cooperation*. The Hague: Ministry of Foreign Affairs. Directorate-General for the Economic and Military Aid Program, 1954. p. 68, http://www.cvce.eu/content/publication/2003/6/10/ce9ea0e7-74a9-468f-84b2-11c276ad0f2b/publishable_en.pdf.
[4] Ernst b. Haas, *The Uniting of Europe*, *Political*, *Social and Economic Forces* 1950-1957, Stanford University Press, 1958, p. 318.

与后来欧洲共同体和欧盟时期的利益集团相比，在欧洲战后重建初期成立的跨国利益集团对决策的影响不大，在对外宣传中通常以加强跨国协作以推动共同的地区利益作为组织存在的合理性，其核心功能主要是作为欧洲复兴计划管理机构和欧洲各界经济社会力量之间信息沟通和利益表达的桥梁。① 此外，这些组织由欧洲各国既有的行业组织联合而成，其利益也各不相同。比如，法国的中小企业倾向于保护主义，而德国的工业阶级则更倾向于现代化的大强度生产，美国式的积极零售手段、反对保护主义②，但这种分歧并没有影响他们在跨国层面上加强合作的愿望。一方面，借助欧洲复兴计划，OEEC 在促进欧洲产业恢复和消除欧洲国家间贸易壁垒上取得了很大进展③，产业扩张和贸易自由化引发的各种跨边界问题要求各国的经济和产业力量进行有效的跨国整合，打破相对狭隘的小集团利益已经成为大势所趋。正如当时的德国工业联盟（Federation of German Industries）主席弗里茨·博格指出："我们的共同目标是联合的欧洲。产业和经济问题早已超越了国境，一个欧洲的，一个西方的经济必须取代国家层面的经济。"④ 另一方面，由于原欧洲各国内部的工商业阶层都来自欧洲的不同地区，而欧洲重建的资金和驱动力主要来自欧洲经济合作组织（OEEC）而非各国政府，如果不能建立对欧洲经济合作组织的影响力，就会有在经济重建中被边缘化的危险。在这种背景下，建立一个跨国的行业组织或者协会，不但有助于各国的工商业阶层相互交流 OEEC 的相关信息和积累各种欧洲重建计划的实践经验，也促使了各国的行业性力量整合起来以影响欧洲宏观的经济决策。⑤ 在当时，这些跨国利益集团的结构还比较松散，但他们的出现已经打破了原欧洲民族国家层面各种利益集团各自为政的局面，成为西欧国家内部的各种经济社会力量在战后重新建立联络的论坛，为各民族国家利

---

① Ernst b. Haas, *The Uniting of Europe, Political, Social and Economic Forces 1950 – 1957*, Stanford University Press, 1958, p. 319.
② Ernst B. Haas, *The Uniting of Europe, Political, Social and Economic Forces 1950 – 1957*, p. 321.
③ OECD, *Explorations in OEEC History*, p. 38, p. 40, OECD Publishing. 2009.
④ Bundesverband der Deutschen Industrie, FunfJaher Bundesverband der Deustschen Industrie (Bergisch – Giadbach, 1954). P. 174. Cited from Ernst B. Haas, *The Uniting of Europe, Political, Social and Economic Forces 1950 – 1957*, p. 321.
⑤ Ernst b. Haas, *The Uniting of Europe, Political, Social and Economic Forces 1950 – 1957*, Stanford University Press, 1958, p. 319.

益集团在欧洲层面的整合提供了雏形,[①] 而且欧洲复兴计划工会建议委员会和欧洲工业联盟理事会已经作为重要被咨询方,为欧洲经济合作组织的日常工作提供建议。[②]

(二) 煤钢共同体时期的共同体利益集团

1952 年以后,根据《巴黎条约》,法、德、意、比、荷、卢欧洲六国成立了欧洲煤钢共同体 (European Coal and Steel Community, ECSC), 使真正意义上的欧洲一体化进程进入轨道, 也为欧洲各国的经济社会力量在共同体层面的进一步整合提供了动力。首先, 根据《巴黎条约》, 煤钢共同体在煤钢生产领域获得了很大的权力, 如废止成员国间关税障碍、发放补贴、煤钢价格干预、部分税率的制定等[③]。这些原属成员国的权力上移至煤钢共同体层面, 意味着共同体成为当时西欧煤钢产业的管理与决策中心。由于共同体掌握着煤钢领域生产、流通和销售等一系列关键环节的监管权, 各成员国相关领域的利益集团客观上必须与之建立稳定的联系。其次, 对于西欧当时的煤钢生产者而言, 煤钢共同体是一个新事物, 在煤钢领域扮演的角色还是未知数。坐拥巨大的权力, 共同体机构可能成为产业发展的促进者, 也可能成为钳制产业自由的官僚机构。为了防止这个超国家机器过分的行政管制损害产业的利益, 各国的煤钢行业从业者意识到在共同体机构成立之初就需要联合起来, 防止共同体机构潜在的政府干预主义倾向。[④] 再次, 根据《巴黎条约》的规定, 在煤钢共同体成立之初, 其组织机构上就设立了咨询委员会 (Consultative Committee) 制度, 而该委员会必须从煤钢生产者、相关行业工会、煤钢销售者和消费者四个群体中选出代表, 为共同体的工作提供意见。这一咨询委员会制度, 为相关领域利益集团参与

[①] Dusan Sidjanski, "Pressure Groups and the European Economic Community", in Cosgrove, C. et TWITCHETT, K. J. (eds.), *The New International Actors*, New York et Londres, MacMillan, St Martin's Press, 1970, pp. 222 – 236.

[②] 欧洲经济合作组织在 1948~1961 年的工作记录, European University Institute, *Historical Archives of the European Community*, OEEC, www.eui.eu/HAEU/pdfinv/inv – oeec.pdf。

[③] Ernst B. Haas, *The Uniting of Europe*, *Political*, *Social and Economic Forces* 1950 – 1957, Stanford University Press, 1958, pp. 52 – 54.

[④] Ernst b. Haas, *The Uniting of Europe*, *Political*, *Social and Economic Forces* 1950 – 1957, Stanford University Press, 1958, p. 323.

共同体决策提供了制度性的渠道。①

在这种背景下，自 1952 年煤钢共同体成立后，共同体层面利益集团的发展进入加速期，从 1953 年开始，大约 10 个利益集团得以建立，包括欧洲共同体钢铁工人联盟（the Federation of the Iron and Steel Workers of the European Communities，FEDEREL）、欧洲冶金行业联络委员会（the Liaison Committee of the European Metallurgical Industries）、煤炭生产者研究委员会（the Committee for Study of the Coal Producers，CEPCEO）、钢铁生产者俱乐部（the Club of the Steel Producers）、欧洲自由工会联盟专门办公室（European Specialised Office of the Confederation of Free Trade Union），以及欧洲基督教工会联盟专门办公室（European Specialised Office of the Confederation of Christian Trade Union）等。② 而 1953 年以前建立的一些利益集团也根据一体化的发展进行了组织上的改造。总体而言，煤钢共同体成立后出现的利益集团组织化程度越高，影响也越大，他们不再局限于单纯地搜集行业信息和表达利益诉求，也积极地参与到共同体机构的政策制定中。代表性的利益集团有以下几个。

（1）欧洲产业联盟理事会（Council of European Industrial Federations，CIFE）

欧洲产业联盟理事会是 1949 年由法国倡议创建的，其最初的成员是欧洲经济合作组织（OEEC）内的欧洲各国各种产业集团，其宗旨是加强各国产业集团间的信息沟通。在煤钢共同体成立以后，法国又倡议以这个组织为基础，建立一个由煤钢共同体六个成员国的产业集团联合而成的产业家联盟。这一联盟将煤钢共同体六国最有代表性的产业集团整合成了一个更为紧密的组织，很大程度上独立于原来的欧洲产业联盟理事会，并与煤钢共同体机构建立了更为密切的联系，在煤钢共同体的咨询委员会中获得了较大的发言权。

---

① CVCE, European Economic and Social Committee and ECSC Consultative Committee, http://www.cvce.eu/obj/european_ economic_ and_ social_ committee_ and_ ecsc_ consultative_ committee – en – 591d6c9e – 8031 – 460a – 9546 – 1f57f72344a7.html.

② Dusan Sidjanski, "Pressure Groups and the European Economic Community", in Cosgrove, C. et Twitchett, K. J. (eds.), *The New International Actors*, New York et Londres, MacMillan, St Martin's Press, 1970, p. 223.

该组织长期研究进一步的经济一体化对煤钢共同体成员国的影响,尤其是在劳动力、资本流动、货币自由兑换,以及相关的管理问题等方面,并致力于参与新的一体化相关条约的起草。但该组织对于过分激进的一体化,尤其是带有官僚计划色彩的超国家主义,则一直持反对态度。比如,他们反对欧洲防务共同体在军备的采购问题上激进的超国家倾向。从原则上讲,该组织反对煤钢共同体各种官僚化和管制性的计划,但在现实中,他们也积极接触煤钢共同体的管理层以协调彼此的立场。[①]

(2) 煤钢共同体钢铁生产者俱乐部(The ECSC Club of the Steel Producers)

相对于欧洲产业联盟理事会,煤钢共同体钢铁生产者俱乐部的组织结构更为松散,主要由煤钢共同体成员国的国家钢铁协会组成,该组织没有设立固定的办公室和工作人员,而是以俱乐部的形式进行合作,其主要工作是在布鲁塞尔出口协定的框架下处理各国钢铁出口问题。到1954年,随着世界钢铁行业的衰退和竞争的加剧,协定被打破,由于彼此的利益分化较大,该俱乐部也没有成功地整合其成员的立场。尽管俱乐部成功地游说了煤钢共同体咨询委员会以及部长理事会,降低了钢铁行业的税率,但由于其利益分歧较多,没有对共同体机构产生较大的影响力。[②]

(3) 煤炭生产者研究委员会(The Committee for study of the Coal Producers,CEPCEO)

该委员会是由比利时、荷兰和德国的煤炭生产者联合创立的行业组织,成立于1953年,其建立的初衷是保护欧洲煤炭业的自由市场免受煤钢共同体机构的过分干涉,但同时该组织也一直致力于一体化的背景下欧洲煤炭工业的重组和发展,他们建立了多个专职委员会,对欧洲煤炭行业的生产成本、市场信息、劳动力状况、产品分配进行全面的跟踪,对煤炭产销领域的专业问题有很高的发言权。到1955年,该组织的工作首先引起了欧洲经济合作组织的注意,在欧洲经济合作组织的推动下,煤炭生产者研究

---

① Ernst b. Haas, *The Uniting of Europe*, *Political*, *Social and Economic Forces* 1950 – 1957, Stanford University Press, 1958, pp. 324 – 325.
② Ernst b. Haas, *The Uniting of Europe*, *Political*, *Social and Economic Forces* 1950 – 1957, Stanford University Press, 1958, pp. 325 – 326.

委员会正式成为欧洲煤钢共同体能源政策预算报告的被咨询方。到1957年，该委员会在煤钢共同体中的地位进一步提高，共同体机构开始每年固定拨付一些预算，以资助委员会在煤炭行业的研究。到20世纪70年代，资助的数额已经从最初的300万欧洲货币单位增长到1650万欧洲货币单位①。

（4）其他煤钢行业相关利益集团

随着大型的欧洲煤炭和钢铁行业公司不断成立泛欧组织，西欧各地一些与煤钢行业相关的上下游行业也开始在欧洲层面组织起来，比如欧洲冶金行业联络委员会（the Liaison Committee of the European Metallurgical Industries），它是欧洲的钢铁消费大户——工程和机器制造行业的联合体，其组织前身是在欧洲经济合作组织建立后成立的工程业联盟（ORGALIM），1953年，煤钢共同体六个成员国的工程和机械制造产业商在ORGALIM的框架内成立了自治的组织，该组织的成立主要是为了在经济一体化的背景下，保障钢铁消费者的共同利益，在新的共同市场内加强人员培训和制造业价格信息方面的合作，同时，也通过形成联盟，以在煤钢共同体的咨询委员会中获得更大的发言权。由于各国工程和机器制造行业的竞争比较激烈，利益分歧较大，欧洲冶金行业联络委员会内部很难在重大问题上达成共识，但总的来说，该组织还是为相关的产业集团提供了一个发表意见和加强交流的平台。② 又如欧共体轧钢行业联盟（Federation of Iron and Steel Rerollers of the European Community，FEDEREL），1953年以后，因担心共同市场取消了国家层面的价格控制和生产份额会引发大企业的垄断，西欧的轧钢企业共同建立了该联盟，他们提出保障就业、保证原材料供应，以及维护公平贸易等口号，向煤钢共同体的高级机构游说。1957年，他们获得了共同体高级机构的支持，在与大型钢铁企业的协商中获得了钢铁半成品的运费补贴。③ 尽管不是共同体咨询委员会的成员，但他们的游说活动比较积极，对

---

① Eurocoal report, "60 years of Voicing Coal interests in Europe", pp. 5 – 8, http：//www.eurocoal.be/pages/medien.php？idpage=621.
② Ernst b. Haas, *The Uniting of Europe*, *Political*, *Social and Economic Forces* 1950 – 1957, Stanford University Press, 1958, p. 327.
③ High Authority, Bulletin Mensueld'information, July 1957, p. 9.

共同体高级机构有不小的影响力。

除了生产环节，产品销售环节的零售商也开始了在共同体层面的整合，比如，由50个欧洲国家层面的煤炭消费重工业集团和煤炭零售集团组成的欧洲煤炭交易与消费联络委员会（European Liaison Committee of Coal Dealers and Consumers, CELNUCO），从1952年起，他们就在煤钢共同体咨询委员会中获得了代表权。而1953年建立的欧洲燃料零售联盟（European Union of Retail Fuel Dealers, UENDC）代表煤钢共同体成员国中小煤炭零售商的利益，其主要为产品价格的公开化、公平贸易以及零售行业中的反歧视问题向煤钢共同体展开游说。

（5）工会

煤钢共同体建立前后，一体化背景下产业利益集团在欧洲层面的整合，也引发了欧洲工会的关注。由于经济和社会历史现实的差异，西欧各国的工人阶级在利益上一直存在分化，这对泛欧层面工会组织的建立是一个障碍，但一体化的发展要求各国工人阶级必须组织起来。一方面，通过建立共同市场促进就业和经济繁荣是提高工人生活水平的必由之路，这客观上需要工人阶级的配合；另一方面，由于企业主已经以煤钢共同体的决策机构为核心，建立了一系列超国家联合体，对政策的影响不断加大，为避免在共同体内的政策讨论中被边缘化，传统的国家间协作方式已经不能满足跨国工人运动的需求，必须在共同体层面建立一个超国家的组织以维护工人阶级的利益。

在当时，西欧地区影响最大的三个工会组织是具有共产主义色彩的世界工会联盟（World Federation of Trade Unions, WFTU）、社会民主主义色彩的国际自由工会联合会（International Confederation of Free Trade Unions, ICFTU）和基督教色彩的国际基督教工会联合会（International Confederation of Christian Trade Union, ICCTU）。煤钢共同体的咨询委员会吸收了不具共产主义色彩的ICFTU和ICCTU作为代表，尽管在意识形态上有一定差异，但ICFTU和ICCTU对在一体化机构内拓展工人影响力的需求是一致的。1952年，ICFTU组织其内部隶属于共同体六国的成员国工会，建立了21人委员会（Committee of 21），以协调六国工会在共同体的运作。1955年，ICCTU也建立了煤钢共同体基督教工会联盟,以监督和建议共同体的工作。① 由于各国工人阶级在理念和利益上的差异,在共同体层面协调一致并不容易,但在一体化初期,共同体层面的工会组织还是受到了共同体机构和成员国政府的重视,因为共产主义工会组织对一体化和舒曼计划持反对态度,而共同体需要自身的工会组织作为反共的盟友。② 这些共同体的工会组织致力于在共同体层面提高工人的待遇和劳动条件,并多次对共同体决策产生直接的影响。

二 欧洲经济共同体时期的利益集团:联盟的联盟(1957~1966)

(一) 欧洲经济共同体与利益集团联盟的出现

1958年以后,随着《罗马条约》的签署,欧洲经济共同体开始运作,共同体的工作重心也从原来的煤钢联营扩展到共同市场的建设,这使共同体在市场要素(商品、人员、资本、服务等)监管、市场秩序的维护、产业政策的制定等领域获得了更大的权限。这种"共同体经济圈"向更广泛的领域发展,客观上要求更多的经济社会力量必须对此作出回应。此外,欧洲经济共同体设立了欧洲经济社会委员会,这是一个类似煤钢共同体咨询委员会的咨询机制,只是其意见咨询的对象范围更广。在共同市场建设的过程中,雇主、劳工、农业生产者、专业技术人员和其他公民组织的经济社会诉求,都隶属于该机构的工作领域。共同体权限的上升和更广泛的参与机制,促使更多的经济社会力量开始在共同体层面建立组织。

在工商业领域,欧洲产业联盟理事会(Council of European Industrial Federations, CIFE)进行了进一步的整合,由共同体六个成员国层面的产业联盟共同成立了欧洲工业和雇主联合会同盟(Union of Industrial and Employers' Confederations of Europe, UNICE),新的组织继承了原产业联盟理

---

① Michael J. Gorges, *Euro-Corporatism? Interest Intermediation in the EC*, University Press of America, 1996, pp. 78-79.
② Michael J. Gorges, *Euro-Corporatism? Interest Intermediation in the EC*, University Press of America, 1996, p. 79.

事会的宗旨,致力于在共同体层面表达和维护产业界的利益,促进产业界的团结,在欧洲范围内推动具有竞争力的产业政策。①

在劳工领域,由于欧洲各国工会在理念和利益上存在碎片化的问题,共同体层面劳工组织的整合一直比较缓慢,ICFTU 在《罗马条约》通过以后,整合了 21 人委员会,建立了欧洲工会联盟秘书处(European Trade Union Secretariat, ETUS),试图进一步整合共同体内的劳工组织,但进展有限。而一些共产主义意识形态的工会(如法国的 CGT 和意大利的 CGIL),以及基督教色彩的 ICCTU 开始在布鲁塞尔建立自己的共同体组织,到 1969 年,欧洲主要的工会组织都在布鲁塞尔设立了办事处,但因为意识形态的差异,这些组织之间的互动很少。而在 20 世纪 60 年代后期,由于欧洲产业界,尤其是跨国公司随着一体化的步伐不断进行整合,跨边界的投资愈演愈烈,如果不在共同体范围内发展跨国的劳工联盟,工会的议价能力就会受到严重损害。在这种压力下,各大工会组织经过艰苦的讨价还价,直到 1972 年才达成妥协,成立了欧洲工会联盟(European Trade Union Confederation, ETUC)。②

在农业领域,随着共同农业政策在《罗马条约》中被列为正式条款并实施,欧洲的农场主和农业相关合作者也开始组织起来。1958 年 9 月,欧共体六国的 13 个农业行业组织共同组建了农业组织专业委员会(Committee of Professional Agricultural Organisations, COPA)。1959 年 9 月,另一个农业组织——欧共体农业合作总务委员会(General Committee for Agricultural Cooperation in the European Union, COGECA)也得以建立,两者后来合并建立了共同的秘书处,并称 COPA – COGECA,其宗旨是在共同体层面表达和维护整个欧洲农业阶级的利益,建立并维护与共同体机构以及其他欧洲层面机构的关系,并致力于为欧洲农业阶级共同面临的问题寻求解决方案。③

---

① 商业欧洲(Business Europe)网站,History of the Organization, http://www.businesseurope.eu/content/default.asp? PageID = 601。
② Michael J. Gorges, *Euro – Corporatism? Interest Intermediation in the EC*, University Press of America, 1996, pp. 83 – 85;由于对共产主义色彩工会持负面态度,基督教工会组织在 ETUC 成立之初并非其成员,直到 1974 年才最终加入,参见 Michael J. Gorges, *Euro – Corporatism? Interest Intermediation in the EC*, University Press of America, 1996, p. 86。
③ 欧盟农业组织专业委员会网站,http://www.copa – cogeca.be/CogecaHistory.aspx。

工农业利益集团的整合，使生产者在共同体层面形成了集体性力量，作为回应，一些欧洲社会层面的公共性利益集团也开始了在共同体层面的重组。最早作出反应的是欧洲的消费者组织。1961 年，共同体委员会组织了一个消费者组织论坛，在会议的讨论中，委员会农业委员曼肖尔特（Sicco Mansholt）注意到，随着共同农业政策的建立，共同体层面的生产者将会获得极大的话语权，有必要引入其他社会力量对此进行平衡。来自当时共同体六国的消费者组织和曼肖尔特抱有同样的考虑。于是与会的各国消费者组织借会议的机会签署了一个协议，建立了欧洲消费者组织（the European Consumer Organisation，BEUC），并随后建立了消费者联系委员会（Consumers' Contact Committee），作为共同体委员会与消费者组织保持联络并征询意见的常设机制。[1]

其他领域的公共利益集团，受限于共同体政策权限发展，在共同体层面出现的相对较晚，比如在环保领域，直到 1973 年，欧共体首次提出环境政策，共同体层面环境利益集团的建立才提上议事日程。为了研究经济发展对环境的影响，设立特定的环保标准，共同体委员会需要环保组织的合作。为此，委员会在 1974 年推动建立了欧洲环境局（European Environmental Bureau，EEB），该组织是一个整合了共同体各国环保组织的环保联盟，致力汇总各国环保组织的专业意见，为共同体的环境政策制定提供支持。[2] 在发展援助领域，欧共体与发展援助组织的合作也在 20 世纪 70 年代开始，欧共体各国的发展援助组织共同组建了发展援助 NGO 联络委员会（Liaison Committee with Development NGO），该组织也是各国发展援助 NGO 在共同体层面的一个联盟，并与共同体委员会进行长期合作，从共同体预算中获得资金，并和共同体委员会一起制定各种发展援助项目，再通过其联盟内的

---

[1] A. R. Young, "European Consumer Groups: Multiple Levels of Governance and Multiple Logics of Collective Action", pp. 157 – 159, in J. Greenwood and M. Aspinwall (eds.), *Collective Action in the European Union: Interests and the New Politics of Accociability*. London; New York: Routledge, 1997, Kindle Version Read by Calibre e – book 1. 21version.

[2] European Commission, European Environmental Bureau, http://enrd.ec.europa.eu/networks-and-networking/eu-organisations/en/eeb_en.cfm; Justin Greenwood, *Interest Representation in the European Union*, 3rd Edition. Palgrave Macmillan, 2011, Kindle Version Read by Genius PDF 2.0 Version, p. 197.

各个成员组织予以执行①。

由于当时欧洲一体化在各个领域的发展并不平衡,并非所有的经济社会力量都对在共同体层面建立组织持非常积极的态度,往往是利益在一体化发展中受到直接影响的经济社会力量组织化的建设最好②,由于欧共体的成立打破了民族国家以政府间方式处理经济社会问题的权力垄断,创造了一个新的超国家的权力中心,这客观上为共同体层面经济社会力量的重组提供了空间。在当时,各种共同体层面的利益集团已经意识到共同体的权力在未来会有极大的发展空间,所以他们并不把其与共同体机构之间的互动仅仅看作一个单纯的影响政策的渠道,而是将其作为一种对未来影响力的投资,因此在一体化初期阶段,尽管欧共体机构在经济社会管理中的权限还比较有限,大量的利益集团已经以共同体机构为核心,开始了积极的活动。

一体化初期泛欧利益集团迅速发展的另一个原因是共同体委员会对利益集团在共同体层面的整合非常支持,在某种情况下,委员会甚至主动推动建立利益集团,如欧洲消费者组织的建立源于共同体委员会的倡议。共同体机构对利益集团的积极态度,主要是源于共同体治理的技术需要和政治上的考量。首先,共同体机构的资源和权限都是有限的,却担负着共同体领域内各行各业繁多的日常社会经济管理,而且在资本主义市场经济环境下,直接的管制在技术上并不容易,对共同体而言,一个有效的办法就是促进社会各行业的自我组织,并在共同体框架内发挥其主动性,共同协商解决各类社会经济问题。共同体机构在这一过程中获取了社会经济管理所必需的各种技术性信息,同时也可以依靠利益集团组织构建的网络,对经济社会生活施加影响。这种共同体和利益集团相互协作的治理模式,使共同体易于得到各种经济社会力量的支持,并在资源有限的情况下大大拓展了其影响空间。其次,由于共同体层面的利益集团通常都由各共同体成

---

① OECD, *Development Co-operation Review Series*, European Community, OECD publishing, 1998, p. 62.
② Dusan Sidjanski, "Pressure Groups and the European Economic Community", in Cosgrove, C. et Twitchett, K. J. (eds.), *The New International Actors*, New York et Londres, MacMillan, St Martin's Press, 1970, p. 223.

员国内部的利益集团联合组成,对共同体层面利益集团的影响力也就意味着对成员国层面利益集团的影响力,这使共同体机构获得了一个可以影响成员国政府的权力杠杆,实际上进一步扩大了共同体的权力。① 再次,委员会负责起草的政策,会对共同体经济社会生活的方方面面产生直接影响,但政策起草的过程往往呈现出一种明显的精英主义倾向,缺乏真正意义上社会大众的民主参与。在共同体层面直接的政治参与渠道建设缓慢的情况下,推动各种经济社会力量集团在共同体层面的整合和参与,也是提供共同体政策合法性的一种补充性措施。

(二) 欧洲经济共同体内利益集团的运作

在欧洲经济共同体成立后的几年间,据不完全统计,在共同体层面活动的利益集团大约有 350 个,其中 2/3 具有正式的组织机构。而在共同体机构上层促进和各种经济社会力量的下层推动下,欧共体的利益集团活动进入了一个非常活跃的阶段,其领域的分布也开始趋于稳定。和共同体成员国内部的情况类似,共同体层面的主要利益集团分为三大领域:代表工商业利益的雇主集团、农业利益集团和工会。② 各领域内通常都有一个具有最广泛代表性的集团,负责整合并协调其他利益集团,这种结构是一种所谓"联盟的联盟"(federation of federation)的伞状结构,因此也被称为伞状联盟③。以雇主集团为例,在共同体层面具有最广泛代表性的组织是欧洲工业和雇主联合会同盟(UNICE),此外雇主集团内还包括代表商业和贸易利益的 COCCEE、代表银行业利益的 B. F. E. E. C. ,以及一些诸如欧洲经济共同体纺织业合作委员会(COMMITEXTIL)这样的特定行业集团。欧洲工业和雇主联合会同盟(UNICE)向整个雇主联盟负责,需要担负联盟的日常工

---

① Dusan Sidjanski, "Pressure Groups and the European Economic Community", in Cosgrove, C. et Twitchett, K. J. (eds.), *The New International Actors*, New York et Londres, MacMillan, St Martin's Press, 1970, p. 226.

② Dusan Sidjanski, "Pressure Groups and the European Economic Community", in Cosgrove, C. et Twitchett, K. J. (eds.), *The New International Actors*, New York et Londres, MacMillan, St Martin's Press, 1970, p. 226.

③ Michael J. Gorges, "Interest Groups, European Integration and the New Institutionalism", Conference Paper for the Fifth Biennial Conference of the European Community Studies Associaltion, Seattle, Washington, May 29 – June 1, 1997, p. 12.

作以及各种利益的协调等。

这些利益集团的核心宗旨,自然是游说共同体机构以维护其利益,但在共同体层面,这些集团的游说方式与传统意义上国家内部的利益集团有所不同。国家内部的利益集团(如工会或农业协会等)因为与本国的社会经济力量结合紧密,往往可以通过集会和罢工等直接表达自己的诉求。在共同体层面,由于任何一个议题都可能对所有成员国的经济社会产生共同影响,而一个跨国的利益集团联盟,也需要处理其内部来自不同国家和地区小集团的利益分歧,这种利益的多元使激进的集体行动不容易发生。因此,相对的,各种利益集团更偏重于与共同体机构发展一种协作式的关系。

利益集团与共同体的互动主要分制度性和非制度性两种。制度性的互动渠道主要分两类:一类涉及政策制定,在一般性政策决定的准备阶段,与政策相关的利益集团会在欧共体经社委员会框架内参加非正式的咨询讨论。参加者既有欧共体层面的利益集团,也有成员国内的利益集团。成员国的利益集团由于和经济社会议题联系更紧密,其影响力更高,而共同体层面利益集团则主要起到协调作用。比如欧洲工业和雇主联合会同盟(UNICE)通常就负责协调各国雇主组织的利益表达,而农业组织专业委员会(COPA)协调各国农场主的利益。这些利益集团联盟,随后也会参加委员会和部长理事会之间的政策协商。另一类互动涉及日常管理,同样由共同体层面的跨国伞状联盟协调各国内部的利益集团共同工作,在共同体咨询委员会的框架下,为共同体的日常工作提供技术性信息和专业意见。[1]

在制度性渠道之外,利益集团与共同体还通过非制度性的渠道展开互动。这种非制度性的渠道主要是根据议题确立的不定期的听证会和非正式的会谈,而这些听证会和会谈成为利益集团影响共同体决策的重要手段。在一项政策从规划设计到出台实施的不同阶段,利益集团通常都会充分利用非正式渠道,与共同体机构保持密切沟通。一般而言,最初的政策动议是由共同体委员会提出的,在这个政策研究和形成的阶段,委员会会主动

---

[1] Dusan Sidjanski, "Pressure Groups and the European Economic Community", in Cosgrove, C. et Twitchett, K. J. (eds.), *The New International Actors*, New York et Londres, MacMillan, St Martin's Press, 1970, p. 232.

征询一些利益集团的意见以收集政策出台所需要的技术性信息作为信息贡献的报偿,委员会会向利益集团提高政策制定过程中的各种文件,确保利益集团知晓政策制定的进程。在政策讨论期,利益集团扮演的是相对中立的技术性专家角色,因为政策发展的不确定性较高,其潜在的影响还难以评估,当然,对于一些专业性组织的利益集团而言,在政策讨论和形成的阶段他们也能发挥较大的影响力。在初步的政策讨论之后,委员会将召集跨国利益集团联盟和成员国内的专家进行政策咨询。这种咨询通常都以委员会组织的工作组(working - party)形式展开,而利益集团可以通过贡献研究成果或派遣专家等方式,与工作组保持正式或非正式的联系以施加影响。这种模式在利益集团与委员会的互动中比较常见,从工作组的技术专家到委员会低级官员,与共同体委员会主席、利益集团与他们的互动都是存在的。在一般情况下,利益集团都是在委员会发出动议之后,在委员会的协调下发挥其影响力的,但有些利益集团也会主动率先发出政策倡议。比如欧共体银行业联盟(Federation of bankers of EEC)就曾针对行业反歧视措施和税务减免的问题倡议委员会出台政策。这样,利益集团就通过协助委员会的工作,在欧共体的发展中扮演了更积极的角色[1]。

无论是制度性渠道还是非制度性渠道,其对共同体的影响力都因议题的差异而各有不同,但欧共体的利益集团在各个渠道的活动都很积极,他们通常致力于在所有的渠道都设置一些代言人以提高影响力,这显然也是一种长期战略,共同体的广泛布局使他们一直处在与共同体的权力中心十分接近的位置。

三 欧洲一体化停滞期的利益集团(1966~1986)

《罗马条约》签署以后,随着利益集团对共同体决策的参与逐渐常态化,在共同体层面建立更广泛、更稳定的政治参与框架的尝试开始提上议

---

[1] Dusan Sidjanski, "Pressure Groups and the European Economic Community", in Cosgrove, C. et Twitchett, K. J. (eds.), *The New International Actors*, New York et Londres, MacMillan, St Martin's Press, 1970, pp. 230 - 231.

事日程。事实上，自欧洲经济共同体建立以来，共同体委员会一直试图通过构建共同体层面的经济社会力量代表机制，在共同体层面培养一种新的社团主义（Corporatism）的政治氛围。[①] 理想情况下，一个具有政治权力的共同体和一群具有共同体代表性的经济社会利益集团已经可以作为有效的政策讨论和形成机制的基础，并为一体化的进一步发展提供技术性与合法性的空间。然而，随着20世纪70年代一体化发展进入停滞期，这种以社团主义的模式组织利益集团参与共同体决策的尝试也遇到了困境。主要的难题有两个：一是在共同体层面真正意义上的利益整合机制难以建立，二是成员国拒绝轻易放弃其传统的权力。

（一）社团主义的困境

在利益整合方面，共同体委员会在1970年推动建立了共同体层面第一个由工会、工商业利益集团和成员国代表共同组成的三方机制——常务就业委员会（Standing Committee on Employment，SCE）。该机制建立的最初缘由是20世纪60年代后期共同体成员国当时普遍面临严重的失业问题，各国工会也呼吁政策层面的解决方案。成员国政府对劳资关系的重视程度开始上升，并考虑在共同体范围内协调就业政策。[②] 无论对一体化进程还是对共同体的利益集团本身，SCE的设立都是一个意义非凡的尝试。这在当时是唯一一个成员国部长理事会、共同体委员会、工会和雇主共同参与的机制。在SCE建立之前，各种利益集团和共同体之间的关系是一种垂直结构，利益集团向委员会表达利益诉求，委员会汇总和参考各方利益制定政策，再报送代表成员国利益的部长理事会。SCE的出现，在所有政策相关方之间建立了横向的讨论机制，这无疑大大提高了决策的效率和科学性。而且，由于参与SCE的利益集团一定程度上代表了各成员国的产业工人阶级和资本集团，资方和劳方的共同出现，不但为决策注入了更大的合法性，也意味着政策的讨论不再局限于单纯的产业政策，有可能向社会政策延伸，这无

---

① David Coen: "The Evolution of the Large Firm as a Political Actor in the European Union", *Journal of European Public Policy*, 1997, Vol. 4, No. 1, p. 93.
② EU website, Standing Committee on Employment, http://europa.eu/legislation_summaries/other/c10233_en.htm.

疑是提高共同体权能的大好时机。

然而，此后SCE的实践并不尽如人意。作为SCE的倡议者之一，工会首要关切的是欧共体劳动力市场一体化对劳动者的影响，希望拓展SCE的议题范围，将SCE作为探讨整个共同体经济和社会议题的场所。然而，受困于内部的意识形态差异和利益分化，工会难以在共同体内形成统一的声音，来自不同国家、持有不同意识形态的工会都希望在SCE中获得更多的代表席位，分配不均的情况下，部分工会甚至拒绝参加SCE，直接影响了该机构的运作。直到部长理事会作出让步，改变了代表席位的分配规则，情况才稍有好转，但工会希望将SCE议题拓展到更广泛的经济和社会政策的观点仍然不被接受。相对于当时一体化的发展进程，工会的设想显然过于超前了。一方面，代表成员国参与SCE的代表，通常都是各国的劳工部长，他们并不认为自己有更广泛的讨论经济和社会政策的权限，而《罗马条约》也并没有赋予共同体社会政策的制定权。另一方面，参与SCE的雇主集团代表也不支持工会的观点。对雇主集团而言，成员国内部的劳资谈判本来就是令各国产业界头痛的问题，在共同体层面再培养一个类似的机制探讨社会政策，无疑是给资本套上又一个枷锁。雇主集团的重要代表UNICE就断然拒绝在SCE中探讨任何有强制力的政策。在他们看来，欧洲共同体本质上是一个经济共同体，和社会政策没有直接的关系。他们参加SCE的动机，是通过SCE来解决阻碍劳动力自由流动的各种技术性壁垒。由于成员国和资方的态度冷淡，SCE并没有获得直接影响政策制定的权能，而是成为和经社委员会一样的咨询机构。[1]

工会对于SCE机制的安排并不满意。到1972年，由于共同体巴黎首脑会议希望委员会能起草一个社会行动计划（Social Action Program）以提高就业、工人工作条件，并加强在共同体层面的劳资关系管理，工会开始利用这个机会，继续推行其理念。从1974年起，共同体开始召开由共同体机构（包括委员会和部长理事会）、劳方和资方的三方会谈。工会希望借机在共同体层面建立制度化的、能出台有效政策的三方会谈机制，但和SCE遇到

---

[1] Michael J. Gorges, *Euro-Corporatism? Interest Intermediation in the EC*, University Press of America, 1996, pp. 122–124.

的问题一样：工会内部分歧严重，虽然当时共同体层面统一的工会组织欧洲工会联盟（ETUC）已经成立，但由于组织内部混杂了太多不同的声音，仍然无法形成共同立场。资方则把三方会谈当做解决市场要素流通的技术性平台和增加自身政治影响力的又一个管道，对任何强制性的社会政策的产生全无兴趣。而各成员国则担心三方会谈会使委员会在经济社会领域的权限过分上升。由于各方的利益关切和预期很难调和，最终三方会谈只在经济增长和充分就业等问题上通过了几个没有法律约束力的委员会建议（Recommendation）。由于三方会谈难以产生具体的成果，以 ETUC 为代表的共同体工会组织对三方会谈机制逐渐失去了兴趣，并于 1978 年不再参加谈判[1]。

SCE 和三方会谈的失败说明以社团主义来组织共同体内利益集团的运作是困难的。尽管在当时的西欧，社团主义是成员国用以协调国内利益集团各种经济社会诉求的常用模式，但在共同体层面，由于利益的进一步多元化，以传统的三方会谈为代表的社团主义模式难以有效运行。在共同体成立初期，虽然共同体层面利益集团联盟的出现使劳方和资方在形式上完成了组织化，但这些利益集团联盟结构通常比较松散，其成员来自不同的国家和地区，利益和理念的多元和分化很常见，共同体层面的协调往往最终只能在各参与方之间达成利益上的"最小公分母"。这种协调成本高，收益却很低的方式，并不能让参与者满意。而这样一个松散的联盟，又要和另一个面临同样问题的松散联盟进行会谈，想获得实质性的成果自然是不现实的。

（二）卢森堡妥协对利益集团游说的影响

除了利益协调上的困境，另一个影响共同体利益集团参与共同体决策的因素，是 1966 年 1 月欧共体成员国为解决欧共体部长理事会表决机制困境达成的"卢森堡妥协"。在当时，随着一体化进程的不断发展，共同体的最终决策机构部长理事会本应在大多数决议上采用多数表决机制取代全体

---

[1] Michael J. Gorges, *Euro-Corporatism? Interest Intermediation in the EC*, University Press of America, 1996, pp. 128–130.

一致的表决机制，如果这种情形得以实现，那么对共同体层面的利益集团活动自然是一大利好。一方面，多数表决机制下，共同体委员会对决策的影响力较大，而委员会因为人力和资源的限制，需要共同体层面的利益集团为决策提供技术性信息，这意味着利益集团在某种程度上可以直接影响共同体的决策。另一方面，因为共同体层面的利益集团是所谓"联盟的联盟"，一般都由来自共同体各成员国的同业利益集团组成。而这些伞状联盟本身的一个重要功能就是利益的协调。如果采取多数表决机制，那么这些伞状联盟的协调作用就变得非常重要，因为其可以凭借对各成员国利益集团的影响力进行合纵连横，在各个议题中最大限度地整合各成员国利益集团的利益以影响各成员国政府，在对自身有利的相关决策中努力创造一种多数成员国支持的氛围。然而，"卢森堡妥协"之后，由于成员国可以以某个议题涉及其"重大利益"为由，使决策进入一种事实上的一致通过表决机制，这就使利益集团在共同体内的游说环境发生了很大变化。一致通过，意味着任何一个成员国都对共同体的决策保留了最终的否决权，这种模式不但限制了委员会的权威，也使决策中创造多数的努力很大程度上失去了意义，对于利益集团而言，即便在一项决策出台之前做到了既能影响委员会，又能说服大多数成员国，还是可能被任何一个持反对意见的成员国所阻止。换言之，只要能成功游说一国政府动用否决权，就可以阻止对自己不利的决策，那么这种游说的成本显然比群体利益的协调要低得多。

"卢森堡妥协"导致的表决机制变化减慢了一体化的步伐，也意味着利益集团在共同体内运作方式需要改变。在共同体建设初期，利益集团与委员会的迅速接近是因为共同体在特定领域的权力增长，而利益集团在共同体层面的组织整合也是为其共同体层面的游说创造便利。然而，出于自身利益的考量和对权力政治的敏感性，利益集团的天性即是"不把鸡蛋放在一个篮子里"。事实上，共同体层面的利益集团本来就是由成员国利益集团联合而成的，在共同体层面所谓"联盟的联盟"形成之前，其已经在各成员国的政治架构中建立了根深蒂固的影响。如果共同体层面的利益协调面临困境，事实上的"一票否决"又使成员国在政策形成中的权力变大，那么在政策形成初期直接游说成员国政府显然比在共同体层面与其他的利益进行协调更有意义。

(三) 成员国游说的回潮和自愿联盟的出现

在这种背景下，20世纪70年代初期，可以发现共同体内的利益集团游说方式发生了变化。共同体层面的利益集团联盟的活动趋于萎缩，但一些在成员国层面影响力较大的利益集团，以及一些跨国公司开始直接在布鲁塞尔设立办公室，绕开共同体层面的利益集团联盟，通过其架设的成员国渠道，对成员国开始直接游说，并进而影响共同体的决策。共同体委员会对这种变化并不是截然反对，因为无论如何，委员会仍然需要利益集团提供政策制定的相关信息，也需要利益集团在成员国层面帮助其扩大影响，在提出政策动议的时候，来自成员国利益集团的意见越广泛，委员会政策的权威性和合理性就越高。因此，委员会也开始更主动与成员国层面的利益集团建立联系，其结果就是以共同体层面利益集团为组织基础，以横向的利益协调为运作方式的游说方式，转向了以利益集团、成员国政府和共同体委员会之间互动为主的一种更直接的游说方式[1]。事实上，对共同体而言，利益集团最重要的价值，不在于是否遵循了某种僵死的共同体组织原则，而在于是否能将最贴近经济社会生活的真实需求和一体化发展所必需的行业与技术信息提交至共同体层面。从这个角度来看，"联盟的联盟"因为需要利益的集体协调，并不能很好地履行这个职责，反而是一些立场接近的跨国公司自由组合而成的自愿联盟，在经济社会利益的表达和游说能力上更胜一筹。在一体化进入统一大市场之前，也就是《单一欧洲法令》通过之前，恰恰是这种自愿联盟，在推动一体化发展中扮演了重要角色，因为进一步的欧洲一体化与他们的利益密切相关。这其中的代表性组织是1983年创立的欧洲企业家圆桌会议（European Round Table of Industrialists, ERT），该组织由欧洲一些大型的跨国公司联合组成。该组织不像欧洲工业和雇主联合会同盟（UNICE）那样必须协调联盟内各种利益，但由于其组织庞大的财力及其对成员国政府和欧盟机构影响力，该组织自建立以来一直是欧洲工商业利益阶层一个非常重要的代言人，对共同体与共同市场相

---

[1] Michael J. Georges, *Euro-corporatism?: Interest Intermediation in the European Community*, University Press of America, 1996, p.38.

关的基础设施政策和教育政策发挥着巨大的影响力，并在很大程度上扮演了共同体1992年统一大市场计划重要的幕后推手（后文将有详细叙述），不但促进了一体化的发展，也使工商业利益集团在共同体决策中的影响力进一步上升。

四 从统一大市场到欧盟：迈向多元化的利益集团（1986~2000）

1986年，在共同体委员会、部分共同体成员国和一些支持欧洲一体化的经济社会利益集团合力推动下，共同体各国通过了旨在建设欧洲统一大市场的《单一欧洲法令》。法令通过后，欧洲一体化在经历了多年的停滞后又进入了快车道。《单一欧洲法令》带来的直接变化，是与统一市场相关的一系列领域的配套改革，如需要建立与单一市场相适应的银行、保险等服务业，确保商业运行的统一的法律框架、市场内各地区技术标准的协调、成员国财税的协调，以及去除影响跨国人员流动的各种居住和工作限制等，这些改革已经开始涉及共同体内经济社会生活的方方面面。《单一欧洲法令》也加强了委员会在环境政策、地区政策、产业政策、企业并购、研发创新等一系列领域的全能①。更重要的是，由于和《单一欧洲法令》相关的政策领域采取了特定多数投票制，成员国以所谓"涉及国家重大利益"为由阻止政策通过这一难题很大程度上得到了缓解。这些变化，使共同体委员会在共同体内的权力大大提高了。和共同体初创时期一样，委员会又成为利益集团眼中的决策中心。

但一体化的进程并没有就此终止，在《单一欧洲法令》通过6年之后，共同体的成员国又在1991年年末签署了《马斯特里赫特条约》，正式成立了欧洲联盟。对于各种共同体层面的利益集团而言，《马约》带来的变化有以下几点：第一，部长理事会沿用特定多数表决机制的政策领域进

---

① 〔法〕法布里斯·拉哈：《欧洲一体化史，1945~2004》，彭姝祎译，中国社会科学出版社，2005，第81~83页。

一步扩大了，这意味着利益集团通过建立各种利益联盟来影响政策制定的空间进一步扩展。第二，根据《马约》，欧盟于1994年设立了地区委员会，这是一个和经社理事会类似的咨询组织，代表了欧盟各个不同地区和地方政府的利益，但与经社理事会不同的是，地区委员会的成员通常来自欧盟各地的地方实权部门。由于这些地方势力对欧盟各成员国有直接的影响，所以在欧盟的政策制定，尤其是涉及地区性事务的政策制定上，地区委员会比经社理事会有更大的影响力，代表地区的利益集团由此成为欧盟利益集团家族中一股新的力量。第三，《马约》对在欧盟层面发展全面的社会政策作出了尝试，条约中增加了《社会政策议定书》条款，并将共同体之前的社会对话机制纳入到欧盟社会政策的决策程序，"委员会提交有关社会政策的议案之前，应就共同体行动的可能方向问题向劳资双方提出咨询"，当劳资双方认为采取共同体的行动是可取的，"委员会应就拟议草案的内容向劳资双方提出咨询。劳资双方应向委员会提出意见或适当时提出建议"。在《社会政策议定书》的第四条规定："如果劳资双方愿意，劳资双方共同体级的社会对话可导致包括签订协定在内的契约关系的建立。"理事会将适用特定多数表决制来批准劳资双方达成的协议。[①] 这一条款如果得以实施，就意味着由各种劳资利益集团参与的社会对话将成为欧盟社会政策中具有重大影响的机制。当然，由于英国的反对，最终有关社会政策的条款并没有正式纳入条约，而是成为不具法律价值的象征性附件条款，但英国的立场并没有坚持很久，到1997年欧盟通过《阿姆斯特丹条约》时，英国还是接受了将社会政策的条款正式纳入基础条约体系。这不但意味着共同体机构获得了更广泛的社会政策权限，也使相关利益集团在欧盟社会政策领域的参与获得了更强有力的法律基础。[②]

从20世纪80年代中期到20世纪末，一方面是欧盟的权限不断向更多的政策领域扩展，另一方面是部长理事会特定多数程序适用范围的

[①] 杨解朴：《欧盟治理下社会伙伴的角色变化》，《欧洲研究》2007年第5期，第78页；苏明忠译《欧洲联盟条约》，国际文化出版公司，1998，第173页。

[②] 杨解朴：《欧盟治理下社会伙伴的角色变化》，《欧洲研究》2007年第5期，第78页；戴炳然：《评欧盟〈阿姆斯特丹条约〉》，《欧洲研究》1998年第1期，第54页。

不断扩大，欧洲一体化的发展为利益集团参与欧盟的决策创造了更多的空间。而且，随着权限的扩张，欧盟机构尤其是欧盟委员会开始承担不断增长的工作压力，本来就人员和资源匮乏的委员会机构更加不堪重负，正如一个委员会高级官员指出的："我们工作超负荷，人手又严重不足，我的部门负责44项指令和89项条例的起草任务，每个月需要详细答复的邮件就有350页，但我只有9个人处理所有这些事情，而在美国，和我面对同样问题的管理部门有足足600人。"[1] 显然，没有专业人员对专门知识的补充，委员会根本无法完成因权限扩张带来的庞大的立法任务。权力的增加、决策程序的变化和委员会工作能力的不足，使欧盟决策日益依赖利益集团参与，而自20世纪80年代中期以来，共同体层面的利益集团也确实进入一个大发展时期，不但传统的和经济运行密切相关的生产性利益集团（producer groups）持续发挥影响，代表环保、消费者和地区利益的各种利益集团也开始活跃起来，共同体层面的利益集团格局开始多元化，具体而言，工商业利益集团、工会、代表各种社会诉求的公民利益集团和地区利益集团，构成了共同体层面主要的利益集团格局，下面将逐一进行阐述。

（一）工商业利益集团

在工商业领域，统一大市场的加速发展客观上要求一系列新的政策配套，也因此催生了很多新的政策讨论空间。由于和统一大市场相关的共同体经济决策越来越多，工商业利益集团对欧盟决策的重要性客观上上升了。而且，在统一大市场领域的相关政策都沿用特定多数表决机制，这意味着单个成员国不再拥有对政策的最终否决权，专注与游说某一成员国就可以阻止政策出台的"破坏性游说"失去了作用。要想更大程度上发挥对政策的影响，就必须在政策形成的初始阶段开始游说。此外，由于委员会更欢迎汇总了更广泛利益的集体性意见，要想在统一大市场涌现出的新政策领域获得更大的政策话语权，就必须在政策建议的过程中展现出一定的社会

---

[1] David Coen: "The Evolution of the Large Firm as a Political Actor in the European Union", *Journal of European Public Policy*, Vol. 4, No. 1, pp. 94–95.

代表性，这促使了欧盟各成员国的工商业利益群体根据新的政策议题在欧盟层面进行结盟重组。① 一些新的工商业利益集团开始在欧盟层面新的政策领域出现。比如能源消费利益集团 ENER－G8，这是一个由欧洲能源消费行业 8 个大型企业联合组成的利益集团，成员包括奔驰公司、巴斯夫公司、蒂森克虏伯公司等，由于他们的产业都是能源消费型，其行业发展也受到欧盟各成员国内部能源政策的影响。然而，由于相关能源政策的制定权长期被成员国内部的各种国有和私营的能源生产者所把持，而这些国家内部的生产者又倾向于通过加强国家保护主义来维护其利益，这无疑提高了能源价格，损害了能源消费产业的利益。而欧洲能源消费产业的巨头们成立 ENER－G8，就是要在欧盟层面发出能源消费产业的声音，绕过成员国国内能源生产者和成员国政府的政策壁垒，直接在欧盟层面影响立法以维护自己的利益②。另一个这方面的例子是国际通讯圆桌会议（International Communications Round Table，ICRT），这是一个由贝塔斯曼、IBM、麦克米伦、飞利浦电子公司等国际传媒巨头和 ICT 产业巨头联合组成的利益集团。他们的目的是在欧洲经济一体化的进程中，发展一个跨越国界的欧洲信息社会。因此，该集团致力于在知识产权保护、电子商务和大数据时代的个人隐私等问题上发出自己的声音，影响欧洲的公共讨论，促进相关法律法规的完善。

在欧盟的对外政策领域，工商业利益集团的影响也开始出现。这方面的典型例子是 1995 年开始的跨大西洋商业对话（Transatlantic Business Dialogue，TABD）。该对话最初由美国政府推动，主要目的是解决欧盟跨大西洋贸易中的各种问题，但欧洲的企业对此非常欢迎，自 1995 年首次对话以来一直是跨大西洋对话的积极参与者，在美欧间 1990 年以来的跨大西洋经济一体化合作中，欧方的企业在消除美欧关税和投资壁垒、促进美欧行业

---

① Maria Green Cowles, "The Changing Architecture of Big Business", in Justin Greenwood and Mark Aspinwall (eds.), *Collective Action in the European Union: Interests and the New Politics of Associability*, Kindle Version Read by Calibre e－book 1.21Version, pp. 311－313, Routledge, 1998, Transferred to Digital Printing 2007.

② Maria Green Cowles, "The Changing architecture of big business", in Justin Greenwood and Mark Aspinwall (eds.), *Collective Action in the European Union: Interests and the New Politics of Associability*, Kindle Version Read by calibre e－book 1.21 Version, pp. 311－313, Routledge, 1998, Transferred to Digital Printing 2007.

标准趋同以及跨大西洋共同市场的议程设定上都起到了重要作用。① 这也是欧洲企业界首次在国际场合发出欧盟层面的声音，并对欧盟国际经济议题设定发挥影响。同时他们也通过这个机制加强同美国政界和商界的联系，确保美国逐渐把视野投向远东的同时对跨大西洋关系仍保持足够的关注。②

除了在新的政策领域产生新的工商业利益集团，传统的"联盟的联盟"，即从煤钢共同体时期就存在的工商利益集团跨领域联合体（Cross - Sector Associations）在 20 世纪 80 年代中期以后也有了进一步的发展。比如欧洲工业和雇主联合会同盟（UNICE）这个共同体建立初期就存在的联盟仍然保持着活力。由于欧盟成员国的不断增加，UNICE 也吸收了更多的成员国会员③，尽管由于会员众多，机构臃肿，UNICE 的运作效率不高，但它仍是欧盟层面具有最广泛代表性的工商业利益集团，在欧盟委员会与欧盟企业界各种日常事务的沟通中起到了重要的协调作用。④ 而在共同市场建设初期起到重要作用的欧洲企业界圆桌会议（ERT）在 20 世纪八九十年代仍然非常活跃，ERT 设立了一系列专业性和技术性的产业发展论坛，吸引企业和共同体官员进行政策讨论，为欧盟委员会的政策制定提供了大量支持性意见，同时，ERT 也建立了很多宏观性的"高政治"论坛，在欧盟东扩、欧美关系、欧盟研发和创新战略等领域推动政策讨论，其中比较著名的有由欧洲顶级工业家组成的致力于欧盟信息通讯政策的 Bangemann 小组，以及有关欧盟能源和交通政策的 Christophersen 论坛。这两个论坛直接推动了欧盟各国首脑在 1994 年埃森峰会上一系列相关政策动议的产生，欧洲大量的企业都因这些政策而获益。⑤ 同时，与这些老牌工商业利益集团的积极活动

---

① European Commission, DG - ENTR, Framework Contract for Evaluation and Evaluation - related Services: BUDG -02 -01 L2, Evaluation of the Transatlantic Business Dialogue (TABD), Final Report, http://ec.europa.eu/enterprise/dg/files/evaluation/2004_ executive_ summary_ en. pdf.

② Maria Green Cowles, "The Changing Architecture of Big Business", in Justin Greenwood and Mark Aspinwall (eds.), *Collective Action in the European Union: Interests and the New Politics of Associability*, Kindle Version Read by Calibre e - book 1.21 Version, p.314, Routledge, 1998, Transferred to Digital Printing 2007.

③ 该组织在 2007 年更名为商业欧洲（Confederation of Business Europe），作者注。

④ Justin Greenwood, *Interest Representation in the European Union*, 3rd Edition. Palgrave Macmillan, 2011, Kindle Version Read by Genius PDF 2.0 Version, pp.113 - 116.

⑤ David Coen: "The Evolution of the large Firm as a Political Actor in the European Union", *Journal of European Public Policy*, Vol.4, No.1, pp.96 - 97.

相对应的，是一些新的跨领域跨地区的工商业联盟的出现，这方面的代表性集团如美国商会欧盟分会（the American Chamber of Commerce – European Union，AMCHAM – EU）、欧洲商会联合会（EUROCHAMBRES）和欧洲中小企业联合会（UEAPME）。

美国商会欧盟分会的前身是美国商会（American Chamber of Commerce）布鲁塞尔的分会，其最初的目的是帮助美国公司与布鲁塞尔政界建立联系，维护美国公司的商业利益。随着欧洲一体化进程的发展和美国在欧洲商业利益的不断扩大，20世纪80年代中期后，该组织开始独立运作，其组织的核心机构是一个由美国跨国公司欧洲分公司首脑组成的执行委员会，其主要的活动是筹建美国的商业首脑和欧洲政界高层的各种交流论坛，致力于推动美欧之间的跨大西洋商业往来和各商业领域监管政策的协调。其日常活动比较积极，为美欧的跨大西洋经济互动提供了诸多便利，被认为是布鲁塞尔最成功的利益集团之一。[1]

欧洲手工业、中小企业协会（the European Association of Craft, Small and Medium – Sized Enterprises，UEAPME）是欧洲中小企业在欧盟层面的代表，该组织于1980年成立于德国慕尼黑，并于1991年将其总部迁到了布鲁塞尔，组织的成员来自欧盟各成员国层面的中小企业协会。尽管和UNICE之类的集团相比，UEAPME的成员企业规模较小，但他们更为团结，而且由于中小企业财力有限，无法在布鲁塞尔直接建立分支机构，这反而给了UEAPME在布鲁塞尔的秘书处更大的自由度和协调能力。UEAPME一直致力参加在欧盟的层面发出中小企业界的声音，为了获得欧盟社会对话的参加权，防止UNICE之类的大型利益集团垄断欧盟的政策空间，UEAPME甚至还于1996年在欧洲初审法院发起了诉讼，以维护自己的政策参与权[2]。从那以后，UEAPME就一直是欧洲社会对话的重要参与方之一。而且在委员会看来，欧盟在决策参与问题上应考虑代表

---

[1] Justin Greenwood, *Interest Representation in the European Union*, 3rd Edition. Palgrave Macmillan, 2011, Kindle Version Read by Genius PDF 2.0 Version, pp. 116 – 117.

[2] "Union Européenne de l'Artisanat et des Petites et Moyennes Entreprises（UEAPME） v. Council of the European Union, Case T – 135/96（1998）". Eur – lex. europa. eu. Retrieved 2013年9月2日。

性的原则，不能由大企业的利益集团垄断工商业界的声音，而UEAPME代表了欧洲中小企业的声音，所以UEAPME的决策参与通常都受到委员会的重视。①

欧洲商会联合会（EUROCHAMBRES）是一个由欧盟各成员国商会组成的商会联盟，相对于UNICE和UEAPME，EUROCHAMBRES的地位有些尴尬。因为UNICE是欧盟大企业的代表，而UEAPME代表了欧盟的中小企业，这无形中挤压了EUROCHAMBRES的生存空间。因此，EUROCHAMBRES的注意力主要在于欧盟的地区性企业，而该组织和欧盟地区委员会之间的联系也比较紧密。此外，EUROCHAMBRES和中东欧地区的商业力量关系密切，是中东欧企业学习欧盟事务经验和表达利益诉求的论坛。EUROCHAMBRES的一个特点，就是其服务性大于政治性。该组织拥有一个涵盖欧洲绝大部分地区的成员网络，其影响甚至延伸到中东和亚洲。而该组织和世界其他地区的商会也有着密切的联系。这个全球性的庞大关系网，使EUROCHAMBRES成为欧盟各种力量建立联系和进行互动的重要载体，而欧盟委员会也乐于利用EUROCHAMBRES的网络及其和欧盟地方势力的密切关系，开展地区层面的活动。②

（二）工会

20世纪80年代中期以后，共同体层面工会的运作已经比较多样化。共同体各成员国的工会仍保留着其对成员国政府的影响力，并经常通过成员国政府来影响共同体的立法。他们在某些情况下也会结成跨国或跨地区的联盟，在布鲁塞尔直接设立办公室，利用与共同体经社委员会、共同体议会和委员会的关系进行游说。③

传统的共同体工会联盟，是各种工会势力影响共同体决策的另一个重要渠道。这方面的代表性组织是欧洲独立工会联盟（European Confederation

---

① Justin Greenwood, *Interest Representation in the European Union*, 3rd Edition. Palgrave Macmillan, 2011, Kindle Version Read by Genius PDF 2.0 Version, pp. 126 – 127.
② Justin Greenwood, *Interest Representation in the European Union*, 3rd Edition. Palgrave Macmillan, 2011, Kindle Version Read by Genius PDF 2.0 Version, pp. 124 – 126.
③ Justin Greenwood, *Interest Representation in the European Union*, 3rd Edition. Palgrave Macmillan, 2011, Kindle Version Read by Genius PDF 2.0 Version, pp. 171 – 172.

of Independent Trade Unions, CESI) 和欧洲工会联盟 (European Trade Union Confederation, ETUC)。CESI 是欧洲各国公共服务领域工会的联合体,在意大利和中东欧地区有较强的组织基础。该组织强调其独立性和非党派性,致力于维护欧洲数百万公共服务领域从业人员的利益,同时也致力于维持共同体层面工会组织的多元化。① 而 ETUC 的影响力要大得多,它长期以来都是共同体层面最主要的工会联盟,其主要会员来自欧洲各国的国家工会,以及以行业为基础组织起来的各种欧洲行业性工会,是共同体各种工会利益总的协调者,也是共同层面各种与劳工事务相关的讨论机制中最主要的工会利益代表者。

除了直接游说和通过工会联盟进行游说,工会在共同体层面的另一个组织方式是各国的同业工人基于行业的特点结成行业联盟,比如欧洲食品、农业和旅游业工会联盟 (European Federation of Food, Agriculture and Tourism Trade Unions, EFFAT)、欧洲矿产、化工和能源工会联盟 (European Mine, Chemical and Energy Workers' Federation, EMCEF),以及欧洲冶金工人联盟 (European Metalworkers' Federation, EMF) 等。这些工会与 ETUC 有密切的联系,是 ETUC 的重要成员。在 ETUC 框架下,类似的行业性联盟有 12 个,他们通常在 ETUC 的协调下在共同体的决策中表达行业性的意见。② 在欧洲劳工理事会 (European Works Council)③ 建立以后,这些行业性联盟就非常积极地参与到理事会的各种对话和讨论之中。尽管相对于各国的国家工会,行业性联盟的运作资源较少,但他们的存在很大程度上补充了 ETUC 在各种行业性领域的组织空白,成为共同体层面行业性劳工利益的重要代表。

对于共同体的工会组织而言,20 世纪 80 年代中期后统一大市场的日趋完善并不是个好消息。首先,市场一体化引发的劳动力自由流动,使原本

---

① CESI website, http://www.cesi.org/about_us/about_us.html.
② Eurofound, "European Industry federations", http://www.eurofound.europa.eu/areas/industrialrelations/dictionary/definitions/europeanindustryfederations.htm.
③ 欧洲劳工理事会是欧洲根据 1998 年的一项指令建立的机构,旨在促进共同体层面的劳资沟通, European Commission website, Employee Involvement - European Works Councils, http://ec.europa.eu/social/main.jsp?catId=707&langId=en&intPageId=211, 国内也有译者将其译为欧洲劳资联合委员会,作者注。

相对固化的劳动力市场出现了新的廉价劳动力，劳动力的跨国自由竞争，使原来那个被民族国家的干预措施所保护的社团主义式的劳动力市场开始转向了一个非劳工友好型的自由主义市场，这直接导致了工人在和资方的对话中议价能力下降。其次，由于大型的劳动密集型的制造业不断衰落，服务业在经济中的比重不断上升，规模更小、雇员更分散的企业越来越多，劳动者的组织和集体行动变得更加困难，而各国工会利益的多元化，进一步加剧了这种困难。再次，虽然《马约》和《阿姆斯特丹条约》赋予了共同体在社会政策层面的一些权限，但这种共同体的权限仍是有限的。在劳动保护、同工同酬等领域，共同体采用的是特定多数表决，但在雇员权益和社保等领域，其决策方式仍是一致通过。共同体的工会组织尽管可以通过经社委员会和社会对话等途径，对共同体的决策发挥一定影响，但在涉及工人重大利益的议题上仍然无法发挥作用。[1] 事实上，工会面临的困境并不是依靠自身的努力就能解决的。一方面，根据《阿姆斯特丹条约》，高度就业作为欧盟的一个目标被写进了欧盟基础条约;[2] 另一方面，建立一个开放的自由竞争的市场经济，一直以来都是欧洲一体化的核心目标，而这两者之间存在矛盾[3]。开放的市场经济，必然导致劳动力的自由竞争，并因此使高成本的劳动力面临失业问题。在政策实践中，同时达到高度就业和自由市场两个目标并不容易，而欧盟存在的基础本质上仍是经济共同体，欧洲一体化得以不断发展的关键动力，也是自由市场的扩展，而非工人运动，这实际上意味着劳工的力量在统一大市场的建设中一直面临着被边缘化的压力。

处于这种窘境之下，共同体的工会联盟，尤其是 ETUC，仍然致力于在共同体层面发出工人阶级的声音，维护劳工的利益。ETUC 的一个重大成就是积极配合委员会，重启了共同体层面 20 世纪 70 年代中断的劳资三方会谈，并将其发展为社会对话，其后又在社会对话成为共同体决策机制的问

---

[1] Justin Greenwood, *Interest Representation in the European Union*, 3rd Edition. Palgrave Macmillan, 2011, *Kindle Version Read by Genius PDF 2.0 Version*, pp. 155-166.
[2] 戴炳然:《评欧盟〈阿姆斯特丹条约〉》,《欧洲研究》1998 年第 1 期。
[3] Justin Greenwood, *Interest Representation in the European Union*, 3rd Edition. Palgrave Macmillan, 2011, *Kindle Version Read by Genius PDF 2.0 Version*, p. 160.

题上发挥了积极作用。而在具体的政策议题方面，尽管受制于共同体本身的权限，ETUC 在"最低工资"之类的核心问题上没有取得进展，但其仍在其他领域尽可能地发挥影响。一方面，为了阻止各国的工人在劳动力价格问题上进行恶性的廉价竞争，ETUC 协调了各国的工会，推出了统一的工资标准，作为各国工会劳资谈判的一个参照。① 另一方面，ETUC 通过其组织内的行业性工会联盟，在特定的行业领域推动建立跨国的行业性劳资谈判机制，欧洲冶金工人联盟建立的跨边界工资谈判协调机制就是这方面的典型例子。② 除了协调劳资谈判，ETUC 也开始发展和其他公共性利益集团（如妇女组织、移民组织等）的合作，设立如"机会平等"之类的政策倡议，建立一种"合作性社会责任"（corporate social responsibility）。在这一概念下，工会联盟和其他的社会力量联合了起来，壮大自己的声音，并利用这种方式间接地维护工人权益。③

在 20 世纪 80 年代欧洲经济一体化进入加速期后，总体而言，共同体层面的工人运动处于低潮，工会联盟在共同体层面取得的重要政策成果并不多，但正如部分学者指出的："如果不是工会联盟在推动欧洲社会对话和劳动力市场监管方面作出努力，（共同体层面的劳工运动）将处于更加不利的地位。"④ 尽管工会联盟的影响力可能无法与随着资本扩张大潮快速发展的工商业利益集团相比，但其毕竟维系了共同体层面劳工群体的影响力，一定程度上促进了不同国家不同行业工人阶级在共同体层面的协调。更重要的是，共同体层面的工会在劳工参与共同体决策的机制建设上起到了积极作用。随着社会对话等机制在共同体决策中不断走向制度化，工会联盟也成为稳定的劳方代表，作为一体化的进程中平衡资本扩张的重要力量发挥着自己的作用。

---

① Justin Greenwood, *Interest Representation in the European Union*, 3rd Edition. Palgrave Macmillan, 2011, Kindle Version Read by Genius PDF 2.0 Version, p. 162.
② Justin Greenwood, *Interest Representation in the European Union*, 3rd Edition. Palgrave Macmillan, 2011, Kindle Version Read by Genius PDF 2.0 Version, p. 162.
③ Justin Greenwood, *Interest Representation in the European Union*, 3rd Edition. Palgrave Macmillan, 2011, Kindle Version Read by Genius PDF 2.0 Version, p. 164.
④ Dølvik, J. E. and Visser, J., "ETUC and European Social Partnership: A Third Turning - Point", in H. Compston and J. Greenwood (eds), *Social Partnership in the European Union* 2001, Basingstoke: Palgrave Macmillan, p. 39.

(三) 公民利益集团[①]

20世纪80年代中期以后,各种社会组织和公民力量在欧盟的活动进入活跃期。这些公民利益集团在共同体层面的发展壮大是欧洲一体化进一步深入的必然产物。一方面,经济一体化的发展,使欧洲加速进入一个前所未有的经济自由化阶段,经济领域的大变革,在与经济密切相关的诸如环保、人权、消费者权益等领域催生了很多新的政策议题,这些议题客观上需要相关的公民组织的参与。另一方面,无论是《单一欧洲法令》还是《马斯特里赫特条约》,其本质都是遵循经济运行逻辑的以市场建设为导向的一体化,而这一过程很大程度上是精英驱动的,长久以来,这种市场—精英模式的一体化建设,都面临着严重的民主合法性缺失问题,尤其是来自社会层面的合法性输入 (input legitimacy) 不足[②]。受制于体系的庞大和复杂,在欧盟复制成员国代议民主的政治参与模式无疑非常困难,在这种背景下,通过鼓励有组织的公民社会力量参与欧盟决策,就成了欧盟缓解民主合法性缺失的重要手段。

事实上,公民利益集团对共同体决策的参与是有历史传统的,正如前文提到的,很多公民利益集团在一体化初期就已经在共同体层面参与政策咨询,比如欧洲消费者组织 (BEUC) 在《罗马条约》后就成为共同体决策过程中的一个被咨询方,而环保和对外援助组织则在20世纪70年代就进入欧共体相关政策的决策空间。但这种政策参与的规模仍然较小,相关的参与机制也不是很正式,且参与者的法律地位比较模糊。20世纪80年代中期以后,随着一体化过程中的民主赤字问题越来越受到重视,有关公民组织在欧盟决策中参与权的讨论开始不断升温。1986年,欧洲议会议员尼古

[①] 所谓公民利益集团,主要是经济领域之外的表达社会性诉求的公民组织和民间团体,如环境保护组织、消费者权益组织、人权组织等,他们代表了欧洲社会多元化的公共利益。西方学者 Justin Greenwood 将此类组织统称为 Citizen Interests,参见 Justin Greenwood, *Interest Representation in the European Union*, 3rd Edition. Palgrave Macmillan, 2011, Kindle Version Read by Genius PDF 2.0 Version, p.179,该概念的内涵比较广泛,学界对此概念的界定也有较多的争论,因本研究的重点不在于此,故不展开论述,为便于阐述,笔者将该术语译为公民利益集团。

[②] 李巍:《如何认识欧盟的民主赤字问题》,《欧洲研究》2002年第6期。

拉·方丹（Nicola Fontaine）发布了方丹报告（Fontaine Report），呼吁委员会为共同体层面的公民活动提高更多的资金，推动共同体层面的公民结社和组织，以提高共同体的合法性。[1] 到1992年《马约》出台时，条约后附加的"第23号宣言"，明确提出了要加强与公民组织的合作。[2] 在加强市民社会参与的呼声不断升高的背景下，欧盟委员会进一步拓展了与公民组织的合作，一方面，委员会在1992年出台了《欧洲结社法规草案》（The Draft Statute for European Associations）[3]，为公民利益集团在欧盟层面的活动提供了一定程度的法律保障；另一方面，委员会也加强了公民利益集团参与欧盟决策的制度化建设，推动建立欧盟与公民利益集团的公民对话（civil society dialogue）机制。1996年，欧盟委员会社会事务总司联合欧洲议会社会与就业政策委员会，组织欧洲各领域非政府组织共1000多名代表，召开了第一届欧盟社会政策论坛，此后这个论坛作为一个常设机制，每两年召开一次，成为欧洲公民社会与欧盟机构之间沟通的主要渠道。[4] 到1997年，欧盟委员会社会事务总司发布了"推动第三部门和基金会在欧洲的地位"的通讯，进一步强调了公民组织在欧盟社会政策，尤其是在反社会排斥和反歧视领域的重要性上，但该通讯并没有明确各种公民组织在政策参与中的合法身份，也没有提及公民组织的参与对欧盟民主合法性的意义。[5] 直到2001年，欧盟委员会发布《欧盟治理白皮书》，才对公民社会的纳入和欧盟治理合法性之间的关系进行了重点论述，并明确提出欧盟政治过程应普遍

---

[1] J. Kendall and H. K. Anheier, "The Third Sector and the EU Policy Process: an Initial Evaluation", *Journal of European Public Policy*, Vol. 6, No. 2, p. 289.

[2] EU website, TREATY ON EUROPEAN UNION, Official Journal C 191, 29 July 1992, DECLARATION on Cooperation with Charitable Associationshttp://eur-lex.europa.eu/en/treaties/dat/11992M/htm/11992M.html#0103000043.

[3] European Commission website, "The Draft Statute for European Associations (EA)", http://ec.europa.eu/enterprise/policies/sme/promoting-entrepreneurship/social-economy/associations-foundations/index_en.htm.

[4] 郑春荣：《欧盟委员会与公民社会关系的变迁与反思》，《欧洲研究》2009年第1期，第129~131页。

[5] Euroepan Commission, "Communication from the Commission of 6 June 1997 on promoting the Role of Voluntary Organisations and Foundations in Europe", COM (1997) 241 final, http://europa.eu/legislation_summaries/employment_and_social_policy/social_inclusion_fight_against_poverty/c10714_en.htm.

开放并向公民社会行为体咨询。①

20世纪80年代中期到2000年，一体化发展的客观需要和欧盟民主赤字问题引发的关注，不断推动着公民利益集团在欧盟层面的政策参与走向制度化和法制化，这一趋势为越来越多的公民利益集团在欧盟层面的活动开辟了空间。无论是在传统上公民利益集团活动比较积极的领域（如环保、消费者权益和对外发展援助等），还是在一体化过程中新涌现的一些公共关注领域（如性别平等、人权和公共健康等），公民利益集团的数量都开始增加。在环保领域，20世纪70年代成立的环保组织联盟——欧洲环境局（European Environmental Bureau，EEB）仍然保持着较大的影响，同时，一些新的力量如绿色和平组织（Green Peace）、地球之友（Friends of Earth）和世界自然基金会（World Wide Fund for Nature）从20世纪80年代后期开始在欧盟设立办事处，他们和欧洲环境局相互合作，成为欧盟环境政策领域重要的声音。而在人权领域，大赦国际（Amnesty International）从20世纪80年代中期开始在欧共体设立办事处，其他的欧洲人权组织则是在20世纪90年代以后加强了在欧盟层面的活动。在《马约》通过之后，随着共同体与公民组织合作的重要性被写入《马约》附加宣言，公民利益集团在欧盟层面的组织建设又进入新的高潮，在反贫困、残疾人权益、公共健康和志愿服务等领域都出现了公民利益集团②。此后，1997年的欧盟《阿姆斯特丹条约》增加了共同体在社会政策领域的权限，而2001年欧盟委员会的《欧盟治理白皮书》又进一步强调了公民社会参与欧盟决策的法律地位，在这一背景下，各种公民利益集团进一步加强了在欧盟层面的整合。2002年，一些有较大影响力的公民利益集团共同建立了欧盟公民社会联系组（the EU Civil Society Contact Group），旨在推动欧盟层面公民社会力量的团结和整合，该组织此后又吸收了一些其他的公民组织。目前，其主要的公民利益集团有8个，包括欧洲发展与援助非政府组织联盟（the European

---

① Euroepan Commission, *European Governance: A WHITE PAPER*, Brussels, 25.7.2001, COM (2001) 428 final, http://eur-lex.europa.eu/LexUriServ/LexUriServ.do? uri = COM: 2001: 0428: FIN: EN: PDF.

② Justin Greenwood, *Interest Representation in the European Union*, 3rd Edition. Palgrave Macmillan, 2011, *Kindle Version Read by Genius PDF 2.0 Version*, pp. 196 – 197.

NGO Confederation for Relief and Development，CONCORD)、文化欧洲运动（Culture Action Europe)、欧洲公共健康联盟（the European Public Health Alliance，EPHA)、欧洲终身学习市民社会论坛（the European Civil Society Platform on Lifelong Learning，EUCIS – LLL)、欧洲妇女游说组织（European Women's Lobby，EWL)、欧洲民主和人权网络（the Human Rights and Democracy Network，HRDN)、欧洲非政府组织社会论坛（the Platform of European Social NGOs)，以及欧盟层面主要的环保非政府组织组成的环保联盟Green10，成为欧盟层面具有最广泛代表性公民利益集团联盟。[1] 尽管这个联盟的成分复杂，囊括了不同的价值观和多样化的利益诉求，但其毕竟促进了整个欧盟范围公民社会力量的协调和组织化，为欧盟公民社会在欧盟的政治参与搭建了制度化的渠道，使公民社会的声音成为欧盟中不可忽视的一股力量。

（四）地区利益集团

欧盟的地区利益集团，代表了欧盟各成员国内次国家、地区乃至城镇曾经行为体的利益，是欧盟多层治理体系中除共同体和成员国之外的"第三层级"，他们通过在布鲁塞尔架设直接的游说渠道，以谋求在一体化的背景下维护自身的利益。

欧盟地区利益集团的发展，与欧洲一体化进程以及欧盟地区政策的演进密切相关。一方面，《单一欧洲法令》通过后，统一大市场建设带来的一系列自由化和去规制化趋势，使欧盟内部的地方政府和地区性力量受到了很大影响。比如竞争政策和市场政策自由流动的政策限制了地区性保护主义的措施，公共采购立法的改革使传统的地方政府和地方生产商之间的业务供应链受到侵蚀。而欧盟各种政策权限的增长，也使欧盟对地方的经济社会生活影响力不断增加。在交通运输、地区发展、基础设施建设、地区研发创新和反贫困等领域，欧盟各地的地方政府都需要加强和欧盟的合作。另一方面，自20世纪70年代以来，欧共体设立了旨在解决欧洲地区发展不

---

[1] The EU Civil Society Contact Group Website, "History", "Mission" and "Member & Partners", http：//www.act4europe.org/code/en/default.asp.

平衡的结构基金，作为欧盟地区政策的重要工具。《单一欧洲法令》通过后不久，结构基金的运作方式即进行了改革，伙伴关系原则的引入①，使欧盟成员国政府在基金分配上的权限受到了限制，而各级地方政府则在结构基金的使用和监管上获得了一定的话语权，其与欧盟机构的关系也更加紧密，成为欧盟地区政策中的重要行为体。到1994年，地区委员会作为欧盟的一个正式机构而成立，使地方性力量在欧盟的政策参与获得了高度的制度保障。

欧盟政策权限的扩张以及欧盟地区政策的改革，推动了地区利益集团在布鲁塞尔的出现。从20世纪80年代中期开始，欧盟各地的一些地方政府在布鲁塞尔设立办公室，以获取各种共同体的政策信息，并试图影响其中的一些政策，尤其是在与地区发展相关的预算和援助计划等政策领域。② 这种模式和中国各级地方政府在北京设立的各种驻京办事处有些类似，但这些地区并不总是各自为政，他们在共同体层面也建立了联盟性的组织。这方面的典型是欧洲地区大会（Assembly of European Regions，AER）和欧洲城市与地区理事会（the Council of European Municipalities and Regions，CEMR）。AER成立于1985年，其组织的成员包括来自欧洲33个国家的270个地区的地方代表，以及16个欧洲跨地区的合作组织。其宗旨是加强欧洲的地区间合作，推动联邦主义和地区主义在欧洲的发展。这个组织在欧盟的地区政策领域具有很强的影响力，在欧盟地区委员会成立之前，它一度作为半官方的机构扮演地区委员会的角色。③ CEMR的历史更悠久，其前身是1951年建立的欧洲城市理事会，并在1984年改组为欧洲城市与地区理事

---

① 伙伴关系原则的主要内涵是："加强欧盟同成员国及地方政府的协调与合作，使政策适应不同地区的实际需要。欧共体委员会明确提出伙伴关系作为政策原则，一方面，试图改善改革之前地区政策完全由成员国主导的实施方式；另一方面，通过建立共同体与成员国内地方政府的政策协调关系，形成真正的由下至上的政策形成机制。同时，在政策实施和资金使用的监管方面，也充分与成员国、地方政府甚至其他方面的社会、经济参与者协商，也在一定程度使得政策实施更加有的放矢。"参见邹峻《欧盟地区政策：制度安排与政策工具》，复旦大学博士论文，2007，第63页。
② Justin Greenwood, *Interest Representation in the European Union*, 3rd Edition. Palgrave Macmillan, 2011, Kindle Version Read by Genius PDF 2.0 Version, p. 252.
③ Justin Greenwood, *Interest Representation in the European Union*, 3rd Edition. Palgrave Macmillan, 2011, Kindle Version Read by Genius PDF 2.0 Version, p. 258.

会，其主要宗旨是为欧洲城市间的交流提供固定的论坛，加强欧洲城市间的协作，影响欧盟的政策和立法以维护欧洲各地城市和地区的利益[①]。由于地区性利益和城市利益之间的发展需求不同（比如欧洲的城市可能更需要发展城市建设，而地区性力量则更关注城乡差别问题），而且各个地区和城市都需要争取欧盟的结构基金和援助计划，这就使城市性力量和地区性力量在共同体层面的利益存在一定的竞争关系，所以 AER 和 CEMR 之间的关系也有相互竞争的成分，但是，无论是城市行为体还是地区行为体，都需要打破其所在国的中央政府对欧盟资源的垄断，所以为了提高在地区性利益在欧盟内的声音，他们也需要进行合作。

除了 AER 和 CEMR 这样有广泛代表性的联盟性地区利益集团之外，在欧盟还存在一些因特定的利益诉求联合而成的"领域性地区利益集团"（Sectoral Organizations of Regions）。比如 20 世纪 70 年代起建立的欧洲沿海地区会议组织（Conference of Peripheral Maritime Regions）和欧洲边境地区协会（Association of European Border Regions）。这两个组织是因地理环境和自然条件的相似而产生共同诉求的联合体，主要宗旨是加强边境和沿海地区间的合作，以确保欧盟在地区政策和总体的大政方针制定中，对这些地区的利益有足够的重视。从 20 世纪 90 年代到 2000 年，随着地区主义和地方治理在欧洲一体化中的角色开始受到重视，欧盟开始进一步推动地区间合作，并加强地区行为体对欧盟的参与，以此提高欧盟治理的合法性和效率。欧盟委员会出台了一系列"地区的欧洲"议程，推动欧洲的地区基于共同的议题和利益诉求加强合作，并催生了一批地区层面的政治、经济、社会网络。[②] 这些治理网络在某种程度上也代表不同利益的集团，但其组织相对比较松散，议题也比较多元。有些组织以地理特征为基础，比如城市密集地区的大都会地区网络（Metropolitan Regions Network）、北部人口稀少地区治理网络（Northern Sparsely Populated Areas）；也有些组织以地区产业特色为基础，如欧洲化工地区网络（European Chemical Regions Network）。

---

① CEMR website, http://www.ccre.org/en/article/3_2.
② Susana Borrás-Alomar, Thomas Christiansen and Andrés Rodríguez-Pose, "Towards a 'Europe of the Regions'? Visions and Reality from a Critical Perspective", *Regional Politics and Policy*, Vol. 4, No. 2, 1994, pp. 1–27.

此外，欧洲的部分地区还根据自身的特色，组成一些不定期的联合体，比如汽车制造地区联合体、葡萄酒种植地区联合体、制陶业地区联合体等。欧盟委员会通常都是这些联合体的倡议者，并通过阶段性地投入资金在这些具有共同特色的地区间搭建一个交流平台，以期望这些地区联合体可以逐渐成长为具有独立运作能力的集团。[1]

自欧洲一体化进入单一市场阶段后，为了平衡市场扩张引发的地区发展不平衡问题，欧盟在地区政策上投入了大量资源，也催生了一批组织日趋完善的地区利益集团。随着《马约》后欧盟地区委员会制度的固化，以及欧盟委员会对地区利益集团构建的大力推动，地区利益集团已经成为欧盟地区政策中一个重要的行为体。但总体而言，这些地区行为体的出现实际上并没有改变欧盟既有的权力格局。欧盟成员国仍对经济一体化背景下的地区差距问题负有主要责任，而且在欧盟结构基金的分配上，成员国政府仍保有最终的决定权。但地区利益集团的存在，为欧洲各个地区打破国界障碍发展合作开辟了新的空间，他们与欧盟委员会的关系发展，也使各个地区获得了除成员国以外另一个通往欧盟权力中心的途径，并培养了一种欧盟、成员国和地区之间三方合作的氛围。这种新的多层治理网络，有利于成员国和欧洲各地的地方性权威在欧盟的框架下打破传统的国界限制，进行更有效的重组和合作。

五 21世纪的欧盟利益集团：欧盟东扩、《里斯本条约》和游说监管问题的挑战

（一）欧盟东扩与《里斯本条约》对欧盟利益集团游说的影响

进入21世纪以后，欧盟经历了两个重大的变革：一是欧盟于2004年实现了其历史上第五次也是规模最大的一次成员扩充，10个东欧国家成为欧盟的新成员，使欧盟成员国达到25个。二是2009年以后，欧盟通过了《里

---

[1] Justin Greenwood, *Interest Representation in the European Union*, 3rd Edition. Palgrave Macmillan, 2011, Kindle Version Read by Genius PDF 2.0 Version, pp. 258–260.

斯本条约》(以下简称《里约》),这是继《马斯特里赫特条约》和《阿姆斯特丹条约》后,欧洲一体化进程又一个里程碑式的事件。该条约在继承和修订1957年以来一系列共同体条约的基础上,在欧盟的运行机制、机构改革以及民主合法性问题上作出了很多新的改变,被称为"简化版"的《欧盟宪法条约》。

这两大变革对在欧盟层面运作的各种利益集团产生了很大的影响。从东扩方面来看,首先,新成员加入欧盟,使欧盟决策机制进一步复杂化。无论在欧盟委员会、欧洲议会,还是部长理事会,东欧代表的大量出现使欧盟整个决策体制中决策者的绝对数量大幅上升。一个利益集团要想成功地对某项政策实施影响,就必须游说比过去更多的利益相关方,这无疑增加了游说成本。其次,随着东欧10国成为欧盟正式成员,来自东欧的各种经济社会利益集团也会名正言顺地加入布鲁塞尔的游说大军。对于欧盟原有的利益集团而言,他们可能是潜在的同盟军,也可能是潜在的竞争者,但无论如何,原有的利益集团都无法忽视其存在。再次,在决策层和游说集团层面大批新力量的加入,使各个政策领域中政治力量的分化组合出现了新的可能性,所有的利益集团都需要根据政策议题和相关领域的利益来对比,进行新一轮的结盟和重组。总体而言,欧盟的东扩使欧盟利益集团的游说格局进一步复杂化了。

从《里斯本条约》方面来看,《里约》带来的程序变革和机制重组,也影响到了活跃在欧盟的各种利益集团,这主要体现在以下几个方面。

第一,和1986年《单一欧洲法令》的情况类似,《里约》使欧盟在更多的政策领域,如结构基金和聚合基金、劳动力的自由流动、部分社会政策、知识产权问题和旅游业等,采用了特定多数表决机制(QMV)进行决策[1],这意味着相关领域的政策更容易避开成员国的否决而通过,利益集团可以更容易地通过游说进行合纵连横,以谋求多数立场。此外,《里约》引入了双多数决策机制,立法草案获得55%的欧盟成员国和代表65%欧盟人口的国家支持即可通过,相对于之前的《尼斯条约》,《里约》的这个通过

---

[1] Stephen Siberson, "Inching Toward EU Supranationalism? Qualified Majority Voting and Unanimity Under the Treaty of Lisbon", *Virginia Journal of International Law*, Vol. 50, No. 4, 2010, pp. 920-922.

门槛更低。而相关领域立法草案得到通过的可能性越大，也就意味着各种利益集团游说的成功率越大。

第二，《里约》扩大了欧洲议会的权能，在移民、刑事司法合作、贸易政策、农业政策等多个领域都使用了共同决策程序（co-decision），这使得欧洲议会在相关政策领域获得了和部长理事会一样的地位。相对于部长理事会，欧洲议会议员众多，作为代议制机构其对外的开放性又高于部长理事会。这使得欧洲议会成为一个非常理想的游说目标，而欧洲议会的权能增大，也意味着利益集团获得了更大的影响欧盟政策的可能性。[1]

第三，《里约》设立了"欧洲公民动议"（European Citizens' Initiative，ECI）这一新的机制。这是一个为了弥补欧盟民主赤字问题的具有直接民主色彩的政策参与机制，赋予了欧洲公民向欧盟委员会提交立法动议的权力。相关政策动议形成的基本要求是该动议必须有来自欧盟7个成员国100万公民的签名支持。如此庞大数量的签名需求，在没有相应组织进行动员的情况下是无法做到的。而很多欧盟层面的利益集团，恰恰既有提出动议的冲动，又有强大的组织能力，"欧洲公民动议"实际上赋予了利益集团独立提出政策立法草案的机会。根据欧盟的相关规定，利益集团可以"推动公民动议"，但不能"组织动议"。动议的组织需要一个由7个以上欧盟成员国代表组成的公民委员会（citizen committee）来完成。[2] 然而，在实际运作中，推动（promote）和组织（organize）的界定是很困难的，而且如果没有利益集团提供跨国的协调能力和强大的财力支持，很难想象所谓的公民委员会可以独立完成公民动议的组织。事实上，自"欧洲公民动议"这一机制创立以来，已经有很多利益集团积极地参与进来。比如"欧洲水资源动议"（the European Water Initiative）就是在欧盟最大的工会组织欧洲工会联盟（ETUC）的支持下启动的。旨在加强青年学生交流的"Fraternité 2020动议"，也是在一系列欧洲青年事务NGO的支持下展开的。到目前为止，

---

[1] Henry Hauser, "European Union Lobbying Post-Lisbon: An Economic Analysis", *Berkeley Journal of International Law*, Vol. 29, Issue 2, pp. 688-689.

[2] Regulation (EU) No 211/2011 of the European Parliament and of the Council of 16 February 2011 on the Citizens' Initiative, *Official Journal of the European Union*, 11.3.2011, Preamble, Section 9.

欧盟还没有针对这些行动出台明确的政策法规进行监管,这意味着欧盟在某种程度上默认了这些利益集团的活动。①

第四,为了提高欧盟的决策效率,《里约》改革了欧盟委员会中的授权立法委员会(comitology)制度,使整个制度更为简化,欧盟委员会获得了更多的委托立法权限,在涉及二级立法的实施条款制定上,权力更加集中在委员会内部,由于决策者更为集中,利益集团的游说因此更为便利。

对于欧盟的利益集团而言,欧盟东扩和《里约》为利益集团在欧盟层面的决策参与带来了一幅更为复杂的图景。利好消息是存在的,因为《里约》扩充了利益集团的活动领域,在投票机制上的改革也降低了利益集团的游说难度,议会的扩权还为利益集团在欧盟层面开辟了新的影响渠道。然而,东欧力量的加入,增加了欧盟三大机构内部决策者的绝对数量,使欧盟决策中重视政策讨论的传统遭遇了困境。一项决策的质量,需要决策者之间就相关问题展开充分的讨论才能保证。在德洛尔时代,共同体的决策通常都在成员国代表之间充分讨论的基础上进行。然而,当欧盟成员国达到25个,甚至更多时②,实质性的讨论已经无法展开。以欧盟委员会为例,即便只是每个委员仅做5分钟的发言,一个政策讨论也需要超过两个小时。决策者过多,使实质性的政策讨论在技术上难以实现。而欧洲议会和部长理事会,也面临同样的问题。为了确保决策机制的正常运转,欧盟采取了两个办法,一是将决策任务分解,在高层决策中仅就大的原则性问题达成共识,而将具体问题交由下层的技术官僚和智囊团来解决。③ 二是扩大三方会谈机制的使用,促进欧盟三大机构之间的沟通,以提高决策效率④。

---

① Adam William Chalmers, "Special Interests and Integration: Changes in Patterns of Lobbying since Lisbon", *Policy Brief in the Meeting* "DECISION – MAKING IN THE EUROPEAN UNION BEFORE AND AFTER LISBON", Organized by Charles University in Prague, Leiden University, University of Victoria and University of Florida, June 5, 2012, Brussels, pp. 3 – 4.
② 在2005年东扩后,欧盟又陆续接收了几个新的成员国,作者注。
③ Daniel Guéguen, *Comitology: Hijacking European power?*, 3rd Edition, Electronic Version Read by Adobe Reader XI, European Training Institute, 2011, pp. 21 – 23; Rinus van Schendelen, *More Machiavelli in Brussels*, *The Art of Lobbying the EU*, Amsterdam University Press, 2010, p. 92.
④ Daniel Guéguen, *Reshaping European Lobbying*, Published by PACT European Affairs, First Edition, Kindle Version Read by Calibre e – book Version 1.21, 2013, p. 113.

这些变化使欧盟的利益集团必须调整原有的游说战略，实际决策权力的下移，使中下层的技术官僚成为利益集团游说的新重点，接近他们的游说成本固然更低，但这也使各种利益集团之间的游说竞争更为激烈。而三方会谈的引入，实际上打破了欧盟原有的相对广泛的政策讨论空间，实质性的决定越来越局限于欧盟三大机构人数有限的小圈子内部。由于三方会谈的过程通常不向外公开，利益集团要对其进行直接游说就变得困难，只能通过其他的渠道，对三方会谈的参与者进行间接的影响，这大大增加了游说的复杂性。总体而言，进入21世纪后，欧盟东扩和《里斯本条约》的机构改革一方面赋予了利益集团更大的运作空间，另一方面也增加了利益集团的游说难度，这些变化很可能促使利益集团加强组织上的调整，采取更多元的游说手段，进一步向更职业化的方向迈进。在越来越复杂的政策环境中，弱小利益集团的生存会越发困难，各种利益集团可能通过结盟，在政治人脉、经济资源和专业知识上进行共享，以在决策中获得更大的政治影响力。然而，利益集团力量的整合也可能使这些不受监督的行为体在欧盟中获得越来越大的"影子权力"。从长远看，这是欧盟民主建设必须要面对的课题。正如一位布鲁塞尔的职业游说者指出的："后里斯本时代的游说需要更多的资源、更专业的法律工具、更好的沟通技巧和更优秀的领导力。简单地说，就是金钱、人力和技术资源。要实现这些，游说者们必须把自己组织起来。当然，这需要其他利益相关方的认可。目前，反对这种组织行动的力量还是存在的。"[1]

（二）欧盟对利益集团游说活动的监管

进入21世纪以后，随着利益集团对欧盟决策的参与日益制度化，利益集团已经成为欧盟决策中一个重要的行为体。然而，利益集团在欧盟决策中的日益活跃也带来了新的问题。一方面，经过20世纪80年代中期到21世纪初这20年的大发展，聚集在布鲁塞尔的利益集团已经"人满为患"。据不完全统计，到2005年，在布鲁塞尔公开进行游说活动的利益集团就有

---

[1] Daniel Guéguen, *Reshaping European Lobbying*, Published by PACT European Affairs, First Edition, Kindle Version Read by Calibre e-book Version 1.21, 2013, p.174.

数千个,此外还有数百个提供游说服务的公共公司和律师事务所以及数十个受各种利益集团资助的智库,以各种"欧盟事务办公室"为名义运作的小型机构更是不计其数,以游说作为正式工作的利益集团从业者超过15000人。① 这股庞大的游说力量每天都在影响着布鲁塞尔大大小小的官员和政客,很大一部分游说活动都是私下进行的,不但不受欧盟机构的监督,更是游离于公众的视野之外。这种近似于暗箱操作的政治运作,显然背离了民主政治需要透明这一基本原则。另一方面,由于资源上的差别,各种利益集团的游说能力有很大差别。代表资本利益的工商业利益集团,由于有强大的财力作为后盾,其规模和影响力都远高于代表各种公民社会利益的利益集团。比如欧洲化学工业联盟(the European Chemical Industry Federation, CEFIC),一个利益集团雇用的游说人员就比布鲁塞尔所有环保利益集团的雇员总和还多②。当各种工商业利益集团凭借其雄厚财力大肆活动的时候,环保组织、消费者组织和人权 NGO 还需要花费大量的时间和精力争取欧盟预算或者公众捐助。这种力量上的不平衡,造成了各种利益集团在欧盟决策上的信息输入不平衡,不利于欧盟客观公正地兼顾各方的利益。

由于在欧盟层面代议制民主制度的发展相对迟缓,利益集团的政治参与长期以来都作为提高欧盟决策民主合法性的重要补充,而且利益集团也为欧盟的政策制定提供了大量的技术性支持。然而,利益集团毕竟不是通过民主选举产生的,而且自20世纪50年代一体化启动以来,各种利益集团在共同体内的运作一直缺乏有效的监督。由于利益集团影响下的政策可能对欧盟千百万公民的日常生活产生影响,再加上前文提到的利益集团游说过程中暴露出的种种问题,如何对利益集团进行监管就成为欧盟必须严肃面对的一个问题。

作为一个由欧洲民主国家联合而成的行为体,欧盟并不缺乏民主政治生活经验,但利益集团本质上并非基于选举程序或公民授权而产生的代议组织,而是因共同利益结合而成的自治性行为体,很难用传统意义上的公

---

① Corporate Europe Observatory, "Brussels the EU Quarter, Explore the Corporate Lobbying Paradise", p.9, http://archive.corporateeurope.org/docs/lobbycracy/lobbyplanet.pdf.
② Corporate Europe Observatory, "Brussels the EU Quarter, Explore the Corporate Lobbying Paradise", p.9, http://archive.corporateeurope.org/docs/lobbycracy/lobbyplanet.pdf.

民民主监督方式来监管其活动。而且在实践中,由于欧盟层面的利益集团规模庞大,成分复杂,运作方式又极其多样化,建立一个专门针对利益集团的监管制度绝非易事。比如搞清欧盟层面各种利益集团的基本概况就已经是一个艰巨的任务:谁在游说?他们的目的和宗旨是什么?他们建立了多少游说渠道?其行动是否合法合规?这些信息的搜集和统计都需要大量的行政资源。而且由于很多利益集团在游说过程中都尽量保持低调,很难指望他们主动公布相关信息。而在这些基础性的信息都严重匮乏的情况下,根本就谈不到进一步的监管。

利益集团监管的难题促使欧盟有关各方不断进行着各种有效解决方案的讨论。一个直接的办法是在欧盟委员会、欧洲议会之类经常被游说的欧盟官方机构设立登记制度,但这种方法会遗漏很多不公开与欧盟机构互动的利益集团。为利益集团的游说设立一定的准入门槛和最低标准,似乎也是一个可行的方案,但任何一种人为设立的标准都可能将一些相对弱小的利益集团挡在欧盟门槛之外,这并不符合基本的民主参与原则。也有观点认为加强各种利益集团的自律机制建设将有助于利益集团的监管,但自律性的机制往往缺乏对违规者的强制性惩罚,其效果究竟有多大也令人怀疑。[①]

尽管对利益集团的监管难度较大,但进入21世纪以来,欧盟还是在加强利益集团监管方面进行了一些尝试。在2001年发布的《欧盟治理白皮书》中,欧盟委员会首次明确提出要对欧盟政策制定中的信息咨询过程加强管理,针对被咨询方设立最低标准,避免信息输入的片面化,防止某些被咨询方基于其行业和国家利益而垄断信息渠道。[②] 在2002年,欧盟委员会又发布了旨在"加强咨询和对话文化"的通讯,明确了利益集团和欧盟机构互动过程中需要遵循的行动原则和最低标准,根据该通讯,欧盟需要确保在政策从概念形成到最终实施的整个过程中尽可能地广泛咨询社会各方的意见,保证政策空间的开放性,在咨询方的选取上需遵循比例制原则

[①] Justin Greenwood, *Interest Representation in the European Union*, 3rd Edition. Palgrave Macmillan, 2011, Kindle Version Read by Genius PDF 2.0 Version, pp. 87 – 88.
[②] Euroepan Commission, EUROPEAN GOVERNANCE:A WHITE PAPER, Brussels, 25.7.2001, COM (2001) 428 final, p.4, p.17, http://eur – lex.europa.eu/LexUriServ/LexUriServ.do?uri=COM:2001:0428:FIN:EN:PDF.

(proportionality)等,此外该通讯也对利益集团政策参与的资格标准,以及政策咨询的程序作出了明确的规定。①

除了为游说活动设立标准和行动原则,欧盟委员会也针对各种游说组织建立了一个初步登记制度。根据2002年通讯的文件精神,欧盟委员会建立了欧盟委员会——公民社会咨询数据库(Consultation, the European Commission and Civil Society, CONECCS),鼓励各种有志参与欧盟决策的工商业利益集团、工会和社会性NGO进行注册。注册方需提交其组织宗旨、政策领域、活动区域和主要管理人员名单等信息,并在因特网上公布,以便欧盟机构和公众的监督查询。然而,由于这个注册是非强制性的,事实上委员会也没有有效的政策杠杆强迫各种利益集团进行注册,很多重要的工商业利益集团都没有主动注册。据统计,最终在这个数据库进行注册的利益集团只占布鲁塞尔全部利益集团的7%。②

登记制度的进展缓慢以及很多大型工商业利益集团活动的不透明,使欧洲公众加强利益集团监管的呼声不断增高。2004年,以欧洲企业观察(Corporate Europe Observatory, CEO)为代表的一批公民组织联名向当时的欧盟委员会主席巴罗佐提交了公开信,强烈呼吁欧盟"立即行动,遏制企业游说集团对欧盟政策制定的过分影响"③。这份公开信引起了欧盟委员会委员西姆·卡拉斯(Siim Kallas)的注意。作为一个新任委员,卡拉斯希望在政治上有所作为,他与欧洲企业观察组织展开了密切合作,并在2005年发表演说,对欧盟游说活动缺乏强制性注册的问题进行了批评。随后,他提出了欧洲透明动议(European Transparency Initiative, ETI),希望强化对游说集团的注册监管和信息公开。然而,这个动议遭遇了很大的阻力,一方面,以欧洲事务专业社群(the Society of European Affairs Professionals,

---

① European Commission, Communication From the Commission, Towards a Reinforced Culture of Consultation and Dialogue – General Principles and Minimum Standards for Consultation of Interested Parties by the Commission, Brussels, 11.12.2002, COM (2002) 704 final, http://eur-lex.europa.eu/LexUriServ/LexUriServ.do? uri = COM: 2002: 0704: FIN: en: PDF.

② Miruna Andreea Balosin, *The Evolution of Lobbying in the European Union: Is EU Lobbying Important for the European Public Space?*, Lambert Academic Publishing, 2012, p. 132.

③ Miruna Andreea Balosin, *The Evolution of Lobbying in the European Union: Is EU Lobbying Important for the European Public Space?*, Lambert Academic Publishing, 2012, p. 132.

SEAP）为代表的一些游说集团反对强制注册制度，他们声称注册制度会给立法过程带来不必要的成本，部分 NGO 和智库也担心强制注册可能使他们不得不公开自己的资金来源①。另一方面，强制注册的实际操作也确实存在一定困难，因为要强制各种游说集团注册，首先必须界定什么样的行为体属于游说，但这个界定在现实情况下并不容易。② 如果强制注册制度在实际操作过程中存在漏洞，那么它仍然无法在真正意义上加强对利益集团游说活动的监管。最终，委员会在 2006 年发表了《欧洲透明动议绿皮书》（the Green Paper 'European Transparency Initiative），在注册问题上，委员会还是采取了自愿原则，但同时对游说行为的准则作出了更详细的规定。到 2008 年，委员会正式启动了欧洲透明动议注册制度，并关闭了原来运作不力的欧盟委员会——公民社会咨询数据库。此后，委员会又加强了和欧洲议会的合作，通过和欧洲议会的信息共享，推出了欧盟委员会-欧洲议会联合透明注册制度（EC–EP Joint Transparency Register）③，进一步扩大了数据库的信息量。尽管由于没有采取强制注册原则，相当一部分利益集团仍然没有在这个数据库进行登记，但通过近几年的努力，各种利益集团都开始认识到活动的透明化，有助于他们在欧盟和欧洲公众中树立更好的形象，而且根据现行的注册制度，在数据库中登记的利益集团有更多的机会参与欧盟的政策咨询活动。到 2009 年，主动注册的利益集团已经超过 2700 个；到 2011 年 3 月，这一数字上升到 3700 个，而到 2014 年 1 月，已经有超过 6000 个利益集团进行了注册④。虽然对利益集团的监管远非一个注册制度就能解决的，但注册数量长期稳定的增长，表明欧盟的利益集团透明化制度具有一定的发展潜力，至于这能在多大程度上促进欧盟对利益集团的监管，还是一个有待观察的问题。

---

① Miruna Andreea Balosin, *The Evolution of Lobbying in the European Union: Is EU Lobbying Important for the European Public Space?*, Lambert Academic Publishing, 2012, pp. 133–134.
② EU Website, European Transparency Initiative, ETI, http://europa.eu/legislation_summaries/institutional_affairs/decisionmaking_process/ai0003_en.htm.
③ EU Website, Press Releases Database, "Commission and European Parliament Launch Joint Transparency Register to Shed Light on all those Seeking to Influence European policy", http://europa.eu/rapid/press-release_IP-11-773_en.htm?locale=en.
④ EU Website, Transparency Register, Statistic for Register, http://ec.europa.eu/transparencyregister/public/consultation/statistics.do?locale=en&action=prepareView.

第三章
欧盟利益集团参与欧盟决策的机制和运作

一 欧盟利益集团参与欧盟决策的基础

和西方其他民主政体一样，欧盟的各种机构每天都要应对形形色色的利益集团的游说，尽管利益集团经常受到诸如不利于民主、不够透明等各种诟病，但他们的参与是欧盟日常运作所必需的，究其原因，还要从欧盟这一特殊政体的基本特点谈起。

（一）欧盟利益集团作为欧盟决策信息的提供者

从规模上看，到2013年，欧盟治下的成员国已达到28个，人口超过5亿，边界范围涵盖了欧洲的大部分领土，简单地说，这是一个"文明量级"的国家集团的政治上层建筑。而这个上层建筑，要对5亿多欧盟民众日常生活的诸多方面负责，每天都要忙于出台大量的法律法规和政策监管，其管理的压力可想而知。为了出台更合理、更有效的政策法规，欧盟需要各个政策领域大量的专业性意见，然而，相对于世界上其他同一量级的政府（如中国和美国），欧盟的预算很低，其总额大致只相当于一个欧洲中型国家（如比利时）的预算，这意味着欧盟不可能维持庞大的智囊机构为决策提供支持。在这种情况下，哪种力量既能对各种政策领域的决策信息有专业性的把握，又有足够的积极性向欧盟提供这些信息呢？各行各业的利益集团显然是最佳候选人。作为决策信息的提供者，他们有如下优点：第一，在普遍意义上，利益集团本身就是相关领域和相关行业的从业者代言人，这意味着他们对各自相应领域的行业诉求、主要问题、发展前景有充分的了解，从逻辑上讲，不可能有其他的力量比行业第一线的从业者本身更了解各自的行业，这就使他们有能力为欧盟各领域的决策提供宝贵的第一手资料。第二，就欧盟的情况来看，欧盟的治理对象是一个有悠久历史的民间结社传统的社会。自中世纪起，欧洲就已经出现了行会组织。而"二战"后欧洲一体化启动以来，各种欧洲的经济社会力量一直伴随着一体化的进程，在欧盟层面稳步地进行组织化的进程，形成了各种相对成熟的利益集团组织，并在很大程度上与欧盟机构建立了固定的联系机制，为欧盟获取稳定的决策信息来源提供了组织保障。

（二）欧盟利益集团作为欧盟决策的合法性补充者

对欧盟而言，欧盟利益集团的一个重要功能，就是对欧盟决策的合法性提供必要的补充。自欧洲一体化启动以来，在经济和社会的诸多领域，公共决策的权力不断从成员国向欧盟转移，但成员国层面公众对决策的民主参与和监督没有及时向欧盟做相应的转移，这就引发了有关欧盟"民主赤字"问题的讨论。尽管欧洲议会近年来在欧盟的影响不断扩大，但与欧盟各成员国尤其是已经非常成熟的西欧民主国家相比，欧盟的民主建设还比较滞后。随着近年来的欧盟东扩和欧洲一体化的不断深化，欧盟出台的政策法规已经涉及超过 5 亿欧盟民众日常生活的方方面面。如何确保政策法规的合法性，是欧盟将长期面对的一大课题。

从学理和欧盟运作的现实来看，合法性（legitimacy）是一个双层概念，一方面，在欧盟政策法规制定过程中，决策的参与必须尽可能地遵循民主代表性原则，受到政策法规影响的民众和利益群体在政策形成过程中应尽可能地获得充分的意见表达空间，这也就是所谓的输入性合法性（input legitimacy）；另一方面，欧盟决策的效率和政策有效性，也同样属于合法性的范畴。简单地说，如果欧盟出台的某项政策法规能为欧盟民众的总体利益提供更大的红利，那么大多数的欧盟民众就不太可能质疑这项政策法规，而这种政策法规带来的红利就是输出性合法性（output legitimacy）的体现。①

欧盟利益集团对欧盟的决策参与就体现了这两方面的合法性。从输入性合法性来看，这些利益集团不是民主选举的产物，所以不具有完全的民主代表性，但他们毕竟是特定领域和行业的公众通过自愿结社形成的组织，部分地体现了民主参与的原则。所以至少从理论层面而言，在传统代议制民主在欧盟层面的建设缓慢的情况下，利益集团对决策的参与在一定程度上可以对欧盟决策的输入合法性做出补充。从输出性合法性来看，如前文提到的，利益集团处在行业的第一线，对行业的专业知识有最充分的把握，同时也是受到相关政策法规直接影响的对象。他们对决策的参与，在一定程度上有助于提高相关政策的有效性，为欧盟的决策质量提供了一定的保障。

（三）欧盟利益集团作为欧盟公共利益协调的协助者

作为一个权力机关和治理机构，欧盟要出台各种影响欧盟民众日常生活的公共政策，任何一项公共政策，虽然初衷都是提高其治下民众的总体收益，但在现实中通常会不可避免地损害某些群体的利益。利益的调和问题，对所有政体而言都是一个难题。如果在利益受损方反对的情况下，强行推行某项政策，不但政策的合法性会受到质疑，其执行效果通常也会大打折扣，这就需要在尽可能兼顾各方诉求的基础上进行有效的政策协调。

在传统的民主政体内，一般是代议授权等民主过程产生的各种代表，在代议制机关通过政治竞争，实现利益的最终调和，但在欧盟，这种代议授权式的民主建设尚不完善，而且由于欧盟本身的规模非常庞大，这种传统代议模式能否良好运作也值得怀疑。而利益集团作为经济社会的代表参与欧盟层面的利益协调，则代表了另一种模式，通过自愿结社实现参与过程和授权，在此基础上形成的各种利益集团作为各个行业和领域的代表在

---

① 有关输入性合法性和输出性合法性的讨论，参见 Robert H. Salisbury, "Interest Representation: The Dominance of Institutions", *American Political Science Review*, Vol. 78, No. 1, pp. 64 – 76; Rene Bulholzer, Legislatives Lobbying in der Europaoschen Union, Ein Konzept fur Interessengruppen, 1998, Bern – Stuttgart – Wien: Verlag Paul Haupt; Pieter Bouwen, "Corporate Lobbying in the European Union: Towards a Theory of Access", EUI Working Paper SPS, No. 2001/5, pp. 11 – 12.

欧盟层面直接展开博弈以实现利益的调和。当然，这种模式本身不必然导致利益协调效率的提高，但比起代议制代表的政治竞争，由行业性代表直接参与利益博弈，有利于降低公共决策权威在利益协调上花费的行政成本，也提高了政策在日后执行阶段的可行性。

（四）欧盟利益集团作为欧盟政策执行的协助者

欧盟出台的各种政策，比如内部市场的公平竞争原则、劳动力市场的各类指导建议、产品的技术标准、各种财政补贴的分配方案，在出台后都面临一个执行问题，这就需要花费相应的行政成本，而如前文提到的，欧盟的预算并不充裕，不可能对名目繁多的各种政策的执行进行全程的跟进，将政策的执行任务委托给成员国政府是一个常见的做法，但成员国政府本质上也是政治机关，对于经济社会中各种行业第一线的问题还是要求助于专业人士，而且由于领土边界的限制，成员国政府对于欧盟层出不穷的跨边界问题影响力有限。在这种情况下，欧盟的利益集团成为确保欧盟政策得以贯彻执行的重要补充性力量。一方面，由于很多欧盟的利益集团都具有广泛的跨国代表性，是特定行业的跨国联合体，他们在各国的同业者与欧盟之间建立了直接的桥梁，对这些桥梁的充分利用，非常有助于提高政策信息的传播效率。另一方面，利益集团都拥有有形的组织机构，这就意味着相应的组织纪律和业界规范，也使这些利益集团对其成员有一定的影响力，一旦他们在政策讨论阶段已经就某个问题与欧盟达成共识，那么在执行阶段，他们就可以直接将共识传达到基层的成员和组织，并通过组织纪律和行业规范为这些共识的实现提供一定的保障。此外，由于一些较为强大的利益集团对欧盟成员国政府也有一定的影响力，如果欧盟在决策中能与他们达成共识，在政策的执行阶段也可以借助他们去推动成员国政府协助政策的执行。

二　欧盟利益集团对欧盟政策和立法的影响渠道

和世界上其他地区的同行一样，自诞生伊始，各种欧盟利益集团的运作宗旨,就是通过游说欧盟的各个权力部门,影响相关政策的形成和立法的产出以维护自身的利益。然而,欧盟利益集团的运作环境是一个不同于传统民族国家的特殊政治系统。从权力的来源看,欧盟的政治权力并不完全来自以代议民主制为基础的选民直接授权,也不是威权模式下以国家暴力为保障的精英专制,而是民族国家以政府间条约为基础的主动权力让渡的产物。从权力的运作方式来看,欧盟虽然也遵循了民主政治模式中较为普遍的分权原则,但没有采用立法、司法、行政这一传统意义的三权分立模式,而是在超国家的官僚机构、成员国政府协商机制、具有一定代议民主色彩的议会,以及各种有组织的经济社会利益集团之间,建立了一种新的互动关系。对于旨在影响欧盟政策的利益集团而言,欧盟的体制有如下几个特点。第一,该体制是一个以制度平衡为基础的多权力中心体系。欧盟委员会作为主要的行政机关,基本上垄断了各种政策立法的动议权,但立法草案的审核和通过取决于欧洲议会和代表成员国权力的部长理事会,有组织的利益集团和地区性力量,则通过经济社会委员会和地区委员会,为各种政策议题提供咨询性意见。权力从功能的角度进行划分,使政治上任何实质性的共同行动至少需要建立在欧盟委员会、欧洲议会和部长理事会三方认可的基础之上。没有一个机构有绝对的垄断性权威,也就不存在一个可见的权力中心,但反过来说,政策的出台至少需要三大机构的一致认可,这就使每个机构都成为权力中心之一。想成功地对政策施加影响,就必须综合考虑上述三方的立场和态度。第二,欧盟的政治系统具有很高的开放性,这种开放性体现在两个层面:一方面,由于权力的多中心分布和制度平衡的作用,欧盟主要机构中的任何一个都可能对政策过程产生实质性影响,这就为利益集团创造了多种可供选择的政策影响渠道。另一方面,欧盟在制度上并不禁止利益集团的游说,尽管近年来欧盟也出台了一系列加强游说监管的法规,但由于现实运作的需要,游说在很大程度上是被鼓励的,比如部分欧盟机构(如欧盟委员会)会在政策出台前主动征求各种利益集团的意见。理论上,任何一个利益集团都可以很容易地和欧盟委员会之类的机构建立联系,当然,这也就意味着其他的利益集团也享有同等的便利,任何一个利益集团在试图对欧盟施加影响的时候都难免面对其他同行的竞争。第三,在欧盟的政策生成过程中,权力的行使并非等级式的自上而下，而是以尊重规则和建立共识为基础的政治协商，由于进入政策讨论的成本相对而言并不高，无论强大的力量还是弱小的力量，都在政策形成的过程中有一定的发言权，每一个行为体因此都需要在表达自身利益的同时考虑其他利益的存在，并在妥协和让步的基础上达成共识。

权力多中心分布、对经济社会力量的高开放性，以及对共识和协商原则的尊重，使欧盟的决策空间成为一个决策权威相对离散化、而各决策行为体又相互合作并相互制约的政策网络。欧盟委员会、欧洲议会、欧盟理事会以及通过欧洲经社委员会和地区委员会组织起来的经济社会力量，都在这个网络中发挥着自己的作用，并成为各种利益集团借以对欧盟的政策和立法施加影响的渠道。下文将从上述机构的组织结构和运作特点出发，对这些影响渠道进行具体介绍。

（一）欧盟委员会

1. **欧盟委员会的组织结构和运作特点**

欧盟委员会是欧盟中一个具有多层权力维度和多重功能的行政机构，一方面，它拥有欧盟各项立法的动议权，在立法草案和政策动议的形成中扮演重要的议程设定和过程协调角色；另一方面，它也行使一般意义的、类似政府的管理职能，负责欧盟预算的制定，监管各项政策立法的实施状况，代表欧盟进行对外贸易谈判，并维护欧盟各项条约的权威性。总的来说，委员会是整个欧盟的行政中枢。

从结构上看，欧盟委员会是一个等级制的官僚体系。在体系的最顶端，是包括委员会主席在内的 29 名委员（commissioners），每名委员都有一个私人的小型内阁（cabinet）协助委员的工作。各个委员分别负责不同的工作领域，他们的权力大小也不同。在特定领域（如竞争政策领域），由于政策权限的关系，相关负责委员的权力可能更大。在委员之下，是 29 个总司（Directorates – General, DG）和若干服务部门（services），每个总司或服务部门通常由一个或几个委员领导，负责处理欧盟不同政策领域的事务[1]，职

---

[1] Ian Bache, Stephen George and Simon Bulmer, *Politics in the European Union*, 3rd Edition, pp. 255 – 259, Oxford University Press, 2011.

权上相当于一个国家的部委。在各个总司下，是负责某一具体政策领域的专门性政策单位（policy unit），由各种中低层官僚和雇员组成。由于欧盟的机构改革比较频繁，各级官僚和雇员的数量一直在变动，按 2009 年的统计，欧盟委员会正式员工的数量约为 25000 人，如果包括欧盟各种外围机构和成员国的专家，欧盟的总员工数大约为 35000 名，其中最高级的管理者（manager）约占 5%，一般管理者（Administrator, AD）约占 33%，助理（Assistant, AST）占 36%，临时雇佣和外围机构人员约占 20%，还有 6% 的技术支持人员。① 这些工作人员的选拔主要根据其专业才能，但仍有一个大致的份额机制以确保欧盟各国在欧盟工作人员人数的平衡。高级管理者和一般管理者的总数大约为 12500 名，他们在助理、技术人员和各色专家的支持下，推动欧盟实际意义上的日常政策工作。② 此外，欧盟还设立了一些下属的专职机构（agencies），比如欧盟食品安全署（European Food Safety Authority，EFSA）、欧洲警务办公室（European Police Office, Europol）等。到 2009 年，类似的机构已经有 45 个，这些机构负责相关政策领域的监督、检查和建议，其机构的运作由欧盟委员会和各成员国共同出资维持③。

几十个部门和几万名各色官员，使欧盟委员会看上去像一个典型的机构臃肿的官僚机构，然而，如果和世界其他国家的政府官僚机构相比，欧盟委员会的规模并不算大。从业务上看，委员会下的一个总司大致相当于其他国家政府中的一个部委，但每个总司平均只拥有 350 名工作人员，而专门负责某项政策的政策单位，工作人员不到 20 名。从人数上看，欧盟委员会的人员不到荷兰中央政府的 1/5，不到美国联邦政府的 1/40。而以 2009 年为例，整个欧盟的预算大致是 1300 亿欧元，相当于比利时联邦政府的预算，这些预算大部分都投向了聚合基金、农业、地区和社会事务，所有欧盟机构行政管理的成本只占欧盟预算的 5%，其中的一半，也就是 2.5% 分

---

① Rinus van Schendelen, *More Machiavelli in Brussels*, *The Art of Lobbying the EU*, Amsterdam University Press, 2010, p. 69.
② Ian Bache, Stephen George and Simon Bulmer, *Politics in the European Union*, 3rd Edition, p. 256, Oxford University Press, 2011.
③ Rinus van Schendelen, *More Machiavelli in Brussels*, *The Art of Lobbying the EU*, Amsterdam University Press, 2010, p. 69.

配给了欧盟委员会，即不到33亿欧元。①

虽然预算和人员都不多，但欧盟委员会在欧盟的日常运作中担负了大量的工作。比如，负责欧盟非常庞杂的行政管理和文件准备工作，在其权限内管理和分配欧盟的各种预算，监督各种政策，尤其是具有强制效力的欧盟法律法规的实施，在国际场合和各种国际组织中代表欧盟，等等。②但欧盟委员会在欧盟最关键的工作中是参与立法。在欧盟的日常运作中，二级立法欧盟对诸多政策领域的事务进行基础的管理，而欧盟委员会则是各种二级立法出台的主要推手。首先，欧盟委员会垄断着二级立法的动议权，只有经其提出的立法草案才能进入立法程序。虽然欧盟部长理事会通常被认为是欧盟的权力核心，对法案通过与否有决定权，而且近年来欧洲议会也因为共同决策程序（现在称为普通立法程序）的广泛沿用获得了类似于部长理事会的权力，但如果没有欧盟委员会的动议，任何一项政策都无法进入立法程序，这意味着欧盟委员会理论上拥有决定着哪些政策可以成为立法的权力。其次，欧盟委员会还跟进整个立法过程。法案的草拟和修改都要由委员会来执行和协调，而拥有法案的起草权，意味着委员会在立法的早期阶段就成为被关注的中心，因为无论是欧洲议会和部长理事会这样的官方机构，还是各种民间的利益集团，都希望在这个阶段联络委员会以影响未来法案的形成。再次，欧盟委员会有权以"通讯"（communication）之类的形式出台一些补充立法，以对现有的法律进行解释，如果这些补充立法没有受到欧洲议会和部长理事会的反对，则默认通过。③

此外，一个特别值得关注的现象是委托立法（delegated legislation）——也就是《里斯本条约》框架下的所谓非立法型法令（non-legislative acts）——在欧盟的立法中正在占据越来越大的份额。由于欧盟的扩大和欧盟政策权限的不断增长，对立法的需求日益庞大，通常，一项欧盟立法的通过需要欧盟委员会、欧洲议会和部长理事会三方的共识，在现实

---

① Rinus van Schendelen, *More Machiavelli in Brussels*, *The Art of Lobbying the EU*, Amsterdam University Press, 2010, p. 69.
② EU Website, European Commission, http://europa.eu/about-eu/institutions-bodies/european-commission/index_en.htm.
③ Rinus van Schendelen, *More Machiavelli in Brussels*, *The Art of Lobbying the EU*, Amsterdam University Press, 2010, pp. 79-80.

运作中，一般的二级立法，尤其是各种原则性的指令（directive）还可以通过这种三方认可的模式来进行，而当这些法规进入实施阶段，技术上必须出台大量的实施细则来保证各种原则性法案的执行。既要保证各种实施细则的制定效率，又要将相关细则的每个技术环节都提交欧盟三大机构进行讨论，这是很难做到的。因此，欧盟委员会、欧洲议会和部长理事会通常会在原则问题上取得共识，并授权欧盟委员会在立法的具体细节和技术性层面做进一步的工作，同时将工作成果提交由成员国专家代表组成的授权立法委员会（Comitology）审核通过[1]。在《里斯本条约》生效后，为了进一步简化立法程序，欧盟改革了原有的授权立法委员会制度，代之以两个新的立法工具——委托法令（delegated acts）和实施法令（implement acts）。委托法令主要涉及既有法律的修改和补充问题，在这个工具框架下，欧盟委员会可以自主选择是否就立法的需要进行对外咨询，这意味着相关法案的草拟和通过在委员会内部就得以完成。理论上，欧洲议会和部长理事会对法案有最终的否决权，但在实际运作中，由于时间上的限制和投票表决机制的票数门槛，否决是很难出现的。实施法令主要涉及既有法律的执行问题，其运作程序继承了原授权立法委员会，也就是立法委员会制度的传统，欧盟委员会需要将立法草案提交由成员国专家组成的检查委员会（Examination Committee）审议通过，如果草案没有通过检查委员会的审核，则需将争议提交至由成员国专家组成的仲裁委员会（Appeal Committee）进行裁决。[2]

在欧盟立法中的动议和起草职能，尤其是委托立法中的专属权限，使欧盟委员会获得了极大的权力。尽管在理论上，重大的高政治性（high politics）立法都是在欧盟委员会、欧洲议会和部长理事会的共识下完成的，欧盟委员会只是在相对不重要的低政治性（low politics）和技术性立法上有较

---

[1] Comitology 在国内学界的译法不一，笔者认为，由于 Comitology 的主要角色在于授权条件下的立法，故采用了台湾学者郑裕镇的译法——授权立法委员会，参见郑裕镇，"欧洲联盟授权立法委员会（Comitology）之研究"，台湾淡江大学欧洲研究所 2012 年博士论文，摘要部分，http：//www.airitilibrary.com/Publication/alDetailedMesh1？DocID = U0002 - 0207201206354700。

[2] Daniel Guéguen, "Bad News for EU Decision - making: Comitology no longer Exists", *Euractive*, Opinion, 19 April 2013, http：//www.euractiv.com/future - eu/bad - news - comitology - longer - exist - analysis - 519247.

大的权能，但在现实生活中，很难对某项立法的政治性和重要性高低进行非常清晰的判断。举例而言，2002年在欧洲议会和部长理事会通过的欧洲食品安全规定（European Food Safety Regulation，EC2002/178）被认为是一项重要的法案，然而在法案中却没有包含任何具体的食品安全监管实质性措施，具体的执行条款制定任务被委托给了欧盟委员会以及根据法案建立的欧洲食品安全署（European Food Safety Authority）。在这个案例中，对部长理事会而言，具有政治重要性的问题是欧洲食品安全署应该设立在哪个成员国。而选址问题解决后，涉及日程管理的各种规章制定则转至低政治层面，也就是由欧盟委员会负责解决。然而，恰恰是有关食品安全的各种具体和技术性规定，影响着欧盟所有成员国和民众的日常生活，这也使欧盟委员会成为食品安全监管领域真正意义上的权威[1]。

在欧盟的日常运作中，类似的情况非常普遍。根据一些学者的统计，到2010年，在欧盟平均每年出台的约2500个具有强制性效力的法案中，超过85%的法案都是以委托立法的形式通过的。[2]而《里斯本条约》通过后，欧盟取消了原有的授权委员会制度，采取了委托法令和实施法令这两个新的立法工具以简化立法，这赋予了欧盟委员会更大的立法自由度。正如西方学者史丹勒指出的："欧盟委员会是欧盟日常运作中的主要立法者。"[3]

2. 利益集团在欧盟委员会的运作空间

欧盟委员会在欧盟行政和立法上的重要角色，使其成为各种利益集团主要的游说对象之一。能够有效地影响欧盟委员会，就意味着把握了影响立法的主动权。由于欧盟委员会在结构上的等级制特征，利益集团在欧盟委员会的运作一般聚焦于三个层面：高层决策者、法案草拟者和授权立法委员会，下面将逐一加以介绍。

---

[1] Rinus van Schendelen, *More Machiavelli in Brussels*, *The Art of Lobbying the EU*, Amsterdam University press, 2010, p.80.

[2] G. Brandsma, *Backstage Europe: Comitology, Accountability and Democracy*, Utrecht University (PhD. thesis), 2010. Cited from Rinus van Schendelen, *More Machiavelli in Brussels*, *The Art of Lobbying the EU*, Amsterdam University Press, 2010, pp.69–70.

[3] Rinus van Schendelen, *More Machiavelli in Brussels*, *The Art of Lobbying the EU*, Amsterdam University Press, 2010, p.80.

(1) 针对高层决策者的游说：委员会主席、委员和委员内阁

①欧盟委员会主席

欧盟委员会主席是欧盟委员会整个官僚体系的顶点，也是欧盟委员会最有权力的官员，他在欧盟条约授权范围内负责整个欧盟委员会的工作，负责发起和主持由各委员组成的委员团（college of commissioners）会议，所有的政策动议在提出之前都要得到主席的首肯，所以主席理论上控制着欧盟所有的政策议程，也决定了整个欧盟委员会的工作方向。[①] 由于委员会主席控制着委员会的最高权力，理论上，对委员会主席的有效游说收益最大。然而，由于委员会主席身居高位，大多数利益集团甚至很难与之进行直接的接触，而且委员会主席的决策通常是战略性的，并不专门负责特定政策领域的具体问题，因此也不在一般意义的行业利益集团和社会利益集团的游说视野范围之内。只有涉及整个欧盟委员会和整个欧盟的发展方向的问题，才会引起委员会主席的关注，比如20世纪80年代欧盟推出统一大市场计划之前，由欧洲跨国产业巨头联合而成的欧洲企业家圆桌会议，就和时任委员会主席德洛尔建立了密切的联系，并在推动1986年《单一欧洲法令》的议程上发挥了重大作用。[②]

②欧盟委员会委员

在委员会主席之下，具体政策领域的最高权力者是欧盟委员会委员团的各个委员（commissioner），他们各自分管一个政策领域（policy area），并在几个相关总司（DG）的协助下开展工作。由于他们是特定政策领域各项实务性工作的总领导者，所以理论上如果利益集团可以影响他们的立场和观点，那么这种游说将是非常有效的。然而，委员毕竟是其政策内相关总司的最高领导，其职权有点类似于主权国家政府中的部长，日常工作非常繁忙，[③] 而且由于其所处的政策领域最高决策者的位置本身就具有较高的政

[①] EU Website, European Commission, Commissioners, http://ec.europa/archives/commission_2004-2009/index_en.htm.

[②] Maria Green Cowles, Setting the Agenda for a New Europe: The ERT and EC 1992, *Journal of Common Market Studies*, Vol. 33, No. 4, 1995.

[③] Klemens Joos, *Lobbying in the New Europe, Successful Representation of Interests after the Treaty of Lisbon*, 2011 WILEY-VCH Verlag Gmbh & KGaA, Boschstr. 12, 69469 Weinheim, Germany, pp. 100-101.

治性，委员必须权衡各种利益团体的诉求，不能对特定利益集团的观点表现出明显的个人倾向性，这就使委员成为一个在战略上非常重要，但在战术上很难直接接近的角色。因此，要想对委员施加影响，还需要从委员身边的工作班子入手。

③委员内阁

委员的内阁（cabinet）是委员的主要智囊班子，班子一般由6人组成，并由一位幕僚长（head of cabinet）领导，班子的人员构成要考虑国别、地区和性别的平衡，他们负责协助委员处理各种日常工作，并向委员提供建议和智力支持。当然，委员所管辖的各个总司（DG）也向委员提供各种建议，而总司和内阁的差别在于，前者主要负责专业性和技术性问题，后者则负责政治性问题,[1] 因此，内阁在确立委员的工作议程和工作的侧重点上有很大的权威。对于游说者而言，内阁是影响欧盟委员会高层决策的主要切入点，内阁阁员（cabinet member）本身就根据政策领域进行分工，并各自负责相应的政策领域，这使得他们成为高层决策者中接触日常实际政策的主要力量，并代表委员对政策的可行性进行评估。要想使自身的利益诉求打动相关委员，首先就要说服其内阁阁员，但这只是游说成功的必要条件之一，因为欧盟委员会高层的决策通常尊重共识。一项动议最终提出之前，委员之间首先要达成一致，出于维护委员团内部团结的考虑，当政策草案达到委员团层面时，明确的反对意见是很少出现的，有争议的各方在委员团会议之前一般已经以利益交换为基础达成了一揽子协议[2]。而委员的内阁是委员团（colleage）的委员间进行沟通的主要桥梁，一揽子协议达成之前的沟通和讨价还价，都是由各个委员的内阁出面操作。这种操作主要通过两个途径，每周例会（hebdo）和特别会议（special chef's meeting）。前者是所有委员内阁的幕僚长（head of cabinet）在委员团例行会议之前的准备会，参加者就委员会日常的工作进行协商；后者则由与某一特定政策领域相关的委员内阁成员参加，这两种会议的功能是确保针对特定政策的立

---

[1] Lobbyplanet Website, "Commissioners and Their Cabinets", http://www.lobbyplanet.eu/wiki/who/the-european-commission/commissioners-and-their-cabinets.

[2] Rinus van Schendelen, *More Machiavelli in Brussels*, *The Art of Lobbying the EU*, Amsterdam University Press, 2010, p. 78.

法草案在提交委员团之前,有关各方已经就草案的内容达成共识,而各种分歧的最后妥协和利益交易通常就是在这两种会议中产生。这个过程透明度相对不高,很多共识都是各内阁成员在会议室外的走廊里达成的。① 如果一个利益集团想就某个立法草案游说欧盟委员会的高层,这里才是关键点,因为各个委员内阁之间就立法草案的实质内容进行的沟通就发生在这个场合。每个委员内阁的代表背后,都难免有各种势力在发挥影响,而各种势力最终的利益诉求在这个阶段会充分体现出来,可能的冲突点,以及对特定游说者利益的支持方和反对方也会彻底暴露,最终的结果则取决于各个内阁之间的合纵连横关系,能否与支持自己的内阁展开良好合作,能否联合其他立场相近的内阁,能否审时度势作出一定的让步以尽可能地团结更多的力量,都是游说能否成功的重要因素。在所有的内阁中,欧盟委员会主席的内阁扮演了非常关键的角色,因为主席内阁倾向于作为其他各内阁之间的中间人和调和者,如果利益集团能获得主席内阁的支持,那么在与其他内阁的沟通和利益调和上就会处在非常有利的位置。② 不过值得注意的是,由于近年来欧盟的扩大和委员数量的增加,内阁的数量也大大增加了。过多的内阁数量,使针对实际问题的讨论在技术上越来越难,这在某种程度上限制了内阁的政治影响力。

(2) 针对法案草拟者的游说

对于各种利益集团而言,对欧盟委员会高层(主席、委员团和委员内阁)的游说,无疑具有相当的重要性,政策议程和政策优先度的确立,立法草案的最终通过,这些都离不开欧盟委员会高层的合作。然而,在现实中委员会高层并不是各个利益集团最优先的游说对象。一方面,为接近高层付出的游说成本过高,另一方面,正如一句中国老话,"县官不如现管",大多数利益集团所关切的,是如何在各种政策动议固化为正式立法的过程中,影响立法的实质性内容,而就欧盟委员会的运作特点而言,这些工作由委员下辖的各个总司,尤其是总司内部的中层官员来完成。而且,随着欧盟权限的增长和

---

① Lobbyplanet Website, "Commissioners and Their Cabinets", http://www.lobbyplanet.eu/wiki/who/the-european-commission/commissioners-and-their-cabinets.
② Lobbyplanet Website, "Commissioners and Their Cabinets", http://www.lobbyplanet.eu/wiki/who/the-european-commission/commissioners-and-their-cabinets.

欧盟成员国数量的增加，欧盟委员会内部出现了权力不断下移的趋势。传统上，欧盟委员会委员团遵循集体协作决策原则，每个委员都具有双重职责，一方面要负责自己权限内的总司，另一方面要对各总司提交到委员团的所有立法草案发表看法，然而，现在委员团的委员已经有 27 个，同时也就意味着 27 个工作领域。任何一个委员，即便有专门的内阁进行协助，也没有办法对其他 26 个领域的工作进行全面的跟踪和了解，但欧盟委员会的日常工作还需要进行，所以委员们在委员团层级的讨论，通常都是就一些原则性的问题达成共识，同时把相对技术性的问题和可能的分歧下移至总司层面解决，这客观上大大增加了下属各个总司的实际权力。① 而在总司内部又存在明确的业务分工，因为专业上的限制，实际的立法草案起草工作由特定领域的起草小组在几个专家委员会的配合下完成。对于游说者来说，这个层级才是影响立法草案实质内容的游说关键。

①起草小组（Chef de Dossier）

一个起草小组通常由一个组长（Managing Head of Unit）、一个业务主理（Administrator，AD）和若干助理（Assistants，ASTs）组成。② 在政策的形成过程中，起草小组扮演着双重角色，一方面他们要通过研讨会单独会见，以及公开的意见征集活动，尽可能广泛地收集社会各方对相关政策的意见建议。另一方面他们要将各方意见汇总，先完成一个"确立问题"的"绿皮书"，再完成一个针对这些问题的相应解决方案的"白皮书"。而在实际的立法工作中，起草小组会在"绿皮书"和"白皮书"的基础上，确定最初的立法草案文本，并提交相应总司的高级官员（senior manager）做进一步修改。

由于直接掌控政策和立法草案的起草工作，起草小组实际上是所有利益集团直接游说的主要焦点。起草小组本身的人力和专业知识都有限，他们非常欢迎外界向他们提供有利于政策制定的实用信息，同样，为了防止政策在出台后遭遇反对和执行困境，他们也非常关注可能受到政策影响的各种利益相关方的意见。因此，在实际运作中，起草小组的意见征集工作是非常开放

---

① Daniel Guéguen, *Comitology: Hijacking European Power?*, 3rd Edition, Electronic Version Read by Adobe Reader XI, European Training Institute, 2011, pp. 21–23.
② Rinus van Schendelen, *More Machiavelli in Brussels*, *The Art of Lobbying the EU*, Amsterdam University Press, 2010, p. 78.

和透明的。正如一个欧洲化工利益集团的代表指出的："就开放性而言，欧盟委员会易于接近的程度令人吃惊，只要打个电话就可以联系到相关的责任人，如果他们不能帮到你，他们也会帮你找到更合适的责任人，那些在白宫、巴黎或者波恩需要秘密进行的工作，在这里都是公开而透明的。"① 这种开放性使任何利益集团都可以公开地对起草小组展开直接游说，以使自己的意见被纳入起草小组的政策草案当中。当然，由于这种开放性对所有的利益集团都适用，这也意味着每个利益集团在游说起草小组的过程中面临其他利益集团的潜在竞争。如果游说者只强调自身的利益，那么对起草小组而言，这种游说只代表某个单一的利益集团，其政策影响力是有限的。相反，如果游说者在与起草小组接触之前，已经联合其他的利益集团，形成了一个具有相对广泛代表性的意见，那么其政策影响力就会大得多。②

除了与利益集团展开直接的接触，起草小组有时还会根据政策制定的需要进行正式的公开咨询，比如利用欧盟经社委员会或者地区委员会的机构框架召开听证会，或者组织政策相关方召开研讨会。近年来，随着网络技术的普及，利用互联网召开的线上听证会变得越来越频繁。起草小组通常会在草拟绿皮书之前，也就是确定需要政策解决的问题之前就召开线上听证会，并设定意见汇总的最后期限。在此之前，任何利益集团甚至普通民众都可以提出自己的建议。这种模式进一步降低了针对欧盟委员会的游说成本，特别有利于资金和现实影响力有限的小型利益集团表达自己的诉求。2000~2006年，这种线上听证会的次数从每年不到10次增长到每年130次。到2009年，在欧盟委员会甚至出现了同时召开20多个线上听证会的"盛况"。③ 公开咨询，尤其是线上的公开咨询，可以在委员会的政策圈子中引入新生力量，打破各领域传统利益集团对行业信息和知识的垄断，但这种低成本的渠道建设也使流向起草小组的政策信息出现了超负荷问题，由于游说群体和游说信

---

① Klemens Joos, *Lobbying in the New Europe, Successful Representation of Interests after the Treaty of Lisbon*, 2011 WILEY-VCH Verlag Gmbh & KGaA, Boschstr. 12, 69469 Weinheim, Germany, p. 104.
② Michael J. Gorges, "Interest Groups, European Integration, and the New Institutionalism", Conference Paper Prepared for Delivery at the Fifth Biennial Conference of the European Community Studies Association, Seattle, Washington, 29 May – 1 June, 1997, pp. 6-8.
③ Rinus van Schendelen, *More Machiavelli in Brussels, The Art of Lobbying the EU*, Amsterdam University Press, 2010, p. 84.

息过于庞大，起草小组无法与游说者展开真正意义上的深度交流，这也使公开咨询对政策制定的贡献大打折扣。因此，在欧盟委员会中负责政策实务的官员看来，公开咨询是拓展委员会政策信息采集工作的补充性手段，但它尚不能替代传统的利益集团和委员会之间的深度互动。[1]

②专家委员会

除了直接游说和公开咨询，利益集团影响起草小组的另一个重要途径，就是通过欧盟委员会内的各种小型委员会（Committee）。最常见的小型委员会是专家委员会（Expert Committee），他们的主要作用是为欧盟委员会的政策法规起草提供建议和智力支持，无论是在一般性的二级立法中，还是在欧盟委员会相对独立运作的委托立法中，专家委员会都会协助起草小组的工作以补充其在人力和专业知识上的不足。专家委员会是一个相对制度化的游说渠道，专家的正式遴选由有政策起草工作需要的起草小组（Chef de Dossier）负责，他们通常在欧盟各成员国以及欧盟层面具有较广泛代表性的利益集团联盟中招募专家，有时也根据需要在欧盟委员会的网站上发布公开征集专家的信息（calls for interest）。根据欧盟2009年的不完全统计，在欧盟委员会的各类专家委员会总数已经达到2000个，专家人数超过10000人。平均每个总司（DG）都有近60个专家委员会，而每个起草小组平均也配备三个专家委员会。[2] 表面上看，专家委员会只扮演智囊角色，没有任何正式的权力，但由于起草小组本身的人员和政策相关知识通常都处在匮乏状态，无论是在政策形成的初期撰写定义问题的"绿皮书"和出台对应解决方案的"白皮书"，还是立法草拟阶段起草正式的立法草案，起草小组都非常依赖专家委员会的帮助。有时候专家委员会甚至会直接起草欧盟的Official Journal。这些起草工作的现实需要使专家委员会在相关法案的形成初期扮演实际上的议程设定角色，并因此具有极高的影响力。由于专家委员会所处的地位关键，为避免某一单方面的势力垄断专家委员会的人员构成，起草小组在组织专家委员会的时候一般都会考虑各方的利益平衡，在一个

---

[1] Rinus van Schendelen, *More Machiavelli in Brussels*, *The Art of Lobbying the EU*, Amsterdam University Press, 2010, p. 84.

[2] Rinus van Schendelen, *More Machiavelli in Brussels*, *The Art of Lobbying the EU*, Amsterdam University Press, 2010, p. 81.

专家委员会内部,来自各种经济社会利益集团的专家成员国和成员国中央及地方政府的专家通常各占一半。① 但是,专家委员会的核心职能是协助政策起草,这是一个需要高水平专业知识的工作,因此,委员会内部专家的影响力并不取决于他是否来自政府的高级官员,而是取决于他对相关的政策领域有多熟悉,能否提出具有可行性的政策建议。此外,由于欧盟的行政预算有限,维持专家委员会的资金并不高,所有的专家都是兼职的,平均每个专家委员会可支配的年均预算只有5万欧元,这其中还包括专家召开会议、公务差旅和住宿的支出,平摊至每个专家,年人均预算还不到10000欧元。这种制度安排意味着在预算编排的时候,欧盟委员会就没有为专家设立用于政策调研的开支。换言之,专家委员会的专家要依靠自身的资源收集政策信息,这实际上为利益集团的运作留下了很大的空间。一方面,各种利益集团,尤其是欧盟层面的利益集团,是政策相关行业的一线从业者,具有高质量政策信息的提供能力;另一方面,他们也有更充分的资源支持行业内的各种调研工作。在现实中,这些利益集团通常都非常积极地在专家委员会安插代表,直接影响起草小组,他们也可能通过会议、论坛或者面对面的接触,向专家委员会提供各种政策信息,以此影响起草小组的政策起草。作为交换,起草小组和专家委员会也会和利益集团保持沟通,并在可能的情况下考虑这些利益集团的利益诉求。

(3) 针对授权立法委员会(Comitology)的游说

除了专家委员会以外,在欧盟委员会内部还存在着各种授权立法委员会。从行政架构上看,授权立法委员会在欧盟委员会等级制结构中位置并不高,它通常由欧盟委员会的中层官员领导,在欧盟委员会获得欧洲议会和部长理事会授权的情况下,协助欧盟委员会执行欧盟的各项政策,并为欧盟委员会承担的委托立法工作(也就是《里斯本条约》定义的非立法性法律)提供支持。② 表面看来,授权立法委员会只是权力有限的支持性机构,然而,正如哲学家萨特所说,魔鬼的魅力在于细节,任何立法无论出

---

① Rinus van Schendelen, *More Machiavelli in Brussels*, *The Art of Lobbying the EU*, Amsterdam University Press, 2010, p. 81.
② European Commission Website, http://ec.europa.eu/transparency/regcomitology/index.cfm?do=FAQ.

自多有权势的部门，最终都必须经过有效的实施环节才能发挥作用，而授权立法委员会的权能恰恰在于法律的实施阶段。

授权立法委员会制度在欧盟有很长的历史，设立该制度的初衷是为了提高共同体法律在成员国的实施效率，因此，授权立法委员会虽然由欧盟委员会的官员领导，其成员却来自各个欧盟成员国，代表各个成员国的立场和意见，负责审核欧盟委员会为实施二级立法而制定的实施细则。当然，这种设计也让各个成员国在欧盟委员会内部打进了一个楔子，确保成员国的利益在共同体政策的实施阶段不受到损害。1962年，共同体建立的第一个授权立法委员会，就是针对欧盟共同农业政策的项目和资金分配管理问题设置的。20世纪80年代后期单一市场计划启动后，为了推动统一大市场建设，欧盟委员会出台了大量的指令（directive）以消除成员国边界壁垒对统一大市场的影响，为了落实这些指令，又有一大批授权立法委员会建立起来，以帮助委员会制定各种指令的实施细则。[1] 到21世纪的前10年，针对各个政策领域的授权立法委员会已经接近450个。[2]

在《里斯本条约》以前，授权立法委员会分为三类，建议委员会（Advisory Committees）、管理委员会（Management Committees）和监管委员会（Regulatory Committees）。建议委员会负责向欧盟委员会的立法提供建议，除了建议没有其他的正式权力，因此在实际运作中影响力有限。[3] 但管理委员会和监管委员会在欧盟委员会的日常运作中扮演着重要的角色。管理委员会的权能是协助欧盟委员会进行各种项目的管理，尤其是当项目涉及欧盟预算的时候。规则委员会则负责确保根据欧盟立法制定的实施细则适用于所有欧盟成员国。[4] 在委托立法中，欧盟委员会的立法草案必须提交相应的管理委员会或者监管委员会，并获得这些授权立法委员会特定多数

---

[1] Daniel Guéguen, *Comitology: Hijacking European Power?*, 3rd Edition, Electronic Version Read by Adobe Reader XI, European Training Institute, 2011, pp. 29-30.
[2] 按照欧盟官方的说法，类似的委员会是250个，但根据一些学者的统计，到2010年为止，授权立法委员会的实际数量接近450个。参见 Rinus van Schendelen, *More Machiavelli in Brussels, The Art of Lobbying the EU*, Amsterdam University Press, 2010, p. 82。
[3] Rinus van Schendelen, *More Machiavelli in Brussels, The Art of Lobbying the EU*, Amsterdam University Press, 2010, p. 70.
[4] EU Website, Glossary, Comitology, http://europa.eu/legislation_summaries/glossary/comitology_en.htm.

（qualified majority）的票数支持才能通过，否则就需要按照授权立法委员会的意见对草案进行修改。如果欧盟委员会拒绝修改，那么争议就要提交到部长理事会裁决（当欧盟委员会与管理委员会意见冲突时），或者提交到部长理事会和欧洲议会共同裁决（当欧盟委员会与监管委员会意见冲突时）。《里斯本条约》后，为了简化立法程序，欧盟改革了原有的授权立法委员会制度，设立了实施法令（implement acts）这一工具，通过这一工具来确保二级立法的贯彻和执行。实施法令的程序继承了原授权立法委员会的传统，即还是由欧盟委员会官员领导成员国代表组成授权立法委员会，并核查欧盟委员会提出的草案，但新的授权立法委员会只分为两类：检查委员会（Examination Committee）和仲裁委员会（Appeal Committee）。前者由欧盟委员会一个政策小组（Head of Policy Unit）的负责人和低层级的成员国官员组成，后者由欧盟委员会一个总司的副司长和成员国高级官员组成。欧盟委员会需要将立法草案提交检查委员会审核，并接受检查委员会的修改意见，如果检查委员会否决了欧盟委员会的草案，而欧盟委员会又拒绝修改，则需将争议提交至仲裁委员会，以特定多数票进行裁决。如争议仍不能解决，则需部长理事会出面干涉。[①]

尽管近年来授权立法委员会的组织形式发生了变化，但其本质的功能仍然保留了下来，即在欧盟委员会内部代表成员国，在欧盟政策法规的实施阶段维护成员国的利益。而通过授权立法委员会出台的各种实施细则（implementing measures），其影响力也非常高。因为这些细则与欧盟民众日常生活的各种实际问题密切相关，而且不同于指令（directive），实施细则一经通过就即时生效，并适用于欧盟所有成员国。[②] 目前，欧盟每年通过的指令（directive）大约是 50 个，而每年通过的实施细则（implementing measures）大约有 2500 个。西方学者丹尼尔·古根指出，欧盟 98% 的监管行动（regulatory activity）都是欧盟委员会在授权立法委员会框架下进行的。[③] 换言之，

---

① Daniel Guéguen, *Comitology*: *Hijacking European Power?*, 3rd Edition, Electronic Version Read by Adobe Reader XI, European Training Institute, 2011, pp. 63 – 64.
② Daniel Guéguen, *Comitology*: *Hijacking European power?*, 3rd Edition, Electronic Version Read by Adobe Reader XI, European Training Institute, 2011, p. 25.
③ Daniel Guéguen, *Comitology*: *Hijacking European Power?*, 3rd Edition, Electronic Version Read by Adobe Reader XI, European Training Institute, 2011, p. 29.

这些通过实施细则实现的监管活动实际上建立在欧盟委员会的立法草案起草部门和与授权立法委员会合作的基础之上。能够有效地游说授权立法委员会，就能实质性地影响实施细则的产出。而且实施细则通常都相对技术化和专业化，对实施细则出台过程的游说不容易引起公众和高层政治的关注，其收益却非常大。

实施细则的产生过程和一般的二级立法类似，也是由欧盟委员会委派一个起草小组在一些相关的专业委员会的协助下进行草拟，但草案只需提交授权立法委员会审核通过即可。在这个过程中，专家委员会在实施细则的形成阶段起重要作用，而授权立法委员会则在细则的通过上扮演关键角色，虽然在利益集团可以通过影响专家委员会，或者直接影响起草小组，尽可能地影响相关立法草案的内容，但或者由于介入时间太晚，或者由于其他利益相关方的竞争，某些利益集团很可能对草案的初步文本不甚满意，这种情况下，他们就需要对授权立法委员会展开游说，以求再次修改，甚至阻止草案的通过。这也是利益集团在实施细则出台前进行有效游说的最后一个实质性机会。

对利益集团而言，授权立法委员会的成员，其级别比欧盟委员会的委员或者部长理事会的部长低得多，说服他们所需的游说成本也因此更低，即使面对面的直接交流在操作层面也是很容易实现的。当然，一个更有效的办法，就是向授权立法委员会直接安插代表。很多利益集团都通过在欧盟委员会和成员国内部的游说以获得代表资格，比如在负责安全生产、卫生和健康领域的授权立法委员会中，来自政府、雇主联盟和工会的代表就各占1/3。[①] 一些专业的利益集体非常善于通过安插代表的方法对授权立法委员会施加影响，他们会在授权立法委员会安插一些不但具有相关政策专业背景，同时还具有政治游说经验的人选，因为要在授权立法委员会中发挥影响，专业能力只是一方面，能否在投票之前拉到足够的同盟军也非常重要；当他们的专家进入授权立法委员会以后，他们会和该专家保持密切的联系，一方面源源不断地为专家提供各种其工作所需的技术性信息，另

---

① Rinus van Schendelen, *More Machiavelli in Brussels*, *The Art of Lobbying the EU*, Amsterdam University Press, 2010, p.82.

一方面帮助专家找出其他可能具有重大影响力的游说对象,并遥控专家与之建立良好的关系。更不可思议的是,他们有时甚至会将一位专家同时安插进专家委员会和授权立法委员会。这样,他们就可以全程影响实施细则的出台。① 一些欧盟层面的大型利益集团对这种操作非常娴熟,绿色和平组织甚至在其总部设立了专门的公共关系中心,专门对同时进入专家委员会和授权立法委员会的专家进行公共关系培训。相比之下,真正来自成员国政府的专家反而没有这些有利条件,他们经常缺乏足够的公关经验和专业知识后援,影响力因而受到很多限制。②

各种专业化利益集团的深度介入,使授权立法委员会成为各种经济社会力量进行利益交换和协商的重要场所。一个有趣的现象是,授权立法委员会极少否决欧盟委员会的立法草案。到2009年为止,授权立法委员会中的管理委员会只动用了一次否决权,这是近20年来的第一次。而授权立法委员会中的监管委员会在每年约1500次的投票中平均也只动用了7次否决权。③ 否决权的罕见,固然是因为授权立法委员会面临的问题往往都非常琐碎和具体化,为这些问题要部长理事会和欧洲议会出面干涉成本太高;但更重要的原因是,当一项立法草案的初步文本出台并准备提交授权立法委员会时,各种可能受到影响的利益集团以及他们安插在授权立法委员会的代表早已开始活动,并就文本形成阶段彼此之间的争议进行最后的讨价还价,到授权立法委员会的会议召开之前,一般性的共识早已形成了。④

《里斯本条约》后,由于授权立法委员会制度的重组,一些利益集团可能会暂时丧失他们在这个领域原有的影响力,因为还需要时间与新的授权

---

① Rinus van Schendelen, "The In - Sourced Experts", in Rinus van Schendelen & Roger Scully eds., *The Unseen Hand*: *Unelected EU Legislators*, Taylor & Francis e - Library, 2005, Kindle Version Read by Calibre e - book 1.21Version, p. 96.
② M. Egeberg, "Transcending Intergovernmentalism? Identity and Role Perceptions of National Officials in EU Decision - Making", *Journal of European Public Policy*, 1999, Vol. 6, No. 3, pp. 456 - 474; G. Schaeffer *et al.*, The Experience of Member State Officials in EU Committees', *Eipascope*, 2000, Vol. 3, pp. 29 - 35.
③ Daniel Guéguen, *Comitology*: *Hijacking European Power*?, 3rd Edition, Electronic Version Read by Adobe Reader XI, European Training Institute, 2011, pp. 30 - 31.
④ Daniel Guéguen, *Comitology*: *Hijacking European power*?, 3rd Edition, Electronic Version Read by Adobe Reader XI, European Training Institute, 2011, p. 31.

立法委员会重新建立联系，但新的授权立法委员会主要工作负担是在低层级的检查委员会，因为他们负责针对立法草案的最初审议和表决。然而检查委员会的成员只是成员国的低级官员，对于具有各种资源和影响力的游说大军而言，他们是非常容易接近的对象。可以想见，检查委员会的成员必然受到利益集团的"重点关照"，利益集团在授权立法委员会影响力的重塑应该也只是时间问题。

（二）欧洲议会

1. 欧洲议会的组织结构和运作特点

欧洲议会是欧洲一体化进程中欧盟民主发展的重要产物，是欧盟中唯一一个直接代表欧盟民众的代议机关，自1979年起，其议员就由民众直选产生。在建立初期，欧洲议会在共同体事务上仅扮演了一个咨询机构的角色，随着一体化的发展和欧盟民主建设的不断完善，欧洲议会在欧盟决策中的权力不断增大，并随着共同决策程序（Co-decision Procedure）的引入，成为欧盟立法的重要参与者。《里斯本条约》后，共同决策程序变为普通立法程序，其适用范围也扩大到欧盟的绝大部分立法。在这一决策框架下，欧盟委员会提出的政策动议需要得到欧洲议会和部长理事会的共同认可才能通过，这使欧洲议会在欧盟决策中几乎获得了与部长理事会平起平坐的权力。

到《里斯本条约》通过时为止，欧洲议会的议员总数为751人（包括欧洲议会主席），这些议员是按照人口比例的原则从欧盟成员国直接选举产生的。这些议员按照其政治倾向而非国籍组成了7个议会党团，代表着欧洲议会内部从极左到极右不同的意识形态。其中最大的三个党团分别是拥有273名议员的欧洲人民党党团（the Group of the European Peoples's Party，EPP）、拥有189名议员的社会民主进步联盟（the Group of the Progressive Alliance of Socialists and Democrats，S&D），以及拥有84名议员的欧洲自由民主联盟（the Group of the Alliance of Liberals and Democrats for Europe，ALDE）。[1]《里斯本条约》后，按照欧盟最常用的普通立法程序，由欧盟委员

---

[1] EU Academy, E-learning Course, "European Parliament", http://www.eu-academy.eu/free-resources/e-learning/.

会提交的立法草案必须通过欧洲议会的表决。而党团的重要性就在于他们控制党团内的议员共同行动，影响欧洲议会的投票表决结果。此外，他们还可以就某个议题推动欧洲议会出台相关的决议（resolution）。由于欧盟具有强制力的法律都需要由委员会动议，所以由欧洲议会单独提出的决议并不具有法律意义上的影响力，但决议代表了欧洲议会就某一问题的态度，理论上也就代表了欧盟的民意，这是欧盟委员会和部长理事会都需要考虑的问题，因此具有一定的政治影响力。

党团的分布体现着欧洲议会的政治光谱，而在实际运作中，欧洲议会还设立了约20个常务委员会（Standing Committees）和一些临时性的委员会。这些委员会按照政策领域进行划分，议员通常都隶属于某个政策领域的委员会，并通过这个委员会开展欧洲议会针对各种立法草案的实际工作。这些委员会平均由50名议员构成，其主要工作是协助欧洲议会对来自欧盟委员会的立法草案进行审核，确定立法草案是否需要修改，如何修改等。① 这意味着他们在具体的政策领域扮演了实际上的议会角色。委员会的意见一般通过报告的形式提交整个欧洲议会，为此，委员会会指定一名委员会内的一名议员，作为报告起草人（rapporteur）负责报告的起草工作。当起草人的工作负担过高，或者其起草工作涉及跨政策领域的议题时，还要增设其他的合作起草人（co‐rapporteur）。由于起草人是欧洲议会对立法施加影响的关键，所以欧洲议会的各个党团通常都会派出自己的代表，作为影子起草人（shadow rapporteurs），监督常务委员会起草人的工作，以确保各种政治势力在立法审核工作中的影响。②

除了党团和常务委员会这样正式的组织机构，欧洲议会中还存在约50个跨党团小组（intergroups），他们不是正式的欧洲议会组织，而是欧洲议会的议员们在党团认同之外按照共同关切的议题组成的小型联合体。比如曾于2012年参与竞选欧洲议会议长的议员德瓦就联合了30余名议员，建立

---

① EU Academy, E‐learning Course, "European Parliament", http://www.eu‐academy.eu/free‐resources/e‐learning/.
② Rinus van Schendelen, *More Machiavelli in Brussels, The Art of Lobbying the EU*, Amsterdam University Press, 2010, p. 86.

了欧中友好小组以在欧洲议会推动中欧关系的发展。[①] 而在反种族主义、青年事务、动物权利、中小企业、老龄化社会问题等诸多的领域，都有这样的小组存在。[②] 这些小组在欧洲议会的立法中并不扮演正式的角色，立法最终还是要在欧洲议会的大会上进行表决，但这些小组是按照针对特定的问题的共同立场结成的共同体，所以在相关政策议题的政治动员中有一定的影响力，其集体行动可能对表决结果产生影响。此外，他们和党团一样，也可能就特定议题推动欧洲议会出台相关的决议（resolution），因此也具有一定的政治影响力。

总体而言，议会党团、议会的各种委员会和跨党团小组构成了议会日常运作中主要的行为体。他们最重要的工作，就是审核来自欧盟委员会的立法草案。当然，如前文所述，由于事关日常经济社会管理的很多法规都是委员会以委托立法的方式相对独立完成的，所以欧洲议会负责审核的主要是共同决策程序框架下的欧盟二级立法。根据欧洲议会的统计，2004～2007年，欧洲议会就受理了约500个来自欧盟委员会的二级立法草案，并针对草案提出了约3800份修改意见，对生物科技、港口服务和电话服务等草案行使了否决权[③]。到《里斯本条约》生效后，按照粗略估计，欧盟二级立法的95%都进入共同决策程序，也就是所谓的普通立法程序框架[④]，欧洲议会在立法中的权力显然大大增加了。但是，欧洲议会的影响并不只局限于立法，其可以以决议的形式提出自己的动议，就特定问题表明自己的观点。尽管决议不具有法律效力，但可以使相关议题有效地进入政策讨论空间。比如在社会事务、环境问题和消费者保护领域，欧洲议会就在公民利益集团的推动下，将很多政策议题引入了欧盟层面的政策讨论。[⑤] 此外，欧洲议会还

---

① 此信息来自笔者于2009年5月在布鲁塞尔中国驻欧盟使团议会处的访谈。
② 有关欧洲议会跨党团小组的信息，http://www.europarl.europa.eu/aboutparliament/en/00c9d93c87/Intergroups.html。
③ Rinus van Schendelen, *More Machiavelli in Brussels*, *The Art of Lobbying the EU*, Amsterdam University Press, 2010, p. 87.
④ Christian Egenhofer, Sebastian Kurpas and Louise van Schaik, "The Ever-Changing Union: An Introduction to the History, Institutions and Decision-making Processes of the European Union", p. 16, CEPS Paperbacks, 18 April 2011, http://ceps.eu/book/ever-changing-union-introduction-history-institutions-and-decision-making-processes-european-un.
⑤ Rinus van Schendelen, *More Machiavelli in Brussels*, *The Art of Lobbying the EU*, Amsterdam University Press, 2010, pp. 87-88.

是欧盟中最善于利用民众动员的机构，比如在咨询程序中①。欧洲议会虽然不像部长理事会一样具有对欧盟委员会立法草案的决策权，但可以借助自身被咨询方的特殊地位，将社会大众对立法草案的观点提交给部长理事会，并利用这个时机进行民众动员，形成有效的社会压力。所以，在某些情况下，欧洲议会的权力不仅在于其立法中的正式权力，还在于其作为欧盟层面民主合法性代表的潜在影响力。

2. 利益集团在欧洲议会的运作空间

相对于等级制特征较强的欧盟委员会来说，欧洲议会是一个扁平化的机构，在运作中呈现出多元特征。对于各种利益集团而言，数百个欧洲议员，数十个跨党团小组，以及持不同意识形态的议会党团的存在，意味着各种不同的利益组合。而欧洲议会在正式立法权力之外还存在的政治影响力，也使利益集团在游说中面临更多的策略选择，具体而言，议员、欧洲议会的各种委员会、欧洲议会党团和跨党团小组，都是利益集团可以发挥影响的渠道，下面将分别进行阐述。

（1）议员

议员是欧洲议会最基本的活动单位，而作为民众与欧盟之间的直接桥梁，欧洲议员的身份决定了他们"天然"对利益集团的游说具有极高的开放性。只有获得外部的高质量信息支持，议员才能更好地在各种议会辩论中提出更专业和更有针对性的观点，并在相关的政策议题获得较大的发言权，而且如果一个议员背后有更多的社会力量支持，那么其在欧洲议会的影响力也会增大，这恰恰是各种利益集团所擅长的。此外，由于欧洲议会议员配备的工作班子相对较小，为了获得高质量的政策信息，必须借助外界的帮助。因此，议员通常都不拒绝和利益集团保持接触。

由于欧洲议会议员的工作相对繁忙，利益集团和议员的最初接触都通过议员的助手展开，但多数利益集团都希望最终能和议员建立稳定而友好的联系，因为议员不同于欧盟委员会中负责政策起草的官员，其影响力不局限于单一的政策领域，而是非常多元化的。每个议员实际上都是多重身

---

① 在有限的几个领域，欧洲议会仍不具有共同决策权，仍由部长理事会对欧盟委员会的立法草案进行投票，但部长理事会必须在投票前咨询欧洲议会的意见。http：//europa.eu/legislation_ summaries/glossary/consultation_ procedure_ en. htm.

份，既可能是特定政策领域常务委员会的成员，也可能是某个议会党团中的积极分子，还可能在某个具有较高影响力的跨党团小组扮演重要角色。获得了一位欧洲议会议员的友谊，就意味着获得了该议员在议会中各个圈子的潜在影响力和人脉。而在关系良好的情况下，利益集团还可以通过议员的引介，进一步摸清议会各个圈子内关键性的人物并加以接近，从而在欧洲议会内部获得更多的支持者。[①] 由于资历和背景上的差异，各个议员在议会内的影响力是不同的，但即便是影响力最小的议员，其善意和合作对于旨在游说的利益集团也非常关键，因为根据欧洲议会的运作规章，每个议员都有权调阅议会所有常务委员会的工作文件。[②] 任何游说者只要获得了一个议员的合作，就可以通过该议员了解任何一个欧洲议会审核中的立法草案的进展，并由此了解该草案通过的可能性以及其他竞争性利益集团的立场和态度，为下一步的游说工作做更充分的准备。此外，由于影响力高和地位关键的议员往往是各种利益集团的游说焦点，对于这种议员的游说往往会面临敌对势力的竞争，效果也会打折扣。在这种情况下，将注意力转向其他相对低调的议员，并利用其人脉迂回接触重点人物，也是各种利益集团的常用策略。因此，在欧洲议会中几乎所有的议员都是大大小小利益集团关注的目标，根据一个欧洲议会议员的调查，大约50%的议员每周都会与利益集团进行各种形式的接触，有1/3的议员甚至每周都亲自与利益集团的代表会面。[③] 和欧洲议会议员建立良好关系，已经成为利益集团得以在欧洲议会进行有效游说的基本要求。

（2）欧洲议会常务委员会和临时委员会

如果说拥有关系密切的议员是利益集团在欧洲议会有效游说的"基本配置"，那么对欧洲议会中负责具体政策领域的各种常务委员会和临时委员

---

① Klemens Joos, *Lobbying in the New Europe*, *Successful Representation of Interests after the Treaty of Lisbon*, 2011 WILEY - VCH Verlag Gmbh & KGaA, Boschstr. 12, 69469 Weinheim, Germany, p. 110.

② Klemens Joos, *Lobbying in the New Europe*, *Successful Representation of Interests after the Treaty of Lisbon*, 2011 WILEY - VCH Verlag Gmbh & KGaA, Boschstr. 12, 69469 Weinheim, Germany, pp. 112 - 113.

③ Klemens Joos, *Lobbying in the New Europe*, *Successful Representation of Interests after the Treaty of Lisbon*, 2011 WILEY - VCH Verlag Gmbh & KGaA, Boschstr. 12, 69469 Weinheim, Germany, p. 110.

会的有效影响力，就是利益集团得以成功游说欧洲议会的"高级配置"。这些委员会的日常工作是审核和修改来自欧盟委员会的立法草案，尽管在程序上，一项草案需要在欧洲议会的全体会议上表决才能通过，但由于议员人数过多，指望所有的议员都跟进某项草案的全部审核和修改过程是不现实的，一般都是和草案相关的政策领域的某个议会委员会就草案的审核和修改展开实际工作，并提交一个修改报告作为欧洲议会大会表决的参考。现实运作中，大会通常都会参考相应的常务委员会或临时委员会的意见进行表决，因为在这些议会委员会的审核过程中，欧洲议会的各种政治势力和组织已经派代表参与了相关的工作。[1]

对于各种利益集团而言，对常务委员会或临时委员会的游说实际上已经是一种二次游说。因为立法草案的动议权把持在欧盟委员会的手中，到欧盟委员会将草案提交至欧洲议会时为止，各种利益集团针对草案的游说工作已经进行了一轮，换言之，这份草案已经经过了各种利益的博弈和讨价还价，再进行大的修改实际上并不容易。然而，在没经过欧洲议会和部长理事会的审核批准之前，任何立法草案都尚未生效，这就给了各种利益集团展开新一轮游说和竞争的空间。对于在欧盟委员会起草阶段获得成功的利益集团来说，他们必须确保这些议会的委员会尽可能少地对草案进行修改，以维护他们之前获得的利益。而那些没有及时在起草阶段介入，或者在起草阶段没有获得满意成果的利益集团，自然会特别看中议会委员会的审核和修改程序，将之作为翻盘的重要机会。正如一位欧洲化学工业集团的游说者指出的："如果欧盟委员会能赞同我们的立场，那当然最好，但在欧洲议会你总是可以重新开始，毕竟任何事情都可能发生。"[2]

一般而言，一个常务委员会或临时性委员会都由几十名议员组成，在实际操作中对所有人都展开有效游说并不容易，其中最关键的自然是负责

---

[1] David Marshall, "Who to Lobby and When: Institutional Determinants of Interest Group Strategies in European Parliament Committees", *European Union Politics*, 2010, Vol. 11, No. 4, p. 555.

[2] David Marshall, "Who to Lobby and When: Institutional Determinants of Interest Group Strategies in European Parliament Committees", *European Union Politics*, 2010, Vol. 11, No. 4, p. 559.

针对立法草案起草审核报告和修改意见的议员,他们被称为报告起草人(rapporteur),由于欧洲议会大会在草案的最后投票表决中,通常都会以报告起草人提交大会的报告作为评判标准,所以报告起草人提交的报告,实际上决定了欧洲议会对立法草案的意见。如果某个利益集团能对报告起草人进行成功游说,那就实际上控制了欧洲议会立法草案审核工作的核心。然而,需要指出的是,欧洲议会报告起草人的工作和欧盟委员会中的起草小组(Chef de Dossier)有所不同,需要遵循一个代议制机构的特定规律。如果以欧盟委员会作为参照,欧盟委员会起草小组虽然也欢迎社会各方和各种利益集团参与意见,但其起草过程本身是相对封闭的,小组本身对文本的确立有某种意义上的决定权,可以自主选择接受或不接受外界的意见,这是一种更为官僚式的运作方式,但欧洲议会报告起草人的工作是开放性的,因为根据欧洲议会的工作程序,报告起草人起草的报告需要经其所属的议会委员会投票,以决定是否可以提交欧洲议会大会表决,这意味着报告起草人必须考虑该委员会中其他议员的意见,这是一种以共识和协商为导向的运作方式。此外,从工作流程上看,在报告起草人拟定了报告的初稿后,还要就初稿进行一个开放性的修改(open amendment),在这个阶段,所有的利益相关方都会尽可能地将自己的意见加入到初稿当中。此后,报告起草人还会将各种意见进行整合,并尽可能地引导各方达成共识,形成报告的最终版本。因此,对于常务委员会或临时委员会的游说实际上需要多重策略。报告起草人自然是重要的,即便控制了报告起草人也无法在程序上阻止其他的利益集团通过其他议员对报告进行修改,合理的办法是在积极游说报告起草人的同时,寻找其他立场相近的议员(他们背后通常都有其他利益集团的存在),并尽可能和立场相近的势力达成妥协,以争取该委员会表决中的多数;或者也可以在该委员会内部寻找具有较高影响力的议员,并通过该议员寻求更多的票数支持。换言之,在这些议会委员会的立法审核中,拥有对关键人物的影响力固然重要,但获得多数票才是关键。[①] 正如一位欧盟保险业联盟的游说者指出的:"找一个能帮你提出修改

---

① David Marshall, "Who to Lobby and When: Institutional Determinants of Interest Group Strategies in European Parliament Committees", *European Union Politics*, 2010, Vol. 11, No. 4, pp. 559 – 562.

动议的人从来都不是难事,但找一个能说服其他人为你投票的就没那么容易了。"① 这种代议制机构的运作特点也意味着常务委员会和临时性委员会不仅是立法过程中的游说目标,更是各种利益集团根据彼此的力量对比进行合纵连横与利益交换的重要平台。

(3) 议会党团

党团是欧洲议会议员们以意识形态为基础联合而成的政治共同体,在议会中具有非常可观的政治动员能力,特定的党团间联盟可以轻易地左右欧洲议会大会的最终投票,党团也因此具有强大的政治影响力,但对于大部分利益集团而言,党团的价值主要是战略性的。举例而言,欧洲工会联盟想推动一项特定行业的最低工资法案,当法案提交至议会审核后,工会可以大致预估法案会得到左翼的社会民主进步联盟的支持,也要考虑到右翼的欧洲人民党党团可能会反对法案,但由于法案本身的内容非常具体,涉及的利益相关方很难以简单的左翼和右翼进行划分,在右翼党团中可能有议员出于国别、地区和行业的考虑而支持该法案,左翼党团中也可能有议员因为同样的因素而反对该法案。简而言之,利益集团通常都关注非常具体的政策议题,而对于这些具体的议题而言,党团的意识形态划分过于宏大。除非某个利益集团推动的议题有太过明显的意识形态色彩,否则党团对该议题的态度很可能是多元或者模糊的。此外,由于党团的规模过于庞大,虽然其影响力很高,但要对整个党团进行有效游说就意味着惊人的成本,这在现实中也基本不具操作性。对于实际的游说活动来说,党团的真正价值在于其派驻在各个议会常务或临时委员会的影子起草人(shadow rapporteurs),他们是党团为了确保自身影响力而安插在这些委员会中的代表,体现了政治意识形态在立法审核中的存在,也具有相当的影响力。如果一个利益集团在议会委员会中获得了某个影子起草人的强力支持,那就意味着获得了影子起草人背后党团的支持,这是一个潜在的政治杠杆,会对该议会委员会的草案审核与修改产生有效压力。

---

① David Marshall, "Who to Lobby and When: Institutional Determinants of Interest Group Strategies in European Parliament Committees", *European Union Politics*, 2010, Vol. 11, No. 4, p. 561.

(4) 跨党团小组

相对于以意识形态为基础形成的党团，跨党团小组是欧洲议会中更为灵活的一些小团体。由于其具有集体行动的能力，利益集团也可以通过和他们建立良好的关系获得小规模的政治杠杆，从而对其他的竞争性利益集团形成间接压力，但跨党团小组对利益集团的意义不仅限于立法过程，他们是因对特定议题的共同关切结合而成的组织，因而在一些专门性的领域有较高的影响力，并善于就相关议题组织各类专家展开研讨，在整个欧洲议会推动相关的政策讨论。利用他们，各种利益集团可以将自己的利益诉求引入欧洲议会乃至欧盟的政策讨论空间，这是利益集团为更长远的游说活动设定政策议程的一个手段。

（三）部长理事会（the Council of the European Union）

1. 部长理事会的组织结构和运作特点

部长理事会是欧盟中各成员国力量的代表，以政府间主义为运作方式，是欧盟最重要的决策机构。在部长理事会之上，实际上还有更高层级的欧盟首脑会议（Europe Council）负责更宏观的战略性问题，但在欧盟的日常运作，尤其是日常决策中还是由部长理事会扮演主要角色。部长理事会（the Council of the European Union）的英文直译应为欧盟理事会，但由于组成该理事会的代表来自各欧盟成员国的部长，所以通常被外界称为部长理事会。

部长理事会由4个层级构成。最上层是轮值主席国，由各欧盟成员国轮流担任，每6个月轮换一次，其主要负责设定部长理事会在其主席国任期内的工作议程，主持各领域的部长级会议和下级的工作组会议。轮值主席国之下，是由各成员国部长组成的部长级会议，部长级会议按照政策领域分工，共有10个类别（configuration），分别由各国负责相应政策的部长参加。比如农业和渔业理事会（the Agriculture and Fisheries Council）或欧盟经济和金融理事会（the Economic and Financial Council）都是这10个类别中的一个，由各欧盟成员国派出相应领域的部长参加。在这10个类别中，还有一个总务理事会（General Affairs Council），负责处理其他9个类别的相关政策之外的事务。此外，部长理事会还负责组织欧盟首脑会议的组织工作。部长级会议是部长理事会运作的核心，修改审核和通过由欧盟委员会提出的立法动议，参与欧盟预算的决策，以及欧盟各成员国特定领域的政策协调，都通过这些部长级会议来实现。①

虽然具有较高的权能，但是这些部长级会议不是一个常设机制，都按照政策议题的需要来组织，每年不超过 12 次。为了确保会议富有成果，在部长级会议之下，还设有一个常设机制——常驻代表委员会（COREPER）。该委员会由各成员国驻欧盟的大使组成，负责部长理事会的日常工作，尤其是为各领域的部长级会议做会前准备。常驻代表委员分为两个，常驻代表委员会 I（COREPER I）主要处理专业化和技术性的政策领域，如环境、农业和能源等，而常驻代表委员会 II（COREPER II）则处理政治性相对较高的政策领域，如外交、经济政策和司法领域的问题。②

常驻代表委员会之下，是部长理事会中最低层级的常设机构——各种专门委员会（Specialised Committees）和工作组（Working Groups）。他们由欧盟各成员国派驻布鲁塞尔的外交官组成，负责为常驻代表委员会提供专家意见，并协助常驻代表委员会在各种政策议题上协调各成员国的立场以取得共识。专门委员会负责高度专业化的领域，比如政治与安全委员会（the Political and Security Committee）就负责欧洲安全与防务问题，而农业特别委员会（the Special Committee on Agriculture）则专注于农业领域。工作组负责支持常驻代表委员会和各专门委员会的工作，其关注的领域更具体，他们的数量不定，根据政策议题的变化在 200～300 个。专门委员会和工作组会针对欧盟委员会的立法草案发表意见，这些意见在经过常驻代表委员会的汇总和综合考量后，会被提交至部长级会议层面，他们对部长理事会的决策也有非常重要的参考价值。③

除了上述机构之外，部长理事会还设有一个理事会秘书处（the General Secretariat of the Council of the European Union），负责向轮值主席国提供政治上和法律上的意见，并为部长理事会各级会议的组织工作提供支持。虽然

---

① EU Academy, E-learning Course, "Council of Ministers & European Council", http://www.eu-academy.eu/free-resources/e-learning/.

② EU Academy, E-learning Course, "Council of Ministers & European Council", http://www.eu-academy.eu/free-resources/e-learning/.

③ EU Academy, E-learning Course, "Council of Ministers & European Council", http://www.eu-academy.eu/free-resources/e-learning/.

只是一个支持性机构,但理事会秘书处不像轮值主席国那样需要频繁地轮换,因此对部长理事会的各项工作有更长期的把握,而且作为专职的会议筹备机关,理事会秘书处和部长理事会各层级的机关都有密切的联系,因而在日常工作中也拥有一定的影响力[1]。

在实际运作中,部长理事会的工作模式体现出一种自下而上寻求共识的特点。来自欧盟委员会的立法草案首先会被转至相关的工作组。工作组会依据草案的内容,确定其在部长级会议的投票程序(全体一致、特定多数或是其他),再根据工作组内各个成员国代表的意见,对草案在选定投票程序下通过的可能性进行评估。如果评估的结果比较积极,那么草案就会提交常驻代表委员会按照类似的模式进行审核,如果常驻代表委员会也对草案持同样的积极态度,那么该草案就会标记为 A 类,并被提交至部长级会议。由于各国部长对涉及立法草案的具体知识是有限的,所以他们通常都依赖常驻代表委员会以下的支持性机构对草案进行专业评估。如果常驻代表委员会对某项草案的态度积极,那就意味着低层级的成员国代表已经就草案达成了共识,部长级会议一般都会尊重这种已达成的共识,并投票通过这项草案。相反,如果在工作组、专门委员会或常驻代表委员会中有任何一个机构对欧盟委员会的立法草案持否定态度,这就意味着低层级的成员国代表无法就草案达成共识,那么这类草案就会被标记为 B 类,草案也会提交部长级会议,在这种情况下,各国部长或者不顾下层的分歧达成共识(在部长们愿意冒个人政治风险的情况下),或者将草案转回常驻代表委员会进行重新商讨以寻求新的共识。当然,部长级会议否决草案的可能也是存在的,但在现实中直接否决的情况并不多见。[2]

在一体化进程的早期,部长理事会一度是共同体层面最有权力的机构,但随着欧洲一体化的不断发展以及欧盟委员会和欧洲议会的权力扩张,部长理事会在欧盟决策中的影响力正在发生变化。一方面,欧盟现在

---

[1] Thomas Christiansen, "Out of the Shadows: The General Secretariat of the Council of Ministers", in RINUS VAN SCHENDELEN ROGER SCULLY eds., *The Unseen Hand: Unelected EU Legislators*, Taylor & Francis e-Library, 2005, Kindle Version Read by Calibre E-book 1.21 Version, pp. 230-231.

[2] EU Academy, E-learning Course, "Council of Ministers & European Council", http://www.eu-academy.eu/free-resources/e-learning/.

已经有28个成员国,在一个由28个成员国部长参加的会议上,即便每个部长只做一个数分钟的发言,整个会议也会超过两个小时,成员国数量的增加使部长级会议已经很难就立法草案进行实质性的探讨,这就削弱了部长理事会在立法草案的具体内容上发挥影响力的空间。[1] 另一方面,尽管特定多数投票制现在已经被广泛采用,但部长理事会仍然维持着一种"共识性文化",至少在投票表决时是如此。因为如果各成员国在部长理事会的最终表决中经常发生分裂,那么欧盟的日常运作就会受到影响,给外界留下欧盟"运转不良"的印象,这显然会给欧盟和欧洲一体化进程带来政治后果。事实上,尽管特定多数票机制在20世纪80年代中期就被引入,但直到1992年的香蕉贸易案中,特定多数投票才首次在真正意义上发挥了作用。通常,只有各国部长出于国内政治的原因,需要在特定问题上展现本国的政治压力时,共识性文化才会被打破。尤其在欧盟东扩之后,部长理事会在审核欧盟委员会立法草案时一致通过的情形变得越来越多,所以有学者将部长理事会的决策戏称为"橡皮图章决策"(rubberstamping of decisions)。[2]

如果某一成员国部长威胁要在部长理事会的投票中行使否决权,用一个不太精确的比喻,这种情况通常都是"雷声大,雨点小",立法草案最终通过的可能性仍然很大。然而,问题的关键其实不在"雨点",而在于"雷声"。即便是在特定多数表决机制下,如果某几国联合起来,威胁使用否决权,那就必然引起其他国家的重视,并由此开启正式程序之外的非正式协商。这种非正式协商,是各成员国在部长理事会权能受到侵蚀的情况下保持其对政策实质性影响力的重要手段。坐拥足以否决立法草案的票数,一些国家联盟在草案刚提交至部长理事会工作组的时候就开始介入,和其他国家展开讨价还价以维护自己的利益。比如一些南欧国家为了维护本国在欧盟地中海政策中的利益,就组成了所谓的巴塞罗那联盟(Barcelona Group),而波罗的海国家则会在涉及欧盟北方政策的议题上组成波罗的海

---

[1] Rinus van Schendelen, *More Machiavelli in Brussels*, *The Art of Lobbying the EU*, Amsterdam University Press, 2010, p. 92.

[2] Rinus van Schendelen, *More Machiavelli in Brussels*, *The Art of Lobbying the EU*, Amsterdam University Press, 2010, pp. 92 – 93.

联盟（Baltic States）。① 这些结盟行为是部长理事会中一种非正式、十分常见的运作方式，各种利益的竞争和调和经常都会通过结盟反映出来，尽管在部长级会议最终投票时很可能还是各国一致通过，但这种一致是因为各种妥协、利益交换和一揽子协议在非正式协商中已经完成了。所以，部长理事会在欧盟立法中名义上的角色是赋立法草案以成员国认可的合法性，但在实际的运作中，其主要是为各成员国维护本国利益进行博弈的一个平台。

2. 利益集团在部长理事会的运作空间

与欧洲议会和欧盟委员会相比，利益集团对部长理事会的游说是比较困难的，这体现在以下几个方面：第一，部长理事会既不是稳定的等级制官僚机构，也不是相对扁平化的代议机关，无论是高层的部长级会议，中层的常驻代表委员会，还是低层的专门委员会和工作组，每个运作实体都由各欧盟成员国的代表构成。理论上，每一国的代表都拥有同样的权力，但他们同时也代表着不同的国家利益，因此其关切点和偏好是非常多元化的。如果说在欧盟委员会，一个游说者只要说服几个官员组成的起草小组就可以取得理想的结果，那么在部长理事会的每个层级，他都要面对28个需要接触的对象（目前欧盟成员国数已上升至28个）。对所有的成员国代表都进行游说意味着极高的成本，即使对最强大的利益集团来说也是如此。②

第二，部长理事会是欧盟机构中政府间主义色彩最强的一个机构，从高层级的部长级会议到低层级的工作组，其成员都是欧盟成员国的代表，其效忠对象也是本国政府，他们行动的至高准则是维护本国利益，其思维是政治导向。即便各国代表在某个问题上能达成一致，其主要原因也是他们在国内政治压力和国家间利益博弈这两股力量之间找到了平衡，这与欧盟委员会问题导向的运作方式有很大的不同。换言之，若想成功地游说部长理事会各个层级的代表，只具有相关的行业知识和行业影响力是不够的，

---

① Rinus van Schendelen, *More Machiavelli in Brussels*, *The Art of Lobbying the EU*, Amsterdam University Press, 2010, p. 93.
② Fiona Hayes-Renshaw, "Least Accessible but not Inaccessible: Lobbying the Council and the European Council", in David Coen and Jeremy Richardson, eds., *Lobbying the European Union: Institutions, Actors, and Issues*, Oxford University Press, 2009, p. 74.

游说者必须显示出自身的利益诉求在成员国国内政治中的价值，这显然增加了游说的难度。

第三，部长理事会的人员流动性很大。在欧盟委员会和欧洲议会，当选的官员和议员一般情况下都有5年的任期，在任期结束后，通常还会谋求继续在欧盟工作。稳定的任期意味着在利益集团可以通过游说这两个机构找到至少一段时间内可靠的同盟者，即便游说者得到升迁或被转到其他部门，原有的关系仍然是有意义的。然而，部长理事会的情况完全不同，最上层的轮值主席国每6个月就轮换一次，各国的部长只在部长级会议召开时才出现，而且这些部长经常因为国内选举和组阁情况的变化而出现人事变动。常驻代表委员会和下层工作组的人员相对固定，但他们在部长理事会的工作时间也不会超过4年，4年后将轮换到其他的国家和地区任职，这意味着即使利益集团能与他们建立良好的关系，其"有效期"最多也只有4年。①

总体而言，数量繁多的成员国代表，人员的高流动性和国家本位思维盛行，使部长理事会成为"欧盟中最难以接近的机构"②，但难以接近不意味不可接近，一方面，虽然频繁的人员流动意味着利益集团与部长理事会建立稳定联系的成本会很高，但相对于高层人员，低层级官员的任期基本上还有一定的保障；另一方面，部长理事会在实际运作中遵循自下而上的共识构建。近年来，随着欧盟权限的发展和立法需求的不断增加，部长理事会面临的工作越来越繁重，在处理立法草案的时候，虽然名义上最终的决定出自由成员国部长组成的部长级会议，但由于各国部长公务繁忙，不可能对每个草案的细节，尤其是相关的专业性知识有充分的把握，因此各国部长非常依赖他们的支持性机构，也就是常驻代表委员会的意见，并通过常驻代表委员会来确定各国是否可以就草案达成共识。③ 而常驻代表委员

---

① Fiona Hayes‐Renshaw, "Least Accessible but not Inaccessible: Lobbying the Council and the European Council", in David Coen and Jeremy Richardson, eds., *Lobbying the European Union: Institutions, Actors, and Issues*, Oxford University Press, 2009, pp. 74–75.

② Fiona Hayes‐Renshaw, "Least Accessible but not Inaccessible: Lobbying the Council and the European Council", in David Coen and Jeremy Richardson, eds., *Lobbying the European Union: Institutions, Actors, and Issues*, Oxford University Press, 2009, p. 70.

③ Rinus van Schendelen, *More Machiavelli in Brussels*, *The Art of Lobbying the EU*, Amsterdam University Press, 2010, p. 92.

会也面临人员不足和工作负担过重的问题,因此,常驻代表委员会也会以下层的各种工作组的意见为主要参考。① 这就使得最低层的工作组成为各国寻求共识的关键平台,继而成为各种利益集团游说的焦点。

工作组的成员名义上都是各成员国的正式官方代表,但他们是部长理事会中国家本位思维最少的一个层级,因为他们处在日常工作的第一线,需要面对特定领域各种专业性和现实性的问题,所以其成员必须有足够的专业背景,在实际工作中也要在维护国家利益和出台可行的解决方案之间寻找平衡。所以在现实中,很多并不来自成员国中央政府但具有专业背景的人选会以成员国代表的名义出现在工作组中。② 这是利益集团对部长理事会施加影响的一个重要渠道。比如一些联邦制的成员国——如德国、比利时和西班牙就选择了很多熟悉业务的地方政府官员作为代表。这种安排的背后显然是相关的地区利益集团在发挥影响。还有一些国家,如丹麦和奥地利,甚至直接从本国相关领域的利益集团中选取代表,因为来自利益集团的人选不但是该领域的专业知识权威,其背后的利益集团也是该领域立法工作的直接利益相关者。③ 在不能安插代表的情况下,利益集团也会尽全力对工作组的成员进行游说,因为相对于更高层级的大使甚至部长,工作组成员的级别较低,游说成本要小得多。所有这些游说的目的,就是影响工作组对立法草案的分类。虽然最终还是由理事会高层的部长级会议的投票来决定立法草案是否通过,但工作组本身也是由所有成员国代表组成,他们对立法草案的态度相当于部长级会议最终投票之前的"预投票"。(大多数时候采取特定多数,少量情况需要全票)希望草案通过的利益集团,会尽可能地在工作组争取多数代表的支持,而希望阻止草案的利益集团,自然就会进行反向拉票。一旦工作组就草案的归类达成共识,要将其推倒

---

① Rinus van Schendelen, "The In-Sourced Experts", in Rinus van Schendelen & Roger Scully eds., *The Unseen Hand: Unelected EU Legislators*, Taylor & Francis e-Library, 2005, Kindle Version Read by Calibre E-book 1.21 Version, p.105.
② Rinus van Schendelen, "The In-Sourced Experts", in Rinus van Schendelen & Roger Scully eds., *The Unseen Hand: Unelected EU Legislators*, Taylor & Francis e-Library, 2005, Kindle Version Read by Calibre E-book 1.21 Version, p.102.
③ Rinus van Schendelen, "The In-Sourced Experts", in Rinus van Schendelen & Roger Scully eds., *The Unseen Hand: Unelected EU Legislators*, Taylor & Francis e-Library, 2005, Kindle Version Read by Calibre E-book 1.21 Version, p.102.

重来就只能将注意力放到更上层的常驻代表委员会甚至部长级会议，其游说的难度和成本就会逐级上升。① 而且工作组设立的初衷之一就是减轻部长级会议的工作负担，所以工作组一般都会尽量把争议，尤其是低政治性的争议在组内解决，正如有学者指出，"部长理事会 70%～90% 的决定在工作组层面就已经明确化，并在其后的部长级会议中未经讨论就通过"，② 所以游说工作组是整个部长理事会游说的最关键阶段。

除了工作组，另一个对利益集团有价值的机构是常驻代表委员会，由于关于立法草案的"预投票"由更专业的人员完成，而常驻代表委员会对专业性问题的知识有限，所以通过影响常驻代表委员会推翻工作组的意见在现实中可行性不高。但常驻代表委员会的成员是职业外交官，他们的使命就是在布鲁塞尔收集各种信息，了解其他成员国的动向，而工作组也有义务在涉及欧盟立法的问题上向他们汇报。因此，他们对利益集团而言是宝贵的信息源，利益集团可以通过他们了解其他某项立法草案的进展以及各个成员国对草案的态度，还可以利用他们的关系网建立更多的人脉。③

常驻代表委员会和工作组处在部长理事会的中低层，对多数利益集团而言，他们还是日常游说中可以依赖的渠道，但在更高层级的部长级会议、轮值主席国乃至部长理事会之上的欧盟领导人峰会，游说就变得非常困难。比如"对部长级会议的整体性游说几乎不可能实现，因为参会者只有会议期间才会聚在一起，而且会议是闭门进行的"。④ 至于轮值主席国，其任期也只有半年，且在这半年里会成为所有势力关注的焦点。如果想尝试对这些高层施加影响，唯一的可能性就是尽可能早地展开游说。这里有正反两

---

① Fiona Hayes–Renshaw, "Least Accessible but not Inaccessible: Lobbying the Council and the European Council", in David Coen and Jeremy Richardson, eds., *Lobbying the European Union: Institutions, Actors, and Issues*, Oxford University Press, 2009, p. 85.

② Ingvild Olsen, "The Council Working Groups: Advisors or de facto Decision Makers?", Paper presented at the Fifth Pan–European Conference on EU Politics Porto, Portugal–23–26 June 2010, http://www.jhubc.it/ecpr–porto/virtualpaperroom/100.pdf.

③ Fiona Hayes–Renshaw, "Least Accessible but not Inaccessible: Lobbying the Council and the European Council", in David Coen and Jeremy Richardson, eds., *Lobbying the European Union: Institutions, Actors, and Issues*, Oxford University press, 2009, p. 85.

④ William Nicoll and Trevor Salmon, *Understanding the European Communities*, Hemel Hempstead, Philip Allan. 1990, p. 82.

方面的案例。一个案例是欧盟美国商会,他们在轮值主席国上任前两年就开始着手游说的准备工作,并向每个潜在的轮值主席国提交一份简洁而全面的文件,明确自身的立场和利益诉求,并就轮值主席国如何在设定工作议程时考虑其利益作出具体的建议。欧盟美国商会在推动欧美经济合作的议题上发挥了重要影响力,被认为是布鲁塞尔最成功的利益集体之一。[①] 另一个案例是著名的欧盟环保组织"地球之友",他们是欧洲最具影响力的环保利益集体之一,具有很强的动员能力。2007年3月,为了影响欧盟领导人峰会就欧盟能源政策的会晤,他们甚至在领导人峰会的会场外组织了大规模示威。这种举措事实上已经不是一般意义上的游说,而是政治抗议了。然而,最终的事实表明,抗争毫无意义。高层的领导人对利益集团的政治抗议倒未必会无动于衷,但领导人峰会的讨论其实只是形式上的,因为在领导人峰会之前几周,欧盟各成员国已经通过部长理事会的低层级协调,将相关能源政策的文本敲定了。[②] 这也从侧面反映了部长理事会的游戏规则,单单有影响力是不够的,有效的游说必须尽早开始,而且其关键主要在基层。

(四)欧盟经济社会委员会和欧盟地区委员会

除了欧盟委员会、欧洲议会和部长理事会,欧盟中还有两个咨商机构,欧盟经济社会委员会和欧盟地区委员会,虽然在政策法规出台过程中,他们没有正式和直接的介入能力,但作为咨商性机构,他们也能发挥间接的影响力,并因此引起一些利益集团的关注。

欧盟经济社会委员会(European Economic and Social Committee)是欧盟的一个常设咨询和协商性机构,其前身最早可追溯到欧洲煤钢共同体时期

---

① American Chamber of Commerce in Poland, Annual Report 2011, http://amcham.pl/file/pdf/agm_report_2011_with_cover.pdf? PHPSESSID = a831def816b9664def3a05 0025c9773d; Fiona Hayes‑Renshaw, "Least Accessible but not Inaccessible: Lobbying the Council and the European Council", in David Coen and Jeremy Richardson, eds., *Lobbying the European Union: Institutions, Actors, and Issues*, Oxford University Press, 2009, p. 82.

② Fiona Hayes‑Renshaw, "Least Accessible but not Inaccessible: Lobbying the Council and the European Council", in David Coen and Jeremy Richardson, eds., *Lobbying the European Union: Institutions, Actors, and Issues*, Oxford University Press, 2009, p. 80.

的咨询委员会（Consultative Committee），设立的宗旨是吸引欧洲经济和社会领域的各种利益集团参与共同体的建设。尽管经社委员会的代表主要来自欧盟非官方的雇主利益集团、工会和公民社会组织（如消费者组织、环保组织等），但经社委员会本身是欧盟的正式官方机构，这种设置也体现了有组织的经济社会利益集团在欧盟中的制度性存在。

经社委员会设立的初衷，是在共同体决策机构和民间的经济社会力量之间搭建一个有效的沟通桥梁。一方面它可以将来自民间利益集团的意见汇总和传达至共同体决策机关，另一方面它也可以协助欧盟委员会对各种政策动议进行研究论证，评估其对经济社会潜在的影响。总体而言，经社委员会还是一个比较活跃的机构，目前它每年都受欧盟委员会的委托，起草约 200 个研究报告，同时它也会出台约 50 个自主发起的研究报告，涵盖了单一市场、农业、交通、环境和社会事务等诸多领域。①

虽然经社委员会是欧盟为利益集团专门设立的一个利益表达渠道，但它在实际运作中的效果并不令人满意。一方面，组成经社委员会的代表数量过多，按 2011 年的统计，来自各成员国不同行业的代表有 344 名，② 尽管经社委员会内部按照行业进行了分工，但平均每个行业的代表也有数十名，每个代表都来自不同的经济社会集团，代表着不同的利益，而且很多利益之间还存在着竞争关系。这种碎片化的状态，意味着经社委员会或者很难就具体的议题达成有效的共识，或者只能达成一个原则性的模糊共识。由于欧盟日常政策法规的出台需要具有高度可行性的方案和建议，一种无法达成共识或者只能形成模糊共识的政策讨论，自然很难为政策和立法的出台提供足够的建设性。③ 另一方面，近年来欧洲议会的权力和影响力正在不断增长，欧洲议会不但是直选产生，可以作为欧盟民众和决策机构之间最名正言顺的桥梁，而且随着普通立法程序的流行逐渐获得了和部长理事会相当的立法层面的权力，这些变化使经社理事会的实际运作空间不断受到

---

① Rinus van Schendelen, *More Machiavelli in Brussels*, *The Art of Lobbying the EU*, Amsterdam University Press, 2010, p. 89.
② Ian Bache, Stephen George and Simon Bulmer, *Politics in the European Union*, 3rd Edition, Oxford University Press, 2011, p. 234.
③ Rinus van Schendelen, *More Machiavelli in Brussels*, *The Art of Lobbying the EU*, Amsterdam University Press, 2010, p. 89.

欧洲议会的侵蚀。[①] 所以，今天的经社理事会更像一个纯粹的咨询机构，类似于原授权立法委员会中的建议委员会，实际的权力比较有限。

尽管经社委员会的正式权力不大，但对利益集团而言，经社委员会仍然有其存在价值。虽然在立法过程中（主要是二级立法），经社委员会只扮演被咨询者的角色，但其毕竟是一个具有正式官方地位的欧盟机构。如果说在欧盟委员会或者欧洲议会，利益集团只能通过游说官员和议员来反映自身诉求，那么在经社委员会，他们就可以名正言顺地在咨询环节发出自己的声音。而且经社委员会每年都会发表大量关于欧盟各个政策领域的研究报告，各个利益集团可以通过这些报告反映自身的诉求，虽然他们不具有正式的影响力，却有助于利益集团将其关心的议题引入到欧盟政策讨论的空间，为中长期的政策议程设定创造条件。

经社委员会的另一个价值在于它是利益集团在欧盟层面一个重要的讨论空间和交流平台。这些交流有可能无法达成共识，却有助于各方进一步了解彼此的立场。举例而言，雇主联盟在经社委员会内部，可以就最低工资标准问题与各国工会和欧盟层面的工会联盟展开讨论，虽然由于利益分化，讨论不见得有实际的产出，但雇主联盟可以根据这些讨论，进一步明确劳方在最低工资问题上的诉求，作为其下一步行动的一个参考。换言之，经社委员会是一个利益集团之间进行相互了解的重要信息圈。毕竟，比起在欧盟委员会或欧洲议会内进行的秘密交易，经社委员会的讨论要公开得多。

相对于经社委员会，欧盟地区委员会是一个比较"年轻"的机构，是在《马约》之后欧盟为缓解地区间发展不平衡，大力加强地区治理的背景下建立的。地区委员会在很多方面都和经社委员会类似，其人员规模和经社委员会大致相当，在欧盟的立法运作中主要也扮演咨询的角色，是欧盟成员国地区性力量在欧盟层面的一个制度性存在。但相对于经社委员会，地区委员会的运作更为成功。一方面，虽然地区委员会的成员也是来源于欧盟不同地区的代表，有多元化的利益诉求，但他们作为一个整体，在提升地区行为体在欧盟中的地位，防止各国中央政府垄断欧盟资源等问题上

[①] Ian Bache, Stephen George and Simon Bulmer, *Politics in the European Union*, 3rd Edition, Oxford University Press, 2011, p. 235.

具有共同的诉求，所以在内部共识的建设上比较成功。另一方面，很多来自地区层面的代表都是在各成员国地方选举中脱颖而出的地方政治家，这使他们具有经社委员会不具备的政治影响力，并与欧洲议会中的党团有密切的联系。[1]

对于利益集团而言，地区委员会主要的价值在于两方面。一方面，根据欧盟基础条约，当欧盟的立法涉及与辅助性（subsidiarity）原则相关的地区性议题时，必须要咨询地区委员会的意见，这使地区委员会成为相关利益集团表达诉求的一个渠道。另一方面，和经社委员会一样，地区委员会是欧盟地区性议题一个重要的政策讨论空间，各种不同的地区性利益诉求和欧盟相关的政策动向都会集中地出现在地区委员会的讨论中，所以这里也是利益集团获取相关领域信息的重要场所。[2]

三 欧盟利益集团影响欧盟政策与立法的过程分析

一般而言，欧盟的政策法规从开始酝酿到最终实施，大致分为四个阶段。首先是政策形成阶段（policy shaping），各种来自官方和民间的利益相关者（stakeholder）通过各种渠道的沟通和讨论，确定相关的政策议程和对应的解决方案。其次是立法草案起草阶段（drafting phase），在征集和汇总各方意见后，作为立法动议者的欧盟委员会会在各方共识的基础上，将之前的政策讨论内容加工成有形的法律性文本，并同时与其他利益相关者保持密切的沟通。再次是立法核准阶段，欧洲议会和部长理事会作为欧盟决策权力的代表，在与各方互动的基础上，对立法草案进行审查和通过。最后，欧盟委员会还会根据既有的立法并结合现实情况的需要，制定具体的细则以确保立法的实施。借助欧盟各大机构中全方位、多层次的影响空间，

---

[1] Rinus van Schendelen, *More Machiavelli in Brussels*, *The Art of Lobbying the EU*, Amsterdam University Press, 2010, p. 90.
[2] Klemens Joos, *lobbying in the new Europe*, *Successful Representation of Interests after the Treaty of Lisbon*, 2011 WILEY – VCH Verlag Gmbh & KGaA, Boschstr. 12, 69469 Weinheim, Germany, p. 115.

运作在欧盟层面的利益集团在欧盟政策的形成和法规的制定过程中发挥着很大的影响力。为了进一步说明这些利益集团如何对欧盟的政策和立法产生影响,下文将按欧盟政策与立法的生成过程,分阶段展开具体分析。

(一) 政策形成阶段 (Policy Shaping)

政策讨论阶段是相关的政策法规议程设定 (agenda setting) 的起点,对于各种运作在欧盟层面的利益集团而言,在这个阶段施加影响是非常重要的。因为在这个阶段,对政策议题的讨论是非常开放的,任何相关的意见都可以很容易地进入讨论空间,并有可能在随后的立法阶段成为正式的议程,但这种开放性也使政策形成阶段成为各种力量争夺议程设定权的战场,各个利益相关方都会尽可能地将自己的意见引入政策讨论的空间。随着欧盟决策机制的不断发展和完善,一系列正式和非正式的意见渠道都被引入了政策形成阶段作为政策意见收集的保障,比如召开听证会、发布通讯、组织相关政策的利益相关方 (stakeholders) 召开研讨会等,这些工作通常都由欧盟委员会来协调,但部长理事会和欧洲议会作为利益相关方,也可能主动组织相关的专题讨论会 (workshop)。此外,欧洲议会还可以直接提出自己的决议 (resolution)、观点 (opinion)、报告 (report),将其观点直接引入政策讨论。一些欧盟的智库也会在政策讨论中提出自己的观点。由于权限的关系,部长理事会在政策讨论初期通常不会过分公开地介入,但可能在私下联合欧洲议会和欧盟委员会召开非正式的三方会谈。[①] 三方会谈原本是欧盟在共同决策程序的沿用趋向普遍化的背景下,加强欧洲议会、部长理事会和欧盟委员会的沟通,以提高决策效率的非正式做法。随着欧盟的扩大,《里斯本条约》后欧洲议会权力的大幅上升以及欧盟决策机关的工作压力的日益增加,三方会谈已经沿用得越来越普遍,并出现在最初的政策形成阶段。虽然只是一个非正式的安排,但这个会谈集合了欧盟三大机构的代表。尽管在政策形成阶段,有关的政策内容还充满不确定性,但通过三方会谈,三大机构实际上已经可以就政策最终通过的可行性进行了

[①] Daniel Guéguen, *Reshaping European Lobbying*, Published by PACT European Affairs, First Edition, Kindle Version Read by Calibre E-book Version 1.21, 2013, pp. 101-102.

评估，这意味着三方会谈的结果会对政策讨论的方向产生重要的影响。有关政策形成阶段各种影响渠道的描述，详见图3-1。

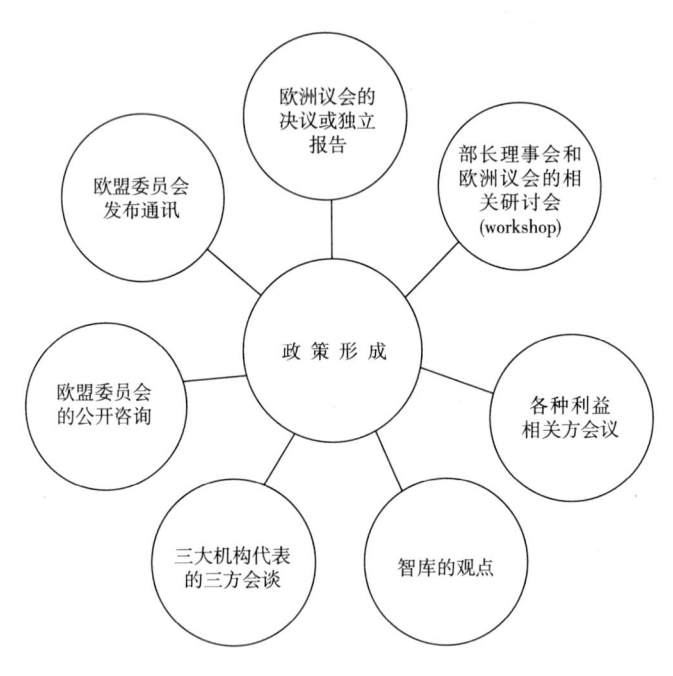

图3-1 政策形成阶段的意见影响渠道①

图中节点：政策形成（中心）、欧洲议会的决议或独立报告、部长理事会和欧洲议会的相关研讨会（workshop）、欧盟委员会发布通讯、欧盟委员会的公开咨询、三大机构代表的三方会谈、智库的观点、各种利益相关方会议

资料来源：Daniel Guéguen，*Reshaping European Lobbying*，Published by PACT European Affairs，First Edition，Kindle Version Read by Calibre E-book 1.21 Version，2013，p.100，笔者对原图有修改。

在政策形成阶段，利益集团对各个影响渠道介入得越早，可能发挥的潜在影响越大。由于初期的政策讨论一般都比较灵活，从介入的时机看，并不存在一个严格的时间表，但就一般惯例而言，各个渠道在政策讨论期

---

① Daniel Guéguen，*Reshaping European Lobbying*，Published by PACT European Affairs，First Edition，Kindle Version Read by Calibre e-book version 1.21，2013，p.100；Daniel Guéguen 认为欧盟发布的政策标杆（benchmarks）也是影响政策讨论的因素，但笔者认为，由于benchmarks 只是固化的指标，不在政策讨论中具有行动能力，因而无法独立对政策产生影响，只是政策制定的一个参考。能受到利益集团影响并能将利益集团的意见表达至政策制定过程的，只能是具有行动能力的行为体，故本章图3-1没有将benchmarks 作为一个影响渠道。此外，笔者认为，部长理事会的工作组和欧洲议会相关政策领域的常务委员会可能会根据政策讨论的需要召开研讨会（workshop），由于他们在其后的立法进程中对立法草案通过与否有很大决定权，所以他们主办的这些会议的讨论结果也会对欧盟委员会产生有效影响，故本章图3-1将上述机构的研讨会也作为一个影响渠道。

间还是按照一定的先后顺序发挥作用，所以相关的游说也会参照这个顺序来展开，具体如下①。

1. 公开咨询（Public consultation）

政策讨论的起点是欧盟委员会启动公开咨询（Public consultation），这种咨询可能以会议的形式，也可能通过互联网进行。除非某个利益集团早就通过内部渠道得知了欧盟委员会的计划，一般情况下，多数利益集团都是在这个阶段才得知欧盟委员会将推出一项政策。公开咨询对利益集团而言是成本最低的介入方式，尤其当公开咨询是通过互联网进行时。当然，介入成本低也意味着每个试图通过公开咨询进行游说的利益集团都面临其他利益集团的竞争，所以很难指望这个阶段的游说会对最终的政策产生决定性影响。但公开咨询的开始就好像是田径比赛中的发令枪响，任何有意对相关政策展开游说的利益集团，在公开咨询开始后，都必须尽快展开行动。

2. 利益相关方会议（Stakeholder conference）

公开咨询之后，欧盟委员会通常会对意见进行汇总，并在更集中的范围内召开利益相关方会议。利益相关方通常包含两类，一类是来自欧洲议会和部长理事会相关政策领域的议员和成员国代表，另一类则是政策相关领域的行业利益集团联盟，有时相关领域的智库代表也会被邀请出席。比如，2013年6月，欧盟委员会的气候总司和能源总司为了筹备未来的欧盟气候和能源政策，就在布鲁塞尔举办了"欧盟2030气候和能源政策框架利益相关方高层会议"（High-level Stakeholder Conference: A 2030 Framework for Climate and Energy Policies），欧盟委员会能源总司的司长、部长理事会轮值主席国代表和欧洲议会"产业、研发和能源委员会"的主席作为欧盟官方代表出席，而来自商业欧洲、欧洲气候基金会、欧洲节能联盟和欧洲气候行动网络等团体的代表则作为产业利益集团和环保利益集团的代表出席，欧洲政策研究中心的学者则作为智库代表出席。② 相对于公开咨询，这

---

① 这一顺序为笔者根据欧盟政策出台的一般性流程总结而成，由于欧盟对政策讨论阶段的运作没有明确的制度规定，此顺序只反映大致的运作惯例。
② European Commission, "High-level Stakeholder Conference: A 2030 Framework for Climate and Energy Policies", Agenda, june 19, 2013, http://ec.europa.eu/energy/events/doc/20130619_climate_energy_2030_agenda.pdf.

种利益相关方的高层会议汇集了官方高层和相关行业的精英，他们的讨论才是实质性的政策讨论的开始。会议本身是咨询性质的，但欧盟层面相关行业最具影响力的利益集团一般都会受邀出席，所以此类会议也是各种欧盟利益集团对政策施加影响的第一个实质性切入点，各种利益诉求会在会议中展开第一轮博弈和交锋。通过会议，各个利益相关方也会初步了解其他各方的观点和立场，并根据彼此的力量对比开始进一步的合纵连横。参会的智库代表因为其专家身份，也可能会发挥不小的影响力，但由于智库已经制度化，而且非常注意政治正确性，所以他们不是利益集团首要的影响目标。①

3. 欧盟委员会通讯（Communication）

在利益相关方会议后，欧盟委员会已经对政策领域相关的专业性问题和各利益相关方的立场有了初步的了解，如果相关的讨论足够充分，欧盟委员会通常会发布一个通讯（Communication），一方面列出欧盟委员会针对相关政策可能采取的行动计划，作为政策的最基础蓝本，另一方面用以试探外界的反应以吸收更多的意见。尽管通讯经常产生变动，为利益集团的游说增加了很多不确定性，②但通讯对欧盟委员会而言是下一步工作的基础，所以它对旨在游说欧盟委员会的利益集团也是非常重要的。如果某个利益集团在通讯中发现了不利于自身利益的条款，就必须高度重视，并设法在下一轮的游说中消除这种不利影响，因为任何出现在通讯中的内容最终都有可能成为立法。

4. 二次咨询和其他机构的介入

在通讯发布后，欧盟委员会会就通讯的内容展开进一步的咨询，在这一阶段各个利益相关方都会对通讯展开详细的研究，并根据自己的利益诉求提出针对性的修改意见。委员会可能会再次咨询相关领域主要利益集团

---

① Daniel Guéguen, *Reshaping European Lobbying*, Published by PACT European Affairs, First Edition, Kindle Version Read by Calibre E – book Version 1.21, 2013, p. 101.

② 很多利益集团都抱怨欧盟委员会出台的通讯过多，而且同一个议题下的不同通讯可能自相矛盾，这经常使游说者无所适从，比如世界自然基金会欧洲分部的领导人就提出："我真希望专注于1个好的立法草案，而不是10个通讯。"参见 Daniel Guéguen, *Reshaping European Lobbying*, Published by PACT European Affairs, First Edition, Kindle Version Read by Calibre E – book Version 1.21, 2013, p. 101。

的意见,这也是利益集团进一步实施自身影响力的一个窗口。另一方面,欧洲议会或部长理事会的相关部门,也可能针对欧盟委员会提出的通讯召开研讨会,以提出相应的修改意见或其他建议。这是利益集团可能对欧盟委员会实施影响的间接却非常有效的渠道。因为欧洲议会和部长理事会在随后的立法过程中有实际的决策权,所以欧盟委员会会非常重视来自双方的意见。就部长理事会而言,基层的工作组就是非常理想的影响渠道。正如一位利益集团的游说者指出的:"如今正确的做法是在政策形成阶段就游说部长理事会的工作组,这通常是欧盟委员会投石问路的地方。必须尽快确定相关工作组内的关键国家代表,尽管每次都是那几个国家,法国、德国、英国、瑞典、波兰、西班牙和意大利。""……最好通过成员国向欧盟委员会施压。委员会是很傲慢,但还不至于不理关键成员国的意见。成员国的一封信、一个电子邮件或一个立场性文件要比任何利益相关方会议或者面对面的直接游说要有效得多。"[1] 就欧洲议会而言,关键对象自然是未来可能跟进相关立法草案审议的议员,但由于议员通常不具备部长理事会工作组那样的专业知识背景,所以若想通过议员对欧盟委员会施加影响,必须尽可能早地与之建立接触。[2] 另一个介入点是相关的欧洲议会常务委员会,由于常务委员会有权通过起草"自发报告"(Own-initiative Reports)要求欧盟委员会将其所关心的议题纳入立法考虑,[3] 这也就意味着可以通过说服相关的议会常务委员会达到影响欧盟委员会政策议程设定的效果。比如,在2011年欧盟委员会发布了有关企业社会责任的通讯(Commission's CSR Communication of October 2011)后,一个倡导企业社会责任的公民利益集团——"欧洲企业正义联盟"(European Coalition for Corporate Justice)就对欧洲议会的就业和社会事务委员会以及司法委员会展开了游说,希望他们通过"自发报告"进一步影响欧盟委员会的政策议程设定。[4]

---

[1] Daniel Guéguen, *Reshaping European Lobbying*, Published by PACT European Affairs, First Edition, Kindle Version Read by Calibre E-book Version 1.21, 2013, pp.96-97.
[2] Daniel Guéguen, *Reshaping European Lobbying*, Published by PACT European Affairs, First Edition, Kindle Version Read by Calibre E-book Version 1.21, 2013, p.97.
[3] European Parliament. 2009. *Rules of Procedure*. 16th ed. Strasbourg: European Parliament, p.29.
[4] ECCJ website, "The European Parliament is Drafting its Reaction to the CSR Communication", http://www.corporatejustice.org/The-European-Parliament-is.html?lang=en.

5. 欧盟委员会白皮书

在多方征询意见后，欧盟委员会会发布一个综合了各方意见的白皮书，由于经过多轮讨论，白皮书的内容已经比较稳定，通常包含明确的出台立法草案（Proposal）的计划。这也意味着相关的政策即将进入实质性的法案起草阶段。此后，欧盟委员会可能会为了具体的立法准备，进行新的听证会和公开咨询。而对利益集团而言，"白皮书"的出台意味着政策形成阶段游说的结束。新一轮的游说将转向政策相关法案的起草者，游说的重点也会针对法案的具体内容展开。

欧盟形成阶段的实际运作流程，可以参考欧盟 2009 年起开始酝酿的欧洲单一运输区政策（Single European Transport Area），其流程如下表。

表 3 – 1 "欧洲单一运输区政策"政策形成流程①

时　　间	主要活动
2009 年 1 月 30 日 ~ 3 月 27 日	就单一运输区问题召开公共咨询会（Public Consultation），一些与政策相关的政府机构和私人利益团体就单一运输区的构想发表了自己的意见。
2009 年 3 月 9 日 ~ 10 日	欧盟委员会召开了"未来运输政策利益相关方高层会议"（High – level stakeholder conference on future transport policy），邀请 560 人参加，包括来自欧盟委员会、部长理事会和欧洲议会的官员。
2009 年 6 月 12 日	欧盟委员会发表了"有关未来运输政策的通讯"（Communication on the Future of Transport），提出了几个可能的政策选项（Policy Options），并明确表示将参考欧洲议会、部长理事会和其他利益相关方对该通讯的反馈意见，出台进一步的白皮书。
2009 年 6 月 17 日 ~ 9 月 30 日	欧盟委员会向公共部门以及私人部门的利益相关者进行了多次政策咨询。
2009 年 12 月 2 日	欧洲议会召开题为"运输业的未来"的研讨会（The Future of Transport Workshop），对欧盟委员会 2009 年发布的通讯进行了研究。
2010 年 1 月 15 日	欧洲议会根据其"运输业的未来"研讨会，提出了"可持续发展的运输业的未来"这个概念，对欧盟委员会 2009 通讯提出的 Policy Options 进行了补充。

---

① Daniel Guéguen, *Reshaping European Lobbying*, Published by PACT European Affairs, First Edition, Kindle Version Read by Calibre E – book Version 1.21, 2013, p. 93.

续表

时间	主要活动
2011年3月28日	欧盟委员会发布了"欧洲单一运输区白皮书"（White Paper on a Single European Transport Area），包含40个具体的政策动议，以及一些出台相关立法草案的计划。欧盟委员会还在报告中发布了一个政策影响评估（Impact Assessment），说明欧盟委员会为什么会采取某项特定的政策选项（Option）。
2011年12月5日	欧盟委员会和欧盟经社委员会召开了利益相关方联席会议（Joint Commission-EESC Stakeholder Conference），欧洲议会运输委员会副主席和部长理事会轮值主席国波兰的代表也参加了会议。
2012年9月17到12月17	欧盟委员会就"欧洲单一运输区白皮书"中城市流动性领域的问题召开新的利益相关方会议。

具体的立法草案预计将在2013~2014年正式出台

资料来源：Daniel Guéguen, *Reshaping European Lobbying*, Published by PACT European Affairs, First Edition, Kindle Version Read by Calibre E-book Version 1.21, 2013, p. 93.

（二）立法草案起草阶段（Drafting Phase）

1. 起草小组起草立法草案文本

在立法草案起草阶段，欧盟委员会会按照之前白皮书的立法计划，指定起草小组（Chef de Dossier）负责立法草案文本的起草工作。虽然理论上起草小组受其所属的政策单位（Policy Unit）的负责人领导，但在现实中，起草小组是立法草案文本的直接责任人，这也使其成为各个利益集团密集游说的对象。在起草小组撰写立法草案文本的过程中，之前在政策形成阶段介入相关政策游说的利益集团通常都会与起草小组保持定期的面对面接触，或者通过其在专家委员会的影响力继续对起草小组进行游说。当然，由于相关政策议题的大方向在政策讨论期间已经确定，并通过白皮书的方式确定下来，所以在这个阶段的游说不太可能产生颠覆性的影响，但通过影响立法草案文本细节来获利还是可能的。而且如前文所述，起草小组的人力相对匮乏，所以除非起草小组受到欧盟委员会上级的直接干涉，他们通常对外界的意见还是持欢迎态度的。[1] 在立法草案文本确立后，起草小组

---

[1] Daniel Guéguen, *Reshaping European Lobbying*, Published by PACT European Affairs, First Edition, Kindle Version Read by Calibre E-book Version 1.21, 2013, p. 106.

会提交文本至其所属的政策单位（Policy Unit）的高级官员（Senior Manager）进行审核，但高级官员通常只在文本正文旁的空白处做少量修改，所以除非他们因种种原因特别支持或反对某个利益集团的游说，并在起草小组开始文本撰写之前就介入，否则他们的影响是相对边缘化的。①

2. 立法草案文本的跨部门咨询（Inter-service Consultation）

立法草案文本完成后，负责该立法草案的相应总司（DG）会将草案提交到其他与草案相关的总司（DG）和服务部门（services）征询他们的意见。这个过程的持续时间不长，通常只有 10~15 个工作日②，却是利益集团在立法草案还没有离开欧盟委员会时施加影响的一个机会窗口。一方面，各个总司处在委员团委员（commissioner）的领导下，对负责立法草案的总司而言，其他总司意见的背后都有其上级的委员和委员内阁（cabinet）的影子，由于立法草案最终要在委员团讨论才能通过，所以重视其他总司的意见是很必要的；另一方面，立法草案离开欧盟委员会后，还要面临欧洲议会和部长理事会的审核，如果不在委员会内部先统一立场，那立法草案日后在遭到欧洲议会和部长理事会反对的情况下，负责该立法草案的总司就会处于孤立的地位，所以在跨部门咨询阶段，相关的负责总司通常对其他总司的意见持尊重态度。很多利益集团都利用这个时机进一步影响立法草案的内容，有些游说者甚至在一周之内与十几个委员内阁会面，试图说服至少一个，以便通过他们干涉跨部门咨询的过程。③

3. 委员内阁会议

经过跨部门咨询后，立法草案的相关负责总司一般会在汇总各方意见的情况下对草案进行修改，并将其提交各个委员内阁以开会讨论。各个委员的内阁每周都会进行例会，有时还会召开专门会议，会议的目的是尽可能地确保争议在委员团（college）会面之前就得到解决。如前文所述，近年来由于欧盟委员会委员数量和内阁数量的上升，内阁会议处理实际问题的

---

① Rinus van Schendelen, *More Machiavelli in Brussels*, *The Art of Lobbying the EU*, Amsterdam University press, 2010, p. 78.
② Caroline De Cock, *Survival Guide to EU Lobbying*, *including the Use of Social Media*, Eburon Academic Publishers, 2010, kindle version read by calibre e-book 1.21 version, P. 182.
③ Caroline De Cock, *Survival Guide to EU Lobbying*, *including the Use of Social Media*, Eburon Academic Publishers, 2010, kindle version read by calibre e-book 1.21 version, P. 181.

能力不断下降。在普罗迪任欧盟委员会主席时期，内阁之间还会就某个立法草案展开一轮又一轮的争论，直到最后才达成共识。到巴罗佐任欧盟委员会主席期间，类似的争论已经消失了。[1] 利益集团通常在之前的跨部门咨询阶段，就已经和内阁有过密切的接触，所以在内阁会议阶段，实质性的游说空间已经开始缩小。

4. 委员团（College）通过立法草案

在委员内阁会议后，立法草案会提交欧盟委员会的最高层——委员团讨论通过。这个阶段是立法草案在欧盟委员会的最后阶段。因为经过了总司和委员内阁的两个层面的沟通和协调，无论是在技术层面还是在政治层面，各个委员通常已经就立法草案的内容达成了共识。即使达不成共识，通常也由于更强大的外力介入（如特定欧盟成员国的干涉），超出了一般利益集团的影响范围，所以这个阶段是利益集团影响空间最小的阶段，几乎没有游说空间的存在。

(三) 立法草案核准阶段（Adoption Phase）

立法草案在欧盟委员会委员团通过后，就会成为欧盟委员会的正式提案提交至其他部门进行核准，在这个阶段欧盟一般沿用四种不同的立法程序：共同决策程序（Co-decision Procedure）［也就是《里斯本条约》后的普通立法程序（Ordinary Legislative Procedure）］、礼让程序（Consent Procedure）、合作程序（Co-operation Procedure）和咨询程序（Consultation Procedure），由于本研究篇幅所限，且共同决策程序在近年来的欧盟决策实践中应用得越来越普遍，所以本研究主要参照共同决策程序展开论述。

在共同决策程序中，立法草案会首先同时提交给欧洲议会和部长理事会进行第一次审核，即所谓一读。此外也会提交至欧盟经社委员会和地区委员会征求意见。经社委员会和地区委员会可以就立法草案发表观点（opinion），由于这两个机构是各种经济社会利益集团和地区利益集团的"集结重地"，

---

[1] Daniel Guéguen, *Reshaping European Lobbying*, Published by PACT European Affairs, First Edition, Kindle Version Read by Calibre E-book Version 1.21, 2013, pp. 109–110.

所以也是利益集团用以发出自己声音的重要渠道，但由于他们的地位主要是咨询性，所以其实际的影响力有限。关键的游说介入点还是欧洲议会和部长理事会。

在欧洲议会进行一读时，立法草案会首先提交至与草案相关领域的某个议会委员会，并由议会各党团的总协调人在该委员会中选择一名议员作为报告起草人（rapporteur）审读立法草案并撰写审读报告，作为随后欧洲议会大会投票的参考。各议会党团也会在该委员会中安插自己的代表，作为影子起草人（shadow rapporteur）监督报告起草人的工作。这个在议会委员会中审读立法草案的过程，是利益集团在欧洲议会游说的最关键阶段，因为欧洲议会大会最终的投票一般都会参考相关的议会委员会的意见。负责撰写审读报告的报告起草人、党团委派的影子起草人，以及他们的秘书，总共大约十人，会受到各种利益集团的密集游说，欧盟委员会的官员也会时刻与他们保持密切沟通。① 每个议会委员会里平均只有几十名议员，而审读报告的生效在议会委员会只需要简单多数，② 所以在这个阶段的游说成本很低，理论上只要拉到简单多数票就可以决定该委员会对立法草案的态度：通过、否决或是需要修改。对游说者而言，能否在议员中储备足够的人脉，在这个时候就非常关键。当然，欧洲议会在一读就否决立法草案的情况并不多见，一般都是负责该立法草案的议会委员会提出一个针对该草案的修改意见，并交欧洲议会大会表决。由于各党团在议会委员会审核阶段已经派影子起草人参加了审核工作，所以欧洲议会大会表决通常只是再次反映了议会委员会态度。不过，按照欧洲议会的工作程序，如果有40名以上的议员在议会大会上要求对立法草案进行某个修改，欧洲议会也会支持这种要求。③ 所以，如果某个利益集团在负责审核立法草案的议会委员会里没有

---

① Rinus van Schendelen, *More Machiavelli in Brussels*, *The Art of Lobbying the EU*, Amsterdam University Press, 2010, p. 86.
② Caroline De Cock, *Survival Guide to EU Lobbying*, *Including the Use of Social Media*, Eburon Academic Publishers, 2010, Kindle Version Read by Calibre E‐book 1.21 Version, p. 191.
③ Caroline De Cock, *Survival Guide to EU Lobbying*, *Including the Use of Social Media*, Eburon Academic Publishers, 2010, Kindle Version Read by Calibre E‐book 1.21 Version, p. 191.

足够的影响力,还可以通过游说党团、跨党团小组,甚至直接游说议员来拉票,凑足40名议员,以达到修改立法草案的目的。[①] 当然,当立法草案到了欧洲议会大会阶段再进行拉票,对相关利益集团而言难度就很高,因为时间已经非常紧迫,针对每个议员进行面对面的沟通很难做到,所以通常需要频繁的电话游说,而议员通常都来自不同的国家,操不同的语言,有效的游说需要大量的人力成本。而且由于党团的分野和政见不同,议员之间的人际关系也比较复杂,游说的风险会很高,正如布鲁塞尔的游说专家德考克(Caroline De Cock)指出的:"假设不小心让两个政见不合的议员在同一个修改案上署名,那就会让他们处于非常尴尬的境地,你显然会为此付出代价。"[②] 当欧洲议会大会提出修改意见后,大多数情况下,欧盟委员会都会尊重欧洲议会的意见,并指定一个总司按欧洲议会的意见起草一个修改提案(Amended Proposal),在修改提案中吸收一些来自欧洲议会的意见。所以如果一个利益集团在立法草案起草阶段错过了机会,那么通过影响欧洲议会的修改意见,还可以在修改提案上做一定的补救。

　　立法草案在提交欧洲议会的同时,也会到达部长理事会。理论上,部长理事会对立法草案的审核是和欧洲议会同步进行的,但部长理事会通常都是在议会提出修改意见,而且欧盟委员会出台修改提案之后,才最终决定其立场。[③] 如前文提到的,在面对立法草案时,部长理事会遵循自下而上逐步寻求共识的惯例,当立法草案到达部长理事会后,首先由轮值主席国在最低级的工作组层面组织各成员国在工作组的代表对立法草案通过的可能性进行评估,并将评估结果提交至上一级的常驻代表委员会,经常驻代表委员会第二轮评估后提交高层的部长级会议。由于工作组层面的成员国代表的专业性背景最强,在立法提案的审核中扮演了技术专家的角色,所以上级的常驻代表委员会和部长级会议通常都会尊重他们的意见。在大多数情况下,部长理事会在工作组层面已经可以就相关立法草案能否通过达

---

① Caroline De Cock, *Survival Guide to EU Lobbying, Including the Use of Social Media*, Eburon Academic Publishers, 2010, Kindle Version Read by Calibre E - book 1.21 Version, pp. 191 - 192.
② Caroline De Cock, *Survival Guide to EU Lobbying, Including the Use of Social Media*, Eburon Academic Publishers, 2010, Kindle Version Read by Calibre E - book 1.21 Version, p. 198.
③ Caroline De Cock, *Survival Guide to EU Lobbying, Including the Use of Social Media*, Eburon Academic Publishers, 2010, Kindle Version Read by Calibre E - book 1.21 Version, p. 195.

成共识。只有问题在专业层面无法解决,需要进一步政治性解决的时候,常驻代表委员会和部长理事会才会逐级介入。所以当立法草案在部长理事会内部审核时,利益集团通常都优先游说工作组的成员国代表。由于轮值主席国的代表负责主持工作组会议,通过游说轮值主席国来影响工作组的讨论也是利益集团可以采取的一个策略。此外,部长理事会的秘书处(the General Secretariat of the Council of the European Union)不但负责部长理事会各级会议的组织工作,还负责向轮值主席国提供工作建议,所以利益集团也经常与秘书处建立稳定的联系,以便全程跟进部长理事会的工作。

部长理事会高层的部长级会议,通常会参考工作组的意见,对立法草案进行投票。如果部长理事会以特定多数投票(Qualified Majority Voting)通过立法草案及所有的议会修改意见,那么该项立法草案通过。如果部长理事会没有通过欧洲议会的一读结果,它将在自己的一读中确定自己的"共同立场"(Common Position)。部长理事会将通知欧洲议会它采取共同立场的原因。欧盟委员会也将通知欧洲议会它的立场。[①] 立法草案则会进入二读程序。

不过近年来,二读程序的沿用正在减少,大约80%的立法草案在一读程序就会通过[②],其原因是因为部长理事会、欧洲议会和欧盟委员会之间越来越多地采取三方会谈(Trilogues)以尽早达成共识。有些时候,甚至在立法草案文本尚未开始起草的政策形成阶段,非正式的三方会谈已经开始了。[③] 到正式的立法阶段,尤其是一读过程中,正式的三方会谈已经越来越普遍。三方会谈的参与者主要包括:第一,议会中负责审核立法草案的相关议会委员会主席、审核报告起草人和其他议会党团的相关代表;第二,部长理事会相关立法草案工作组的负责人、轮值主席国代表和部长理事会秘书处的支援性人员;第三,欧盟委员会的起草小组(Chef de Dossier)和其所属政策单位的负责人(Head of Unit)。[④] 由于三方会谈的参加者包括了

[①] 张磊:《欧盟共同决策程序的变革:以三方会谈为例》,《欧洲研究》2013年第2期,第90页。
[②] Daniel Guéguen, *Reshaping European Lobbying*, Published by PACT European Affairs, First Edition, Kindle Version Read by Calibre E-book Version 1.21, 2013, p.119.
[③] Daniel Guéguen, *Reshaping European Lobbying*, Published by PACT European Affairs, First Edition, Kindle Version Read by Calibre E-book Version 1.21, 2013, p.91.
[④] Daniel Guéguen, *Reshaping European Lobbying*, Published by PACT European Affairs, First Edition, Kindle Version Read by Calibre E-book Version 1.21, 2013, p.122.

立法实际运作中全部的关键行为体,这为利益集团在欧盟立法过程中的游说增加了很多变数。在过去三方会谈不太常用的情况下,利益集团需要尽可能多地寻找游说目标以全方位地施加影响,有效的介入点也非常多,如果对欧盟委员会起草小组的游说不理想,可以转而游说欧洲议会的相关委员会,如果仍然没有达到目的,还可以考虑通过欧洲议会大会的议员拉票推出新的修改意见,或者可以转而游说部长理事会的工作组。然而,现在由于三方会谈的频繁出现,所有的关键责任人在立法的早期阶段就已经开始沟通,这就使后期影响渠道的重要性开始下降,比如通过欧洲议会大会对立法草案修改就不太容易实现,因为在欧洲议会大会准备表决之前,欧盟三大机构负责该立法草案的直接责任人通常已经达成了共识。此外,由于三方会谈通常都是闭门召开,连欧洲议会的很多议员都难以准确了解三方会谈的内容,[①] 利益集团自然很难对会谈的过程产生直接影响。所以很多利益集团都把游说的介入时机尽量前移,在立法草案开始起草阶段,甚至在刚开始政策讨论的时候,就开始研究哪些人员有可能成为潜在的三方会谈代表,并提前对他们展开密集的游说。

当欧洲议会和部长理事会不能在一读阶段就立法草案及其可能的修改方案达成一致的时候,立法就会进入二读阶段,从理论上看,"在二读程序中,部长理事会可以根据有效多数投票规则(个别例外情况需要全体一致投票规则,或者当欧盟委员会反对议会修正案时也需要全体一致投票规则)通过议会二读的所有修正案。这种情况下,该立法提案通过。如果部长理事会未能通过议会的全部修正案,那么根据条约要召开调解委员会(Conciliation Committee)"[②]。但在现实中,由于三方会谈的普遍使用,需要进入二读阶段的情况已经不多,而二读还不能解决并需要调解委员会介入的情况就更少(目前大约全部立法的 80% 在一读就通过,12% 的立法需要二读,最后需要进入调解委员会的只有 8%[③])。由于三方会谈缺乏透明度,记录其

[①] 张磊:《欧盟共同决策程序的变革:以三方会谈为例》,《欧洲研究》2013 年第 2 期,第 100 页。

[②] 张磊:《欧盟共同决策程序的变革:以三方会谈为例》,《欧洲研究》2013 年第 2 期,第 90 页。

[③] Daniel Guéguen, *Reshaping European Lobbying*, Published by PACT European Affairs, First Edition, Kindle Version Read by Calibre E‑book Version 1.21, 2013, p.126.

会谈进展的所谓"四栏工作文件"① 只有三方会谈的参加者才能看到，所以利益集团几乎都无从知晓三方会谈的信息。而且那些在一读不能通过，或者在二读都不能通过的立法草案，通常都是因为部长理事会和欧洲议会这两个机构之间存在深刻分歧，或者成员国在部长理事会严重分裂，② 而此类问题已经超出一般性利益集团的影响能力之外了。所以，除非是最为强大的利益集团，对欧盟主要的权力机构都有足够的影响力，否则在立法草案的核准阶段，一般利益集团的影响空间主要是在前期，一旦经过了一读，相关的法案还存在争议，那么一般利益集团对法案能起到的影响就很小了。

（四） 立法实施阶段

当立法草案经过部长理事会和欧洲议会的审核并通过后，就会成为正式的立法。为了确保立法得到实施，欧盟通常还需要出台一些非立法型法令作为相关立法的实施细则。《里斯本条约》后，欧盟对非立法型法令的出台办法进行了一些改革。目前，欧盟主要是通过出台实施法令来确保立法的执行。虽然表面上看，实施法令只是为了确保立法实施的技术性条例，但正如前文所提到的，在现实生活中，正是这些实施法令影响着经济社会生活的方方面面，所以对利益集团而言，游说这些实施法令的意义不亚于二级立法。

按照《里斯本条约》后的程序，出台一个实施法令首先需要欧盟委员会指定一个起草小组负责实施法令草案的起草，起草完成后提交欧盟委员会内部的检查委员会（Examination Committee），由欧盟委员会领导但由欧盟成员国代表组成的一个授权立法委员会（Comitology）审核，如果检查委员会以特定多数支持草案，那么草案通过。如果检查委员会既不能以特定多数支持草案，也不能以特定多数反对草案，那么在反对票不达到简单多数的情况下草案可以通过。如果反对票达到简单多数以上，那么欧盟委员会

---

① 三方会谈中的谈判以一个共同文件为基础，并表明每个机构针对各修正案的立场。这一共同文件包含欧盟委员会的最初提案、欧洲议会和理事会的立场、妥协文本和日期。通常此类文件被称为"四栏工作文件"。参见张磊《欧盟共同决策程序的变革：以三方会谈为例》，《欧洲研究》2013 年第 2 期，第 94 页，注 3。

② Daniel Guéguen, *Reshaping European Lobbying*, Published by PACT European Affairs, First Edition, Kindle Version Read by Calibre E‐book Version 1.21, 2013, p.126.

或者修改草案,或者将草案提交更高一级的仲裁委员会(Appeal Committee)裁决,仲裁委员会也是由成员国代表组成,但级别更高,需要以特定多数票来决定支持或反对欧盟委员会的提案,这也是事关实施法令草案能否通过的最终决定,但如果仲裁委员会无法在支持或反对的立场选择上达成特定多数,则由欧盟委员会决定是否通过该法案。[1]

在立法的实施阶段,由于实施法令的整个出台过程都发生在欧盟委员会内部,所以利益集团的游说也相对容易,因为需要影响的行为体数量不多,即草案的起草小组、检查委员会和仲裁委员会。一般性的游说策略在这个阶段仍然适用,即尽可能早地开始介入,并和起草小组保持密切的接触。如果对起草小组起草的草案文本不满意,进一步的干涉也是可能的。

因为检查委员会和仲裁委员会都是由28名成员国代表组成,相比欧洲议会任何一个政策委员会,其人数少得多。如果试图让欧盟委员会对草案文本进行修改,理论上只要在检查委员会拉到15票就可以做到,至少可以将草案拖延至仲裁委员会。相对于欧洲议会位高权重的议员,接近检查委员会的成员国代表总是很容易。不过,笔者认为,目前欧盟在立法实施阶段的整个运作程序能否持续,还存在一定的变数。现行的程序中,欧洲议会的影响基本被排除在外。因为实施法令对日常生活的影响很大,并在欧盟的日常运作中发挥着越来越重要的作用。欧洲议会是否会坐视欧盟委员会和成员国在这个领域的垄断,还是一个值得在未来继续观察的问题。

---

[1] European Training Academy, "EU Regulatory Affairs: What You should Know about Implementing and Delegated Acts", http://www.eu-academy.eu/freeresources/eu-regulatory-affairs-implementing-delegated-acts/.

第四章
欧盟利益集团参与欧盟决策的案例分析

相对于传统的国家，欧盟是一个更具复杂性和多样性的行为体，一方面，欧盟的决策涵盖了诸多政策领域，虽然总体上大致遵循了委员会、欧洲议会和部长理事会三方共决的模式，但在不同的政策领域其决策过程仍呈现出明显的多样化特征；另一方面，欧盟是一个不断成长和演变的行为体，在一体化的背景下其政策权限不断拓展至新的政策空间，而一体化的发展也不断对欧盟的决策提出新的要求。欧盟层面的利益集团对欧盟的决策参与，正是在这种多样性和动态性的场域下实现的。本章将引入5个案例研究，进一步深入分析欧盟利益集团对欧盟的决策参与。案例选择的逻辑主要参考了西方学者在不同理论视角下对欧盟利益集团决策参与模式的不同解读。

在比较政治学者的眼中，欧盟是一个准国家行为体，具有与国家相类似的公共政策权威，他们从相对静态的视角出发，关注欧盟政策空间和决策权威相对稳定的常态下欧盟利益集团参与欧盟决策的模式。在他们看来，利益集团的决策参与模式主要是多元主义和社团主义两种。在部分政策领域，欧盟决策权威的多中心分布和决策过程对经济社会力量的高度开放性，为利益集团创造了较为多元的政策影响空间，各种利益集团则可以自由地进入这一空间，通过彼此间的自由竞争和博弈，最终达成利益上的调和，并实现对欧盟政策的影响，这种模式即是多元主义模式。① 在另一部分政策

---

① David Coen, "The European Business Interest and the Nation State: Large – firm Lobbyingin the European Union and Member States", *Journal of Public Policy*, 1998, Vol. 18, No. 1, pp. 75 – 100; Maria Green Cowles, "The Transatlantic Business Dialogue and Domestic Bus – （转下页注）

领域，欧盟的决策权威基于种种考虑，会赋予特定的利益集团独特的法律身份或特殊的决策权力，而这些特定的利益集团无须经过自由竞争就可以进入决策过程并与决策权威展开合作，通过有组织的、常规化的集体谈判，实现利益的调和，并协助欧盟的政策制定和实施，这种模式即是社团主义模式。[①] 而在欧洲一体化学者的眼中，欧盟是一个在一体化背景下不断演变的行为体，其政策空间也随着一体化的深入不断地进行发展。他们对利益集团的关注，主要是其在一体化发展中扮演的角色，尤其是在一体化关键的战略性发展阶段，利益集团在欧盟新的政策空间产生过程中发挥的作用。[②]

由于欧盟本身的特殊性（既是比较政治视野下的公共决策权威，又是一个政策空间不断发展变化的行为体），故本章的案例选择主要基于上述不同的理论视角的综合：在相对静态的比较政治视角下，一方面，选取欧盟健康政策和环境政策中的两个案例，对应比较政治视角下的多元主义模式，因为在这两个案例中，利益集团的决策参与呈现出自由竞争的特点，在给定的政策制定框架之外，没有某个利益集团获得了额外的政策参与权；另一方面，选取欧盟社会政策的案例，对应比较政治视角下的社团主义模式，因为在这个案例中，利益集团的决策参与是通过特殊的制度性安排实现的，相关的利益集团一定程度上拥有政策参与的特权。此外，在具有较高动态

(接上页注①) iness – Government Relations", in Maria Green Cowles, James A. Caporaso and Thomas Risse, (eds.), *Transforming Europe: Europeanization and Domestic Change*, pp. 159 – 179, Cornell University Press, Ithaca, NY. 2001, online version: http://books.google.com/books?id = p0rqkDVhBsMC.; Vivien A. Schmidt, "National patterns of governance under siege: the impact of European Integration", in Beate Kohler – Koch, Rainer Eising, (eds.), *The Transformation of Governance in the European Union*, 1999, pp. 155 – 172, Routledge, London.

① Gerda Falkner, *EU Social Policy in the 1990s: Towards a Corporatist Policy Community*, 1998, Routledge, London/New York; Sven S. Andersen and Kjell A. Eliassen, "European Community Lobbying", *European Journal of Political Research*, 1991, Vol. 20, No. 2, pp. 173 – 187; Christine Mahoney, "The Power of Institutions: State and Interest Group Activity in the European Union", *European Union Politics*, 2004, Vol. 5, No. 4, pp. 441 – 466.

② Ernst B. Haas, *The Uniting of Europe: Political, Social and Economic Forces 1950 – 1957*, University of Notre Dame Press, 1958; Ernst B. Haas, *Beyond the Nation – state: Functionalism and International Organization*, Stanford University Press, 1964, pp. 86 – 113; A. Moravcsik, "Preferences and Power in the European Community: A Liberal Intergovernmentalist Approach", *Journal of Common Market Studies*, Vol. 31, No. 4, 1993, pp. 481 – 483.

性的一体化研究视角下,选取欧盟统一大市场和经货联盟建设两个案例,因为统一大市场和经货联盟的建设是欧盟重要的战略性,催生了全新的政策空间,利益集团不是在相对稳定的常态政策空间中进行活动,而是加入新政策空间从无到有的战略性发展过程中,甚至部分成为新政策空间和新制度的创造者。综合一般性公共决策和一体化战略决策两个层面,对利益集团的决策参与进行考察,有助于我们以更全面、更符合欧盟内在特征的视角,理解利益集团在欧盟决策中的地位和作用。在每个案例最后,笔者还将引入输入合法性和输出合法性的概念,对利益集团在欧盟决策中的地位和作用进行进一步的规范性评估。

案例一 欧盟健康政策中的利益集团与欧盟决策
—— 以欧盟反烟草广告指令为例

(一) 欧盟反烟草广告指令的背景

20世纪中后期以来,随着人口老龄化在欧洲日益突出,如何控制包括癌症在内的慢性病对公众健康的影响成为欧共体各成员国公共健康政策领域的一个重要问题。科学证据表明,慢性支气管炎、心脏病和各种癌症发病率的上升,都与吸烟的危害有直接关系,而因吸烟导致的肺癌病死率在欧盟各国一直持续上升,同时,女性和青少年的吸烟人群在欧盟范围内也有不断增长的趋势,这使他们有可能成为潜在的癌症患者。[1]

20世纪80年代中期以后,癌症等公共健康问题开始受到欧洲共同体各国的关注,为了缓解癌症对整体社会公共健康水平的负面影响,共同体首脑峰会要求共同体委员会在政策层面出台一个行之有效的解决方案。通过组织一系列的研究,委员会于1984年向共同体首脑峰会提交了一份通讯,并指出:从公共卫生的层面看,吸烟是癌症发病率上升的重要原因,而在公众中加强控烟教育可以有效地降低癌症发病率。从20世纪80年代起,欧

---

[1] Commission of the European Communities, "the Cooperation at Community Level on Health Related Problems", COM (84) 502 final, Brussels, 13 September, 1984, p.6.

共体的部分成员国出台了一系列的控烟措施,在公众中加强有关吸烟危害健康的教育,也确实起到了降低癌症发病率的积极效果。然而,随着欧洲一体化的不断深入,各共同体成员国之间的人员往来越发频繁,大量的青年因工作和求学往返于各个成员国之间,这就为控烟教育工作带来了难题,由于各国在控烟问题上的立场并不一致,措施也缺乏国家间协调,部分成员国在公众教育上特别强调吸烟对健康的危害,但也有成员国对此比较消极,这就使控烟教育面临"木桶效应"的困境。对于控烟教育的主要对象——处于成长期青少年来说,各国的立场不一会造成这样一种错觉,公共决策权威对吸烟究竟对健康有多大危害尚没有共识,这会对控烟教育的效果产生不利影响。因此,必须由共同体的所有成员国建立统一协调的反吸烟环境,才能确保控烟教育的有效性。[1]

委员会的1984年通讯使各成员国意识到,在一体化的背景下,要想确保公共卫生政策的效果,必须在共同体层面加强协调。于是,共同体首脑峰会于1985年授权委员会组织一个专家组,筹备第一个欧洲抗癌计划(Europe Against Cancer Programme,EAC计划),这个计划的中心性内容就是通过控烟来降低癌症发病率。[2] 专家组和相关计划的确立,意味着共同体正式将控烟问题摆上台面,开始为实质性的政策制定做准备。

(二)委员会禁止烟草广告立法草案的筹备以及各个利益相关方的活动

专家组和EAC计划确立后,委员会开始通过EAC计划征询有关控烟问题的各种信息,为后续立法草案的制定做准备。由于立法的初衷非常明确,即通过控制吸烟降低癌症的发病率,所以委员会的专家组主要由抗癌领域的技术专家组成。一些共同体成员国内的抗癌协会对委员会的欧洲抗癌计划非常支持,因此他们也积极地和专家组建立联系,试图通过游说专家推动控烟立法的出台。到1989年,在专家组和部分成员国抗癌协会合作的基

---

[1] Commission of the European Communities, "the Cooperation at Community Level on Health Related Problems", COM (84) 502 final, Brussels, 13 September, 1984, pp. 6 - 7.
[2] Sandra Boessen and Hans Maarse, "A Ban on Tobacco Advertising: The Role of Interest Groups", in David Coen and Jeremy Richardson, eds. *Lobbying the European Union: Institutions, Actors, and Issues*, Oxford University Press, 2009, p. 216.

础上，委员会推出了一个禁止烟草广告指令的草案（Draft Directive EC 5684/89），准备在共同体范围内所有公共场所的广告宣传栏以及针对18岁以下青少年的出版物中全面禁止烟草广告。[1]

烟草生产商对委员会在抗癌计划和反烟草广告立法上的积极行动感到十分忧虑，因为吸烟致癌已经是一种公共性常识，如果共同体准备严肃地将控制癌症发病率问题上升到公共政策层面，那么控烟显然是最符合逻辑的政策反映，烟草业无疑会成为众矢之的。在EAC计划推出后，大型的跨国烟草生产商如英美烟草公司（British American Tobacco）、飞利浦莫瑞斯国际公司（Philip Morris International），以及共同体各成员国的烟草企业开始在布鲁塞尔设立办公室，并于1989年在共同体层面组织了一个同业利益集团——欧洲烟草生产者共同体联盟（the Confederation of European Community Cigarette Manufacturers，CECCM）[2]，烟草生产商为这个同业集团投入大笔资金，开始了公关和游说活动。

在政策讨论阶段和反烟草广告立法指令的草案形成阶段，烟草生产商的游说并不顺利，这主要是因为相关立法草案的筹备通过EAC计划，也就是欧洲抗癌计划下的专家小组进行，这个专家小组设立的初衷之一就是通过控制吸烟来降低癌症发病率，这与烟草生产商的核心利益明显背道而驰，烟草生产商很难找到一个合乎逻辑的理由去说服专家小组将烟草业的意见整合到相应的政策讨论和立法中。因此，他们将游说重点放在了委员会之外的其他渠道（后文将会进一步加以说明）。[3]

如果说烟草生产商在政策形成阶段的决策参与面临着"名不正、言不顺"的困境，那么相关领域的公民利益集团，则主要受困于本身的组织薄弱和资源匮乏。共同体委员会出于收集政策信息和增加决策权威的考虑，

---

[1] Official Journal of the EC, No. C124 of 19, May 1989; Asaf Bitton Mark, David Neuman and Stanton A. Glantz, "Tobacco Industry Attempts to Subvert European Union Tobacco Advertising Legislation", Center for Tobacco Control Research and Education, *Tobacco Control Policy Making: International*, April, 2002, p. 16, http://escholarship.org/uc/item/3r1334mz.

[2] CECCM website, http://www.ceccm.eu/mission.html.

[3] Sandra Boessen and Hans Maarse, "A Ban on Tobacco Advertising: The Role of Interest Groups", in David Coen and Jeremy Richardson, eds., *Lobbying the European Union: Institutions, Actors, and Issues*, Oxford University Press, 2009, p. 216.

对公民组织参与控烟政策的讨论持积极态度,在欧洲抗癌计划(EAC)框架中,委员会就专门组织了一系列的论坛和信息交流活动,鼓励公共健康领域的公民组织参与。[1] 然而,只有部分成员国的抗癌协会对参与共同体层面的控烟活动比较积极,各国医疗卫生领域和公共健康领域的公民组织在共同体层面长期以来都处于不活跃的状态,他们认为自身的活动经费本来就有限,而且都来源于本国的公众募捐,不把这些资源用于健康问题的研究而是用于政策游说,在法理上存在问题。[2] 由于烟草行业在欧洲抗癌计划和反烟草指令草案的威胁下,已经迅速地在共同体层面组织起来并开始了游说。委员会意识到,必须在共同体层面的公共健康政策领域培育有组织的公民社会力量以平衡烟草业利益集团的影响。为此,委员会投入了一些资金,以比利时控烟协会为基础,于1989年建立了欧洲控烟署(European Bureau for Action on Smoking Prevention, BASP),这是一个服务于委员会欧洲抗癌计划的非官方组织,一方面负责为共同体提供控烟政策制定所需的各种技术信息,另一方面则负责协调各成员国的控烟运动,在共同体层面发展更广泛的泛欧控烟运动。[3] 此外,委员会还为成员国层面的抗癌协会和控烟组织提供补贴,与他们进行定期的磋商,并鼓励他们积极参与欧洲抗癌计划。在委员会的支持下,欧洲控烟署和成员国相关领域的公民利益集团联系日益紧密,并逐渐形成了跨国的欧洲健康政策共同体,在后来的欧盟反烟草广告指令的出台过程中发挥了重要作用。[4]

(三)共同决策程序中的各方博弈

对于委员会而言,1989年的禁止烟草广告指令草案可以说是一种投石

---

[1] European Commission, "Europe Against Cancel Report (1990 – 1995)", Brussels, 18.07.1995 COM (95) 356 final.

[2] Sandra Boessen and Hans Maarse, "A Ban on Tobacco Advertising: The Role of Interest Groups", in David Coen and Jeremy Richardson, eds., *Lobbying the European Union: Institutions, Actors, and Issues*, Oxford University Press, 2009, p. 221.

[3] European Commission, "Europe Against Cancel report (1990 – 1995)", Brussels, 18.07.1995 COM (95) 356 final; Gabara I., "Why the EU's tobacco policy is up in smoke", The Wall Street J Eur 1996 October 10.

[4] Sandra Boessen and Hans Maarse, "A Ban on Tobacco Advertising: The Role of Interest Groups", in David Coen and Jeremy Richardson, eds., *Lobbying the European Union: Institutions, Actors, and Issues*, Oxford University Press, 2009, p. 217.

问路的举措。因为草案本身只是委员会的官员和专家小组小范围讨论的结果，在当时，公共卫生领域的政策已经使用共同决策程序，欧洲议会和部长理事会的立场对于立法出台都很重要，而且从立法草案提出到正式立法出台，还需要经过多个程序和多个利益相关方的博弈。不过委员会借助抗癌行动计划将公民性力量引入政策讨论似乎对控烟政策的发展产生了积极的效果。欧洲控烟署作为一个年轻的组织，虽然资源有限，却非常积极地动员公民性力量以影响共同体决策。委员会1989年的反烟草指令草案出台后，被提交至欧洲议会进行一读。欧洲控烟署立刻和各成员国抗癌协会组成的欧洲抗癌联盟（the European Cancer League）展开合作，对欧洲议会负责公共健康问题的常务委员会（the ENVI Committee）的报告起草人（rapporteur）和其他相关议员进行游说，并向他们提供了大量科学证据证明烟草广告对公共健康，尤其是对青少年健康的危害。与此同时，烟草业利益集团也开始了对欧洲议会的密集游说，强调烟草广告也是言论自由的范畴，并辩称烟草广告不一定导致香烟消费量上升。[1] 最终的结果是公民性力量胜出，欧洲议会认为委员会的烟草广告禁止令还可以更严格，建议委员会对立法草案进行修改。受到公民性力量和欧洲议会积极态度的鼓励，委员会随即撤回了原立法草案，并制定了一份更激进的草案，准备在共同体范围内全面禁止任何形式的烟草广告，只有烟草零售点例外。[2]

1991年5月，委员会将激进版的草案提交欧洲议会进行一读，这一次，议会内部的力量开始出现了分化，在烟草业利益集团的游说下，禁止烟草广告草案的支持者变少了。正如欧洲议会公共健康常务委员会的报告起草人指出的："有史以来最密集的游说攻势对我们真是一个挑战……两年前我们首次面对这个立法草案的时候，还有非常可观的大多数支持全面禁止（烟草广告），而现在呢？看来游说者们真是尽职尽责，因为（议员们）最初的控烟激

---

[1] Sandra Boessen and Hans Maarse, "A Ban on Tobacco Advertising: The Role of Interest Groups", in David Coen and Jeremy Richardson, eds., *Lobbying the European Union: Institutions, Actors, and Issues*, Oxford University Press, 2009, p. 223.

[2] Asaf Bitton Mark, David Neuman and Stanton A. Glantz, "Tobacco Industry Attempts to Subvert European Union Tobacco Advertising Legislation", Center for Tobacco Control Research and Education, *Tobacco Control Policy Making: International*, April, 2002, p. 17, http://escholarship.org/uc/item/3r1334mz.

情已经几乎消失殆尽。"① 不过，由于欧洲抗癌协会等机构的积极奔走以及部分议员的坚定支持，在欧洲议会大会的最终投票中，激进版的草案还是以微弱多数获得通过，而且欧洲议会还就草案附加了一些修正案。然而，当草案提交部长理事会时，情况就变得不乐观了。在控烟议题上，由于负责政策动议的委员会本身就非常积极，而且和相关的公民性组织关系密切，烟草业利益集团在政策形成阶段难以发挥影响，所以他们很早就将注意力放在了如何彻底阻止这个动议上。尽管在欧洲议会的游说没有取得预期的效果，但他们手中还有一张王牌，即部长理事会中的成员国态度。

按照立法程序，若想在部长理事会通过禁止烟草广告指令需要一个特定多数，也就是当时总票数76票中的54票，换言之，在部长理事会的一读过程中，拉到23票以上就可以有效阻止部长理事会一个立法草案通过。而当时的国别票数分配是这样的：德国、法国、英国和意大利各有10票，西班牙8票，荷兰、希腊、比利时和葡萄牙各有5票，丹麦和爱尔兰各有3票，卢森堡2票②。按照这个分布，只要说服两个10票的大国和一个5票的中等国家，就可以成功阻止一个立法。烟草利益集团就采取了这个策略，将游说的重点放在了德国、英国和荷兰上。1991年版的禁止烟草广告指令在欧洲议会通过后，按照程序提交至部长理事会中由各国健康政策部长组成的部长级会议审议。部长级会议本身会期不长，又是闭门召开，直接游说部长级会议技术上并不容易，而且由于这个议题经过长期辩论已经引起了外界的关注，仅从部长理事会的基层工作组入手进行低调的游说就很困难。因此，烟草利益集团采取了更强大的手段，直接聚焦于德国、英国和荷兰的政府高层，并通过他们的影响力去左右部长理事会的投票。

---

① Sandra Boessen and Hans Maarse, "A Ban on Tobacco Advertising: The Role of Interest Groups", in David Coen and Jeremy Richardson, eds., *Lobbying the European Union: Institutions, Actors, and Issues*, Oxford University Press, 2009, pp. 223 – 224.
② Asaf Bitton Mark, David Neuman and Stanton A. Glantz, "Tobacco Industry Attempts to Subvert European Union Tobacco Advertising Legislation", Center for Tobacco Control Research and Education, *Tobacco Control Policy Making: International*, April, 2002, p. 19, http://escholarship.org/uc/item/3r1334mz.

在德国，烟草业利益集团面对的环境比较友善，因为自1990年有关禁止烟草广告的辩论在共同体层面开始后，德国政府对禁止烟草广告就持反对态度，德国政府认为烟草广告属于受德国宪法保护的言论自由范畴①，而且德国总理科尔和德国的烟草企业的关系非常密切，一份德国反吸烟协会的报告显示，科尔和德国的烟草企业"早在1978年就已经是紧密的盟友（as a close ally from as early as 1978）"。② 此外，由于1992年以后，根据《马约》的要求，共同体的政策制定要遵循辅助性原则，即共同体不介入成员国自身已经可以有效处理的问题，这就为烟草业利益集团的游说提供了一个新的说辞。飞利浦莫瑞斯烟草公司（Philip Morris，PM）的一份内部文件显示，当共同体正在就禁止烟草广告指令展开辩论的时候，烟草利益集团竭力试图利用科尔的影响力，引入辅助性原则阻止共同体层面的指令生效。"（我们应当）尽可能地利用德国人的影响力确保部长理事会里的反对票数量，最好和科尔总理展开合作，把禁止烟草广告指令弄进委员会辅助性原则的政策目录。"③

在英国，烟草业利益集团的游说手段更为直接，因为撒切尔夫人及其保守党政府对共同体政策对本国事务的干涉一贯持反感态度，撒切尔夫人本人也在公开场合表示了对禁止烟草广告指令的反对。烟草业利益集团非常看重撒切尔夫人的政治影响力，将其视为烟草行业的重要盟友，正如飞利浦莫瑞斯烟草公司一份1992年的备忘录指出的，"公司的执行副总裁认为，我们可以在很多关键领域利用撒切尔夫人丰富的国际政治经验和专业意见，包括共同体提出的烟草广告禁止令……"。④ 在撒切尔夫人于1992年

---

① Herbison D. Memorandum. Philip Morris. July 4, 1990. Philip Morris. Access Date：August 16, 2001. Bates No. 2021602793. http：//www.pmdocs.com/getallimg.asp? if = avpidx&DOCID = 2021602793. , cited from Asaf Bitton Mark, David Neuman and Stanton A. Glantz, "Tobacco Industry Attempts to Subvert European Union Tobacco Advertising Legislation".

② German Coalition against Smoking, "Statement of the German Coalition against Smoking", http：//www.abnr.de/files/statementcontract.pdf.

③ Marketing freedoms. Philip Morris. 1993. Phillip Morris. Access Date：August 16, 2001. Bates No. 2501021740/1746. http：//www.pmdocs.com/getallimg.asp? if = avpidx&DOCID = 2501021740/1746, Cited from Asaf Bitton Mark, David Neuman and Stanton A. Glantz, "Tobacco Industry Attempts to Subvert European Union Tobacco Advertising Legislation".

④ Rufford N, Leppard D, Burrell I. "Thatcher gets ＄1m job with top US tobacco firm". The Sunday Times, July 19, 1992.

7月退休后，飞利浦莫瑞斯烟草公司的首席执行官米歇尔·迈尔斯（Michael Miles）立刻决定聘请撒切尔夫人作为顾问，在写给另一个公司高管的一封信中，迈尔斯指出："撒切尔夫人可以先为我们提供三年的服务，为此，我们每年需要付给她25万美元的酬劳，另外每年还要向玛格丽特·撒切尔基金会捐款25万美元。"[1] 除了撒切尔夫人，飞利浦莫瑞斯烟草公司还与英国卫生大臣肯尼斯·克拉克（Kenneth Clarke）建立了密切的联系，作为欧洲一级方程式赛车的赞助商，飞利浦莫瑞斯烟草公司邀请克拉克作为贵宾观看赛车比赛，在邀请函中，一位公司的高管明确指出："如果英国和德国继续坚定的反对烟草广告禁止令，那么荷兰的立场也会坚定起来，这样就确保了足够的票数，我确信这是您和我们都乐于见到的……"[2] 而克拉克则在回信中表示："目前有些人总是执着地想把你们的广告从方程式赛车上搞掉，这真是非常令人遗憾。我很乐意继续阻止委员会的立法草案，我肯定会尽最大的能力确保我国政府坚定立场。"[3]

在荷兰，烟草业利益集团的游说聚焦于荷兰驻布鲁塞尔的外交代表和部长理事会中的相关部长，并向他们强调烟草业以及与之密切相关的广告业对荷兰经济的重要性。1991年，飞利浦莫瑞斯烟草公司的一次内部讨论中，相关的负责人就指出："我们的对外联络进展顺利，我们与（荷兰）常驻代表委员会（COREPER）和一些部长建立了良好的关系，我们的观点已经充分的表达，一个公众层面的广告攻势也在不久前启动了，效果不错，我们的一个重点是广告产业在荷兰经济中的重要性，现在这个观点已经广

---

[1] Miles M. [Memo to the Board of Directors of Philip Morris Companies.]. Philip Morris. July 20, 1992. Philip Morris. Access Date: August 16, 2001. Bates No. 2022854068/4069, http://www.pmdocs.com/getallimg.asp?if=avpidx&DOCID=2022854068/4069, cited from Asaf Bitton Mark, David Neuman and Stanton A. Glantz, "Tobacco Industry Attempts to Subvert European Union Tobacco Advertising Legislation".

[2] Sargeant I. [Letter to Kenneth Clarke]. Philip Morris. February 26, 1992. Philip Morris. Access Date: August 16, 2001. Bates No. 2501015052/5053, Cited from Asaf Bitton Mark, David Neuman and Stanton A. Glantz, "Tobacco Industry Attempts to Subvert European Union Tobacco Advertising Legislation" http://www.pmdocs.com/getallimg.asp?if=avpidx&DOCID=2501015052/5053.

[3] Clarke K. [Letter to Ian Sargeant]. Philip Morris. May 1, 1992. Philip Morris. Access Date: August 16, 2001. Bates No. 2501015055, http://www.pmdocs.com/getallimg.asp?if=avpidx&DOCID=2501015055, cited from Asaf Bitton Mark, David Neuman and Stanton A. Glantz, "Tobacco Industry Attempts to Subvert European Union Tobacco Advertising Legislation".

泛的流传开来。"①

通过对成员国的游说,烟草业利益集团在部长理事会的表决中获得了稳定的支持者。德国、英国和荷兰在部长理事会中总共拥有25票,足够否决一项立法草案。由于这三国坚定地反对禁止烟草广告指令,从1992~1997年,长达六年的时间里立法草案一直都被阻止在部长理事会,受困于部长理事会的决策机制和德、英、荷三国的"铁票",试图推动草案的委员会和相关的公民团体也无能为力。可以说,烟草业利益集团已经在这个问题上获得了阶段性的胜利。

在游说成员国阻止立法草案的同时,烟草业利益集团的另一个策略,就是用间接手段打压持不同意见的反对者。令他们最头痛的,就是1989年成立的欧洲控烟署。这个组织不但在共同体层面动员公民组织的力量加入控烟运动,还不断地发布各种颇有说服力的报告,严重损害烟草业的形象。比如欧洲控烟署的一份有关共同体烟草业补贴的研究报告指出,共同体每年为希腊和意大利的烟农提供超过价值7亿英镑的补贴,而烟农们生产的烟草质量低劣,只能以低价销售到发展中国家,这种行业对经济的价值很低,同时,共同体每年在控烟方面的支出只有100万英镑。② 这份报告在共同体层面引起了巨大的关注,不但使德、英、荷三个控烟反对国处于尴尬境地,更让烟草业者坐立不安,如果烟草业在经济上的红利受到质疑,那其存在就更缺乏合法性了。为了消除欧洲控烟署的威胁,烟草业利益集团开始通过其成员国盟友向委员会施压。1995年,德、英、荷三国政府联合起来,要求委员会取消对欧洲控烟署的资金支持,并组织一个新的组织取代其地位,在三国政府看来,欧洲控烟署过多地卷入了公民运动的组织工作,受委员会资助的新的控烟组织应该专注于提供信息咨询,不应该参与任何形

---

① Phillip Morris. PM EEC Corporate Affairs Agenda for 1991. Phillip Morris. September 3, 1991. Phillip Morris. Access Date: August 16, 2001. Bates No. 2500014889/4922. http://www.pmdocs.com/getallimg.asp? if = avpidx&DOCID = 2500014889/4922, Cited from Asaf Bitton Mark, David Neuman and Stanton A. Glantz, "Tobacco Industry Attempts to Subvert European Union Tobacco Advertising Legislation".

② Asaf Bitton Mark, David Neuman and Stanton A. Glantz, "Tobacco Industry Attempts to Subvert European Union Tobacco Advertising Legislation", Center for Tobacco Control Research and Education, *Tobacco Control Policy Making: International*, April, 2002, p. 39, http://escholarship.org/uc/item/3r1334mz.

式的游说和组织游说的工作。① 在三国的压力下,委员会最终停止了对欧洲控烟署的资助,并重新筹建了一个名为"欧洲控烟网络"(the European Network for Smoking Prevention,ENSP)的泛欧组织,并降低了对新组织的资助金额,还限制了新组织在组织公民性运动方面的权限。对于烟草业利益集团而言,这是一个重要的胜利,通过成员国盟友的帮助,他们成功地将欧洲控烟署踢出了决策圈,支持控烟的力量也因此失去了一个重要的协调中心和决策体制内的盟友。②

(四)禁止烟草广告指令的最终结局

由于在部长理事会的投票中控制了三个重要成员国,并将欧洲控烟署踢出了决策圈,烟草业利益集团终于在控烟政策的博弈中取得了有利的地位,他们的优势一直保持到1997年。此后,形势发生了新的变化,随着支持控烟的芬兰和瑞典加入欧盟,且英国1997年大选中工党政府上台,部长理事会的投票格局发生了变化。芬兰、瑞典和英国工党政府都支持禁止烟草广告指令,成员国力量对比的变化,使特定多数票的实现变得相对容易,在拖延了多年之后,部长理事会终于有可能就立法草案达成共同立场。③ 共同立场意味着部长理事会虽然没有直接通过立法草案,但也没有否决,各成员国达成了一定的妥协,这就为立法草案最终的通过创造了可能。在有限的时间内,烟草业利益集团无力组织新的反对票联盟。于是,他们采取了新的策略,试图将立法草案拖延至三读,也就是调解程序(Conciliation)。根据欧盟的共同决策程序,部长理事会就立法草案达成共同立场后,议会

---

① Asaf Bitton Mark, David Neuman and Stanton A. Glantz, "Tobacco Industry Attempts to Subvert European Union Tobacco Advertising Legislation", Center for Tobacco Control Research and Education, *Tobacco Control Policy Making: International*, April, 2002, p. 39, http://escholarship.org/uc/item/3r1334mz.

② Sandra Boessen and Hans Maarse, "A Ban on Tobacco Advertising: The Role of Interest Groups", in David Coen and Jeremy Richardson, eds., *Lobbying the European Union: Institutions, Actors, and Issues*, Oxford University Press, 2009, p. 218.

③ Asaf Bitton Mark, David Neuman and Stanton A. Glantz, "Tobacco Industry Attempts to Subvert European Union Tobacco Advertising Legislation", Center for Tobacco Control Research and Education, *Tobacco Control Policy Making: International*, April, 2002, p. 17, http://escholarship.org/uc/item/3r1334mz.

要开始二读,在二读中欧洲议会还有权就立法草案提出新的修正案,如果欧洲议会真的提出修正案,那么除非部长理事会以特定多数票通过欧洲议会提出的修正案,否则立法草案就要进入调解程序。对于烟草业利益集团而言,时间拖得越久,他们可以发挥影响的空间就越大,尤其是他们在部长理事会还拥有德国这个铁杆盟友的情况下。

事实正如烟草业利益集团的预料,1997年11月,尽管有德国、奥地利的反对,西班牙和丹麦的弃权,部长理事会还是就1991年版的禁止烟草广告指令达成了共同立场,同意1991年版的指令草案,但拒绝欧洲议会在一读中就该指令草案提出的修正案,草案由此进入了二读。烟草业利益集团随即展开了对欧洲议会的新一轮大规模游说,可笑的是,这一次烟草业利益集团反而成了控烟支持者,他们一再向欧洲议会的议员们强调,现有的指令还不够完善,标准还要进一步严格,事实上,他们的目的很明确,诱使欧洲议会在二读中坚持自己在一读时提出的修正案,或者对部长理事会的共同立场提出新的修正案,由于部长理事会中特定多数票的联盟很不稳定,只要议会坚持对立法草案进行修改,烟草利益集团就有机会游说部长理事会否决修正案,并将立法草案拖延至调解程序。欧洲抗癌联盟等支持控烟的公民利益团体非常清楚烟草业利益集团的目的,他们也对欧洲议会的议员,尤其是负责这项草案的议会常务委员会(ENVI Committee)进行了积极的游说,强调目前的草案可能拿到的最好结果,如果坚持提出修正案,很有可能导致法案进入调解程序,烟草业利益集团和德国的政治影响力很大,他们必然会在调解程序中继续联合抵制这个立法草案,为了避免夜长梦多,必须尽快通过当前的草案。欧洲议会最终接受了公民利益团体的意见,并于1998年5月接受了部长理事会的共同立场,通过了1991年版指令草案,但不再提出任何修正案。[①]

欧洲议会和部长理事会达成一致,使拖延了9年之久的禁止烟草广告指令终于正式成为立法,对于公共健康领域的公民利益团体来说,这是一个来之不易的胜利。然而,胜利并没有持续很久,指令还没有实施,烟草业

---

① Sandra Boessen and Hans Maarse, "A Ban on Tobacco Advertising: The Role of Interest Groups", in David Coen and Jeremy Richardson, eds., *Lobbying the European Union: Institutions, Actors, and Issues*, Oxford University Press, 2009, p. 225.

利益集团就联合德国政府向欧洲法院提起了诉讼，认为欧盟委员会并不具有足够的政策权限去管辖欧盟范围内的烟草广告。尽管欧洲法院确认委员会在公共健康领域有一定的管辖权，但欧洲法院同时也指出，委员会的管辖权必须和建立开放的欧洲内部市场有关，而在共同体范围内全面禁止所有的烟草广告与建立开放的欧洲内部市场没有明确的联系，所以欧洲法院最终于 2000 年 10 月宣布禁止烟草广告指令无效。[①]

公共健康利益集团对欧洲法院的立场固然不满，但是由于诉讼涉及的是委员会的共同体政策权限问题，公共健康利益集团在法律上和这场诉讼无关。正如一位公共健康利益集团的游说者指出的："我们完全没法参与诉讼过程，只能坐在一边静悄悄的观望。一些经常和委员会接触的人都在抱怨，为什么没有想到这个问题，本该早点提醒委员会的法律部门。"[②] 欧盟委员会不得不提出了一个替代性方案，将"全面禁止所有烟草广告"改为"禁止具有跨边界效应（Cross Boader Impact）的烟草广告"。[③] 这实际上又是烟草利益集团的一大胜利，因为"跨边界效应"在实践中是一个非常难以界定的概念，以这个模糊的概念为基础去制定相关的细则并让成员国配合实施，对委员会来说无疑非常困难。虽然烟草业利益集团在共同决策程序中最终没能阻止指令的通过，但他们还是通过法律手段最大限度地保护了自己的利益。

（五）对烟草业利益集团和公民利益集团在欧盟禁止烟草指令决策中的角色评估

对欧盟层面利益集团的研究而言，欧盟禁止烟草广告指令的决策过程是一个比较有代表性的案例，在这个案例中，由于共同决策程序的使用，

[①] T. Hervey, "Up in Smoke? Community (anti) – tobacco Law and Policy". *European Law Review*, 2001, Vol. 26, No. 2, pp. 101 – 25.

[②] Sandra Boessen and Hans Maarse, "A Ban on Tobacco Advertising: The Role of Interest Groups", in David Coen and Jeremy Richardson, eds., *Lobbying the European Union: Institutions, Actors, and Issues*, Oxford University Press, 2009, p. 226.

[③] Asaf Bitton Mark, David Neuman and Stanton A. Glantz, "Tobacco Industry Attempts to Subvert European Union Tobacco Advertising Legislation", Center for Tobacco Control Research and Education, *Tobacco Control Policy Making: International*, April, 2002, p. 19, http://escholarship.org/uc/item/3r1334mz.

欧盟委员会、部长理事会和欧洲议会等欧盟主要机构，都成为决策过程中重要的组成部分，而来自经济界和公民社会的利益集团也广泛地参与了这项公共政策的整个决策过程，那么在这个案例中，如何评估利益集团在决策参与中的角色呢？

从输入合法性来讲，核心的问题是利益集团的决策参与是否体现了真正意义上民主参与。应当承认，利益集团对禁止烟草广告指令的决策参与至少在形式上体现了相对均衡的民主参与，因为来自经济界的烟草业利益集团和来自公共健康领域的公民利益集团都实质性地进入了决策过程，一定程度上影响了政策的讨论过程和政策的内容，并且在影响欧盟几大决策机构的立场上发挥了重要的作用。但同时也要看到，公民利益集团和烟草业利益集团对决策的参与处在一种不平衡状态。一方面，利益集团本身有强弱之分，烟草生产商基于共同利益和强大的财力保障，可以迅速在共同体层面完成组织建设，并形成有效的政策影响能力。而公民利益集团在组织建设和财力上都明显弱于烟草业利益集团，他们要借助委员会的组织协调和资金注入，才能有效地维持其对决策过程的参与。而且，欧洲控烟署被终止资助的事件表明，委员会的支持实际上很脆弱，强大的经济界利益集团可以借助其影响力，削弱公民利益集团的决策参与能力。换言之，公民利益集团不但在组织能力上存在先天的不足，其在共同体层面决策参与的制度保障也处于脆弱状态。另一方面，公民利益集团虽然在委员会和欧洲议会都体现了一定影响力，但他们对决策的关键机构部长理事会的影响力比较有限，最终指令得以通过的原因是由于新成员国的加入和英国国内政治变动引起的决策大环境变化，而烟草业利益集团则通过对部分成员国政府高层的强大影响力，在部长理事会的决策中长期维持了一个有利于自己的国家联盟，使指令拖延了多年才得以通过。而且指令通过后，烟草业利益集团仍然可以通过诉讼手段，使自己的利益得到最大程度的维护。所以，虽然公民利益集团和烟草业利益集团在决策参与中都展现出了一定的影响力，但烟草业利益集团拥有的是对决策结果的有效控制力，而公民利益集团虽然有民主参与决策的机会，其对结果的实质性影响力却不足。换言之，参与决策的两类利益集团不能平等地享有对决策结果的影响力，这种影响力不平等的参与很难说是完善的民主参与。

从输出合法性上讲，核心的问题是利益集团的决策参与是否提高了欧盟的决策质量，是否有助于加强欧盟在公共卫生领域解决问题的能力。从本案例提供的经验看，情况并不乐观。从理论上讲，相对于欧盟机构，利益集团参与决策的一个优势是他们更贴近于经济社会生活的基层，可以为决策提供更具专业性的信息。然而，专业性信息在决策中起到有效作用的前提，是专业性信息能在决策过程中得到充分的表达以促进更高质量的政策讨论。本案例中，由于通过控烟来降低癌症发病率是个典型的公共卫生政策，所以在政策形成的初始阶段，委员会组织了技术专家和公共健康领域的公民利益团体进行政策讨论，形成了一个看似理想的政策共同体，但随着政策议程的推进和更多决策行为体的卷入，烟草利益集团出于自利的目的，开始将其他的信息引入政策讨论中，而且和公民利益集团不同的是，烟草业利益集团的信息注入和真正意义的公共健康政策讨论关系不大，其实质只是根据不同决策权威的特点而"投其所好"的政治投机，比如对欧洲议会强调言论自由，对成员国强调辅助性原则或经济利益，对欧洲法院则强调共同体的政策管辖权，最为讽刺的是，为了拖延相关指令的通过，烟草业利益集团还一度彻底改变了立场，呼吁更严格的控烟措施，诱使欧洲议会将立法草案拖入调解程序。这些烟草业利益集团的信息注入，没有促进相关政策的讨论质量，反而不断地扭曲着政策讨论的方向，所以，这是一种"搅局式"的信息注入。此外，从整个立法过程和最终的结局来看，尽管吸烟有害健康和广告会促进烟草销量已经是一种公共性常识，但强势的烟草业利益集团，还是通过混淆视听和打压公民社会的意见，使一个明显有利于公共健康的政策拖延了多年，并使最终的政策效果大打折扣，这显然不利于欧盟在公共卫生领域解决问题的能力。

综合来看，欧盟禁止烟草广告指令案例揭示了一个值得思考的问题，在欧盟这样一个由委员会、欧洲议会和部长理事会共同参与的决策空间内，决策权威的多元化使决策空间处于相对开放的状态，也使各种利益集团能够比较自由地进入决策过程，获得影响政策的可能。然而，在这种自由多元的氛围下，利益集团作为一个整体的决策参与，无论从输入合法性还是输出合法性上都并没有为欧盟的政策制定带来明显的积极效应，核心的困境在于，现实中利益集团有强弱之分，当某一类利益集团过于强大，弱小的利益集团往往难以凭借自身的力量对其进行限制，而欧盟在制度上也没有一个有效的机制去平衡强势利益集团过分的影响力，在一个利益集团之间强弱不均、制衡机制不完善且关键性决策权威多元化的政策空间内，强势集团可能出于自利的动机对弱势集团的利益表达进行打压，同时通过寻租和扭曲政策讨论等行为，与部分决策权威（如成员国）结盟，最终歪曲公共利益。如果利益集团决策参与不平衡的问题无法得到限制，那么他们就很难发挥理想中的促进民主参与和提高决策质量的作用，其是否还能在欧盟公共决策中扮演积极的角色，就是一个值得怀疑的问题了。

案例二　欧盟环境政策中的利益集团与欧盟决策
——以欧盟废气排放指令和欧盟汽车燃油指令为例

（一）欧盟废气排放指令和欧盟汽车燃油指令的历史背景

"二战"结束后，随着欧洲进入经济复兴期，大众的家庭消费开始迅速增长，从20世纪50年代起，汽车作为耐用消费品，开始在西欧国家普及，而汽车尾气排放带来的环境污染问题也因此日益严重。从20世纪70年起，欧盟开始尝试对汽车废气的排放进行控制，并在1970～1994年的25年间，在共同体层面推出了一系列的法规，对汽车废气的排放实施越来越严格的排放标准。

在1994年之前，欧盟层面负责制定汽车废气排放法规的机构是欧盟委员会的产业总司（DG Industry），到1994年，随着欧盟内部对环保问题的重视程度不断升高，欧盟委员会环境总司（DG Environment）取代了产业总司负责欧盟新的汽车废气排放指令的制定，而该指令就此划入了欧盟环境政策的领域。在这个领域，相关的立法需要通过欧洲议会和部长理事会中各成员国的环境部长级会议的共同决策来实现。[1]

---

[1] Robin Pedler, "Clean Air and Car Emissions: What Industries and Issue Groups Can an Can't Achieve", in Robin Pedler ed. *European Union Lobbying: Changes in the Arena*, First Published by Palgrave, 2002, p. 106.

对于欧盟的汽车生产商而言，提高环保标准本身具有较高的公共支持，汽车生产者也没有直接反对，但他们对相关法规的内容有自己的看法。一方面，1994年之前的相关法规只是照搬了美国的同类标准，但欧洲的汽车使用环境和美国不同，欧洲应该发展自己的废气排放标准政策机制，进一步讲，汽车生产商希望自身不只是被动的被管理者，也应有权加入相关标准的制定过程中去。另一方面，严格的废气排放标准就意味着生产成本的提高，因为汽车排气净化器的造价非常昂贵，高级净化器的成本甚至比汽车引擎还要高。然而，影响废气排放的因素不仅取决于净化器，也取决于汽车燃油的质量。在同等条件下，如果燃油质量高，同样可以降低废气排放。换言之，汽车生产商希望环境标准提高带来的成本增加不应由汽车生产商独立承担，燃油企业也应为此做出贡献。[1] 环境领域的公民利益集团对欧盟制定新的汽车废气排放标准的计划也非常关注，在欧盟一系列欧洲环境行动计划（European Environmental Action Plan）的推动下，欧盟公民对环境立法的参与欲望愈加强烈，各种公民环境组织认为小范围专家式（in-house expertise）的政策准备不能满足欧盟立法的需要，他们希望加入新的汽车废气排放指令的政策讨论过程。[2] 欧洲的燃油企业，也意识到了废气排放标准问题可能对其经营成本的影响，因此，他们也希望联合起来，加入政策制定的过程中，并愿意分担相关研究所需要的资金。[3]

（二）废气排放指令和汽车燃油指令立法草案的筹备过程

为了收集必要的政策和立法专业信息，欧盟委员会环境总司于1994年

---

[1] Robin Pedler, "Clean Air and Car Emissions: What Industries and Issue Groups Can an Can't Achieve", in Robin Pedler ed. *European Union Lobbying: Changes in the Arena*, First Published by Palgrave, 2002, pp.108-109.

[2] Jørgen Wettestad and Andrew Farmer, "The EU Air Quality Framework Directive: Shaped and Saved by Interaction?", *The Fridtjof Nansen Institute and Institute for European Environmental Policy*, In-depth Case Studies, pp.6-8, http://www.ecologic.eu/download/projekte/850-899/890/isa/isa_eu_air_quality_framework_directive.pdf.

[3] Robin Pedler, "Clean Air and Car Emissions: What Industries and Issue Groups Can an Can't Achieve", in Robin Pedler ed. *European Union Lobbying: Changes in the Arena*, First Published by Palgrave, 2002, p.110.

发起了一个名为"排放、燃油和引擎技术"的研究计划（European Programme on Emissions, Fuels and Engine Technology, EPEFE）。宝马、菲亚特、奔驰、保时捷、雷诺等欧洲的汽车生产商，联合福特、通用两家在欧洲市场长期存在的美国汽车厂商，组建了欧洲汽车制造商联盟（the European Vehicle Manufacturers' Federation, ACEA），加入了欧盟委员会的 EPEFE 研究计划，但他们把丰田等日本汽车厂商排除在外，因为担心废气清洁技术更为先进的日本厂商会抢夺政策话语权。而桥牌石油公司、英国石油公司、西班牙雷普索尔石油公司等燃油生产商则组建了欧洲石油工业协会（European Petroleum Industry Association, EUROPIA）也加入 EPEFE 研究计划当中。这两个组织都积极向欧盟委员会的 EPEFE 计划贡献资源和技术支持。而来自环保领域的公民利益集团，如欧洲环境局（EEB）、欧洲气候网络（CNE）、地球之友（FE）、绿色和平组织（Creenpeace）和世界自然基金会（WWF）等，则组成了可持续发展非政府组织工作联盟（Working for Environmental Sustainability NGOs in the Alliance），全面跟进并监督 EPEFE 的工作和后续立法的过程。①

　　EPEFE 计划的研究持续了两年，在这个过程中，汽车厂商和燃油企业的意见尖锐对立，双方都认为对方应该对控制汽车废气排放采取更多的措施，分担更多的花费。而公民利益集团则在整个过程中一直呼吁要采取最先进的污染控制技术，当然这也就意味着汽车厂商和燃油企业都要付出更多的成本。各方的激烈辩论持续了两年，汽车厂商和燃油企业都极力论证对方是污染的主要责任人，并相互揭短，燃油企业认为汽车废气处理技术不过关造成的一氧化碳等有害气体对环境的影响恶劣，而汽车厂商则认为燃油质量差才是有害物质排放过多的罪魁祸首。这反而起到了促进技术讨论的效果。到 1996 年 6 月，欧盟委员会提出了一个解决方案，即"各打五十大板"，提出两个相互关联的指令作为一揽子计划，一个是废气排放指令，另一个是汽车燃油指令，一方面对一氧化碳、碳氢化合物和一氧化氮

---

① Robin Pedler, "Clean Air and Car Emissions: What Industries and Issue Groups Can an Can't Achieve", in Robin Pedler ed. *European Union Lobbying: Changes in the Arena*, First Published by Palgrave, 2002, p. 110, p. 120.

等汽车有害废气的排放设定了标准,另一方面也针对汽油驱动车辆和柴油驱动车辆加以区分,而且对一种新的有害排放——燃油颗粒物的限制,也被写入了立法草案。①

汽车厂商对立法草案的内容并不满意,他们抱怨汽车污染控制的成本分担分配不公,认为汽车厂商承担的成本过重,即便按照委员会的计算,他们也要付出7.65亿欧洲货币单位的额外成本。正如欧盟委员会环境总司的一位官员指出的:"汽车厂商喜欢这个程序,但是他们不喜欢程序的结果。"②而燃油企业也对这个立法草案不满,因为按委员会估算,燃油企业需要额外支付31亿欧洲货币单位的成本以达到立法草案的标准,但燃油企业按自己的估算则认为实际成本大概需要115亿欧洲货币单位,虽然燃油企业比汽车厂商的盈利绝对值要高,但上百亿的成本也实在过高。公民利益集团同样对这个立法草案感到不满,因为他们觉得委员会仍然把成本效益(cost effective),也就是经济上的考虑看得太重,为了确保环境保护的效果,应该遵循BAT原则(Best Available Technology),即哪怕成本再高,也要使用当前最好的技术来维护环境。③

(三) 共同决策程序中的各方博弈和指令的最终结局

在各个利益相关方都有不满的背景下,欧盟委员会将1996年的废气—燃油一揽子指令的立法草案提交至欧洲议会和部长理事会,相关立法进入了一读程序。公民利益集团、燃油企业和汽车厂商开始了对欧洲议会的大规模游说。欧洲议会的环境委员会以及直接负责该草案审读的两个议会报告起草人(rapporteur),欧洲激进联盟党团的议员马梅尔(Noël Mamére)和社会党党团的议员朗格(Bernd Lange)都成了密集游说的目标,就连和

---

① Robin Pedler, "Clean Air and Car Emissions: What Industries and Issue Groups Can an Can't Achieve", in Robin Pedler ed. *European Union Lobbying: Changes in the Arena*, First Published by Palgrave, 2002, p110, pp. 111 – 112.

② Robin Pedler, "Clean Air and Car Emissions: What Industries and Issue Groups Can an Can't Achieve", in Robin Pedler ed. *European Union Lobbying: Changes in the Arena*, First Published by Palgrave, 2002, p110, p. 113.

③ Axel Friedrich, Matthias Tappe and Rudiger K. W. Wurzel, "A New Approach to EU Environmental Policy – Making? The Auto – Oil I Programme", *Journal of European Public Policy*, Vol. 7, No. 4, October, 2000, p. 599.

草案审议没有直接关系的法务部门都收到了 27 封游说信,其中绝大部分来自公民利益集团。① 公民利益集团强调,委员会的立法草案只计算了直接成本,没有考虑社会成本,应该在立法草案中遵循 BAT 原则,使用最好的污染控制技术。而汽车厂商则提出了一个非常合乎逻辑的事实,市场上大量使用的主要不是新车,而是已经售出的二手车。即便对汽车厂商使用最严格的标准,厂商也只能在新车上安装高标准的废气清洁装置,但如果对燃油质量加以控制,那么市面上所有汽车的废气排放都会立刻降低。② 公民利益集团和汽车厂商的游说显然对报告起草人产生了更大的影响,马梅尔议员和朗格议员随后在针对相关立法草案的审核报告中明确指出,委员会的立法草案过分地关注了经济成本,没有将社会成本与公民的利益考虑在内,而且委员会明显忽略了一个事实,更清洁的燃油在旧车上也可以使用,这会立刻对环境的促进产生积极效应,因此应该对燃油产品中的有害物如苯和硫化物出台强制性的排放标准。基于报告起草人的意见,欧洲议会完成了对废气-燃油一揽子指令立法草案的一读,提出了对燃油企业更严格的技术标准,作为欧洲议会的修改意见,并强调对汽车产业和燃油企业,新的标准均应该在 2000 年就开始实施,并在 2005 年全面强制实施。③

在部长理事会,立法草案的讨论情况则更为复杂。传统上,部长理事会的游说门槛较高,而欧盟层面的公民利益集团对各成员国的影响也有限,通常都是强大的经济界利益集团和跨国公司在部长理事会大显身手。然而,由于废气—燃油一揽子指令涉及两个不同的产业,部长理事会内部的各国立场也存在分化。德国、意大利等汽车生产大国自然倾向于支持汽车产业,

---

① Axel Friedrich, Matthias Tappe and Rudiger K. W. Wurzel, "A New Approach to EU Environmental Policy – Making? The Auto – Oil I Programme", *Journal of European Public Policy*, Vol. 7, No. 4, October 2000, p. 599; Also See Robin Pedler, "Clean Air and Car Emissions: What Industries and Issue Groups Can an Can't Achieve", in Robin Pedler ed. *European Union Lobbying: Changes in the Arena*, First Published by Palgrave, 2002, p. 110, p. 114.
② Alex Friedrich, Matthias Tappe and Rudige Wurzel, "The Auto – Oil Programme, a Critical Interim Assessment", *European Environmental Law Review*, Vol. 7, No. 4, pp. 105 – 110.
③ Axel Friedrich, Matthias Tappe and Rudiger K. W. Wurzel, "A New Approach to EU Environmental Policy – Making? The Auto – Oil I Programme", *Journal of European Public Policy*, Vol. 7, No. 4, October, 2000, p. 600.

可英国、荷兰和西班牙则更重视石油产业。而有些国家，如法国，汽车产业和石油产业对本国经济都很重要，这就使其处于尴尬的两难境地。由于利益的分化，任何一方的成员国都没法拉到足够的票数通过或否决立法草案，最终在各国妥协的基础上，部长理事会达成了一个共同立场，即接受欧洲议会对燃油企业的油料产品采取更严格的有害物限制标准，但标准的数值应该放宽，同时，不接受欧洲议会提出的新标准应在 2005 年强制执行的意见，而应该由各成员国自愿实施。[①] 部长理事会和欧洲议会因此没有形成一致，立法草案进入二读程序。

在二读中，汽车厂商、公民利益集团和燃油企业继续对欧洲议会进行密集的游说。汽车厂商和公民利益集团发现，他们的立场实际上有共同之处，公民利益集团的核心目的在于降低污染，提高燃油质量不但是有效的办法，而且效果立竿见影。而在汽车厂商看来，只要降低污染的成本不是完全由他们承担，他们也乐于接受。所以汽车厂商和公民利益集团罕见地结成了暂时性联盟共同对抗燃油企业，他们联合起来游说欧洲议会坚持对燃油企业执行严格的有害物限制标准。燃油企业强烈反对汽车厂商和公民利益集团的意见，强调对燃油质量的控制仅仅能将空气质量提高 1%，但其花费的成本就要比委员会最初立法草案的估算高出 5 倍，并可能导致南欧地区的炼油厂关闭，引发失业问题。[②] 尽管燃油企业的游说也不是完全没有根据，但汽车厂商和公民利益集团的合作使他们在欧洲议会获得了更大的影响，在议员中进一步强化了社会成本在污染控制问题上的重要性以及治理污染问题的紧迫性，而燃油企业成本导向的经济思维则没有被议员们广泛认可。在欧洲议会二读阶段的最终投票中，原一读时的议会提出的修正案基本都被保留了下来，而且都是以较大的多数得以通过。高票数使欧洲议会得以维持一个比较强硬的立场，坚持要部长理事会接受在 2005 年强制执行对燃油企业油料产品的高标准。然而，部长理事会没有接受欧洲议会的

---

① Axel Friedrich, Matthias Tappe and Rudiger K. W. Wurzel, "A New Approach to EU Environmental Policy – Making? The Auto – Oil I Programme", *Journal of European Public Policy*, Vol. 7, No. 4, October, 2000, p. 601, table 2.

② Axel Friedrich, Matthias Tappe and Rudiger K. W. Wurzel, "A Mew Approach to EU Environmental Policy – Making? The Auto – Oil I Programme", *Journal of European Public Policy*, Vol. 7, No. 4, October, 2000, p. 602.

修正案，这导致立法草案进入了三读，也就是调解程序。①

调解程序需要由欧洲议会和成员国分别派代表参加，当时的欧盟成员国是15个，所以调解程序的会议由15名欧洲议会议员和15个成员国代表出席。由于相关的立法草案涉及大量技术问题，15人对15人的讨论效率非常低，与会方开始在欧盟委员会代表和轮值主席国的参与下进行小范围的三方会谈。② 三方会谈开始于1998年年初，当时的轮值主席国是工党执政的英国。工党政府在1997年年底刚刚参与了有关温室气体减排的京都峰会，并在会上承诺降低温室气体排放。为了表明欧盟对《京都议定书》的积极态度，工党政府认为有必要利用轮值主席国的机会促成废气－燃油一揽子指令的通过，因此英国开始在与会各方之间展开斡旋，建议双方各让一步，欧洲议会可以将燃油产品的技术标准再放宽一点，而成员国则应该在相关标准的执行日期上做出让步。英国的协调起到了决定性作用，最终部长理事会和欧洲议会在英国的建议基础上达成了妥协，欧洲议会同意将标准放宽，但相关的企业必须在2005年就达到这个标准，在这个基础上，各方达成一致，立法草案最终得以通过，并于1998年10月成为了欧盟的正式立法。③

废气－燃油一揽子指令是各种利益在欧盟决策过程中激烈博弈和相互妥协的最终产物。对汽车厂商而言，由于指令的推出，他们肯定要在废气排放控制问题上付出更多的成本，但是由于他们的游说，欧盟委员会还是将成本效益（Cost Effective）作为法规制定的一个重要参考，虽然这个立场遭到了欧洲议会的反对，但在各方的妥协之下，最终的指令还是考虑到汽车厂商的经济承受能力，而且将部分成本转嫁到燃油企业方面。对于燃油企业来说，由于遭到汽车厂商和公民利益集团的联合反制，他们不得不

---

① Robin Pedler, "Clean Air and Car Emissions: What Industries and Issue Groups Can an Can't Achieve", in Robin Pedler ed. *European Union Lobbying: Changes in the Arena*, First Published by Palgrave, 2002, p. 115.

② Axel Friedrich, Matthias Tappe and Rudiger K. W. Wurzel, "A New Approach to EU Environmental Policy – Making? The Auto – Oil I Programme", *Journal of European Public Policy*, Vol. 7, No. 4, October, 2000, p. 603.

③ Robin Pedler, "Clean Air and Car Emissions: What Industries and Issue Groups Can an Can't Achieve", in Robin Pedler ed. *European Union Lobbying: Changes in the Arena*, First Published by Palgrave, 2002, pp. 115 – 116.

在提高燃油质量上投入更多的资金，但是他们依靠部长理事会的帮助，最终确保了一个不那么严格的排放标准，也一定程度上实现了节约成本的目的。而公民利益集团，没有成功说服欧盟遵循BAT原则来促进环保，但是他们在决策过程中也发挥了重要的影响力，并通过欧洲议会的影响，成功确立了限制汽车废气排放的环保标准，并可以通过法律手段强制实施。总体而言，无论是汽车厂商、燃油企业，还是公民利益集团，都没有完全达到其最初的目的，但他们通过参与决策，也实现了自己的部分诉求。这种妥协，也许对于各个利益相关方都不是最优的结局，但在总体上保证了各种利益诉求都得到了一定的兼顾。

（四）对利益集团在欧盟废气-燃油指令决策中的角色评估

欧盟废气-燃油指令的决策过程是一个多方参与的过程。相对于前文提到的禁止烟草指令案例，在本案例中，由于产业界的利益分化，利益集团的决策参与呈现出一种更为多元的局面，一方面，由于产业界之间的相互竞争，公民利益集团在决策中获得了更有利的地位，并通过与部分产业利益集团的结盟获得了更大的政策话语权。另一方面，赢者通吃的局面在这个案例中没有出现，最终的立法是各方妥协的结果。那么，从整体看，利益集团的决策参与对本案例中的公共决策意义何在呢？

从输入合法性看，可以肯定地指出，从公共政策的初期讨论到最终的立法出台，代表公民社会的环境利益集团联盟，代表产业界的汽车厂商利益集团和燃油企业利益集团都实现了对决策的参与，而且各方的参与比较平衡，公民利益集团在组织和运作能力上没有显示出明显的薄弱。此外，汽车厂商、燃油企业和公民利益集团都在一定程度上体现出了对政策讨论过程和决策结果的影响力，其利益诉求在最终出台的立法中也都有体现。虽然对任何一方，结局都不够完美，但也没有任何一方的利益受到明显的忽视，无论从过程还是从结局来看，这恰恰是民主政治的特色。

从输出合法性来看，得益于汽车厂商和燃油企业的相互竞争甚至相互揭短，欧盟委员会可以更明确和深入地了解污染控制技术的专业性信息，而公民利益集团对 BAT 原则的坚持，使欧盟对污染造成的社会成本更为重视，政策讨论初期欧盟委员会过于重视经济成本的思维受到了一定的限制。这些利益集团的参与提高了欧盟相关政策讨论的质量。西方学者彼得勒的研究显示，在相关指令出台之前，欧盟在汽车废气排放方面的政策水平落后美国 10 年，只能照搬美国的相关标准，而围绕废气 - 燃油指令发生的一系列政策讨论，有效提高了欧盟决策机关在相关领域的专业化水平，相关指令出台后，欧盟在 5 年内就可以超越美国并成为这一领域的政策领跑者。[1] 这一事实说明，本案例中利益集团的参与，确实有效地提高了欧盟在相关领域的政策能力。

综合来看，本案例中利益集团作为整体，对欧盟的相关决策做出了较为积极的贡献，不但较好地体现了民主原则，兼顾了各利益相关方的利益诉求，也提高了欧盟在相关领域的政策水平。值得注意的是，相对于前文的欧盟禁止烟草指令案例，本案例中，由于产业界利益集团的分化和相互竞争，利益的表达处于一种相对均衡的状态，没有一个利益集团强大到可以垄断政策讨论或者控制政策议程，为了确保自身的诉求，部分产业界的力量要寻求与公民利益集团的结盟，这无形中使公民利益得到了更好地维护。显然，相对于禁止烟草指令案例中强弱不均的二元对立模式，本案例这种不同利益集团的三元并存确保了一个更均衡的利益表达和竞争空间。这种更为多元的模式使强势的利益集团受到了限制，也在较大程度上确保了公共利益不会在决策中受到歪曲。

案例三　欧盟劳资利益集团与欧盟社会政策的发展[2]

"社会政策是一个国家的政府、政党以及其他组织为了实现其社会目标

---

[1] Robin Pedler, "Clean Air and Car Emissions: What Industries and Issue Groups Can an Can't Achieve", in Robin Pedler ed. *European Union Lobbying: Changes in the Arena*, First Published by Palgrave, 2002, p. 122.

[2] 欧盟社会政策最早渊源于欧洲一体化初期的欧共体时期，所以其政策发展史包括《马约》之前的欧共体社会政策和《马约》之后与之一脉相承的欧盟社会政策，为了便于叙述，本节统一采取欧盟社会政策的提法。

而在各种社会事务方面制定的各种政策的总和。"[1] 各国的政府都会通过法律性的强制或者有组织的协商，对各种经济社会力量的行动进行干预，在一定程度上达到社会再分配的目的，以规制自由市场经济环境下衍生的各种不公平和社会问题。由于历史传统、政治制度和经济社会发展情况的差异，在不同的国家和地区，社会政策往往体现出不同的内涵。一般而言，在英、美国家，社会政策主要指政府为直接满足人民的社会需求制定的政策，如社会保障、健康、公共服务、住房政策、教育政策等。而在德国，社会政策主要指政府关于就业、劳动力和劳动力市场管理的政策。[2] 在欧盟，由于内部经济社会的多样性，其社会政策兼具英美与德国两者的特征，但相对而言更偏向德国模式，有一定社会保护的色彩，但主要的政策核心是劳工政策，包括劳动力自由流动，劳动法规，职业健康与安全、职业培训以及相关的社会对话等。[3]

由于欧盟是欧洲一体化不断发展的产物，其社会政策也经历了从无到有，并不断完善的过程。从功能性的视角看，它是欧洲经济一体化不断外溢的直接结果，经济一体化的发展引发的诸多问题（如跨国就业保障、工资标准、经济社会协调发展等）超越了民族国家的边界，必然需要一种超国家的社会政策解决方案。[4] 而与此同时，欧盟各成员国内受到经济一体化外溢效应影响的经济社会力量，也需要在超国家的层面进行重组，以在超国家的社会政策领域发出自己的声音并维护自身的利益。简而言之，经济一体化一方面引发了超国家层面的社会政策需求，另一方面刺激了超国家层面利益集团在相关领域的积极活动，两者的共生和互动成为了影响欧盟社会政策发展的重要动因。

（一）劳资利益集团与欧盟社会政策的早期发展：从罗马条约到20世纪70年代

在欧洲一体化的初期，社会政策的议题处在相对边缘化的状态，因为

---

[1] 关信平：《欧洲联盟社会政策的历史发展：兼析欧盟社会政策的目标、性质与原则》，《南开学报》2000年第2期，第78页。
[2] 夏建中：《欧盟社会政策的发展及其启示》，《南通师范学院学报》2002年第2期，第19页。
[3] 田德文：《欧盟社会政策与欧洲一体化》，社会科学文献出版社，2005，第29~31页。
[4] 田德文：《欧盟社会政策与欧洲一体化》，社会科学文献出版社，2005，第236~239页。

当时的主流思想认为，提高共同体层面公共政策在社会再分配领域的权限并不有助于社会财富的积累，政策的重点应放在建立开放和自由的市场以促进经济发展上，而经济发展则会自动促进社会发展。① 所以在1957年欧洲经济共同体成立时，各成员国签订的《罗马条约》中社会政策的相关内容并不多，共同体在社会政策领域的权限主要局限在保障工人的自由流动，同工同酬、工资收入上的性别平等，以及工人的工作条件和劳动健康等领域。② 1957年后的十几年间，共同体在这些领域取得了一些有限的成就，比如1964~1968年出台一系列确保工人自由流动的立法③，帮助移民工人获得了领取社会保障的同等权利，还出台了推动成员国进行职业培训和再教育的立法。④ 但总体而言，"除了有关劳动力自由流动的条款之外，（社会政策的）内容都太过宽泛，以至于很难将其称为政策"。⑤

共同体在社会政策领域的进展缓慢引起了工会的不满。事实上，在欧洲一体化的初期，为了应对资方在超国家层面的联合，确保工人阶级在超国家层面政策讨论中的话语权，各国的工会已经开始了在共同体层面的整合，并通过共同体设立的经社委员会这一渠道，表达工人阶级的诉求。但工会对欧洲一体化总体上还是抱着支持的态度，因为经济一体化在当时被认为有利于促进就业和经济繁荣，因此有利于工人的生活水平提高。然而，虽然欧洲经济共同体在制度上设立了经济社会委员会以听取工会的意见，但《罗马条约》中的社会政策的内容本身就非常有限，这等于在政策议题上限制了工会参与共同体决策的空间。《罗马条约》后的十几年间，共同体在社会政策领域成果有限，进一步加剧了工会对欧洲一体化发展方向的担忧。而在当时，工会在成员国层面的工人运动比较成功，1968~1973年，法国和意大利的工会在与政府和雇主的博弈中占据优势，同时，意大利和荷兰的工会也在破除意识形态和宗教差异的障碍，在促进工会团结的运动中取得了进展。这些成功增强了工会在成员国层面和超国家层面的自信，

---

① Linda Hantrais, *Social Policy in the European Union*, MacMillan Press Ltd., 1995, p.4.
② 田德文：《欧盟社会政策与欧洲一体化》，社会科学文献出版社，2005，第9~12页。
③ 田德文：《欧盟社会政策与欧洲一体化》，社会科学文献出版社，2005，第36~37页。
④ 田德文：《欧盟社会政策与欧洲一体化》，社会科学文献出版社，2005，第51页。
⑤ Patrick Venturini, *The European Social Dimension*. Luxembourg: Office for Official Publications of the European Communities, 1989, p.16.

他们试图将更多的社会政策议题引入共同体层面，以在共同体层面的决策中发挥更大的作用。①。

除了工会，共同体委员会也对共同体向社会政策领域"扩权"抱有浓厚兴趣。因为委员会当时在推动关税同盟的建设过程中取得了不小的成绩。这种成功使委员会有了进一步加强共同体在社会政策领域决策权威的自信。委员会首先对共同体的农业和其他领域的就业问题开展了一系列的研究工作，并针对纺织和造船等产业进行了一系列统计和调研。在此基础上，委员会开始在共同体层面提出劳动力供应的问题，并呼吁成员国加强对劳动力的流动、外国劳工就业，以及职业培训等社会政策领域的关注。②

工会和共同体委员会在社会政策问题上的积极态度，引起了共同体层面工商业利益集团的关注。如前文提到的，从煤钢共同体开始建立到《罗马条约》的签署，当时西欧各国的工商业利益集团一直积极地参与欧洲一体化的建设，并在共同体层面组建了以欧洲工业和雇主联合会同盟（UNICE）为代表的一系列超国家工商业利益集团。他们把一体化视为资本自由扩张的重要契机。UNICE 建立之后，一直在欧洲经济共同体内部鼓吹市场自由化、降低国家干涉，以及有限的社会政策。③ 其目的无疑是把经济共同体塑造成一个有利于资本逃离民族国家种种束缚的工具。工会推动共同体层面社会政策的发展，有可能增加共同体内的劳动力成本，自然与 UNICE 的宗旨相冲突。然而，UNICE 对工会在社会政策上的立场并没有采取彻底排斥的态度。一方面，工商业利益集团需要劳动力在共同体层面自由流动以确保劳动力的供应，这至少在技术层面需要一定的社会政策作为配套。另一方面，在 20 世纪 60 年代，共同体各成员国的工人运动发展势头很大，各国的雇主在成员国层面都面临着劳工运动的压力，如果能在共同体层面建立一个社会政策框架，统一进行各个利益相关方的

---

① Michael J. Gorges, *Euro-Corporatism? Interest Intermediation in the EC*, University Press of America, 1996, p. 115.

② Michael J. Gorges, *Euro-Corporatism? Interest Intermediation in the EC*, University Press of America, 1996, p. 115.

③ Michael J. Gorges, *Euro-Corporatism? Interest Intermediation in the EC*, University Press of America, 1996, p. 62.

集体谈判，较之各国分别进行劳资谈判成本可能更低。① 所以，当工会在1967年提出在共同体层面建立一个有关劳动力市场的讨论机制后，得到了UNICE的正面回应。1968年，工会和UNICE共同提出了在共同体层面建立三方会议机制以处理就业问题的倡议，并随即得到了共同体委员会的支持。由于当时共同体各国的就业问题日趋严重化，到1969年共同体首脑会议在海牙召开时，各国首脑也开始将注意力转移到共同体层面的就业政策上。在各方的积极支持下，首次由成员国代表、共同体委员会代表，以及来自资方和劳方利益集体代表的三方会谈于1970年召开。这次会议上，与会各方达成共识，建立了常务就业委员会（the Standing Committee on Employment），并从收集各国劳动力市场信息开始入手处理共同体层面的劳动力市场问题。

常务就业委员会是当时欧洲共同体建设的一个创新，因为这是共同体层面第一个由政府、工会和资方多方参与的机制。然而，这个机制的运作并不成功，也没有在共同体的社会政策领域产生多少实质性的政策成果。首先，工会作为该机制的主要倡导者没有解决好自身的组织问题。在当时，工商业利益集体的代表UNICE虽然结构上也比较松散，但在共同体层面作为资方代表的身份基本上还是得到认可。可工会方面却一直在为共同体层面的代表权问题争论不休，直到1973年欧洲工会联盟（ETUC）成立，工会方面才总算有了一个名义上的共同体层面代表，然而由于联盟内部成员的利益和意识形态非常多元化，共识的建立比较困难，很大程度上影响了工会的谈判能力。② 其次，工会提出的政策目标太过超前，无法被成员国接受。工会试图将常务就业委员打造成一个共同体层面广泛的社会政策的产生机制，这就包括劳资谈判、工人的劳动权益、职业教育，甚至于社会保障。然而，来自成员国的代表认为共同体在社会政策的权限已经在《罗马条约》中有了规定，虽然相关内容较少，但成员国无意在常务就业委员会这个层面就突破了条约的规定。尽管在协商一致的情况下，对共同体社会政策的改革是可能的，但当时欧洲正经历严重的经济危机，在这种背景下

---

① European Community Information service, "Trade Union News", 1967, No. 6–7, p. 8, http://aei.pitt.edu/39882/1/A4247.pdf.
② 田德文：《欧盟社会政策与欧洲一体化》，社会科学文献出版社，2005，第45～46页。

在共同体层面提高社会政策的权限很可能增加劳工成本,所以成员国对工会倡导的提议兴趣不大。[1] 再次,来自资方的代表 UNICE 一直反对通过常务就业委员会产出任何具有强制性的社会政策,因为这可能引发劳动力成本的上升。事实上,UNICE 本来也不希望过分积极地参与常务就业委员会在社会政策上的讨论,其主要是把常务就业委员会的三方会谈机制作为增加自身在共同体决策影响力的游说渠道[2]。除了这一点,常务就业委员会对 UNICE 的价值就只是一个解决劳动力自由流动的配套机制。所以,在常务就业委员会的讨论中,UNICE 只关心针对性地出台一些社会政策以消除劳动力自由流动面临的各种壁垒。在 UNICE 眼中,共同体是否出台一项社会政策只需要参考一个标准,即该政策是否有利于共同市场的运作。[3] 这是典型的资本导向的思维。1972~1978 年,欧共体在常务就业委员会的框架下,一共举办了六次三方会谈。工会、资方和成员国代表在这些会议上充分地交流了意见,也了解了彼此的立场,然而,由于在基本诉求上分歧明显,会谈没有产生实质性的成果,只是通过共同体委员会,在促进增长和充分就业等议题上发布了几个没有任何强制力的建议(Recommendation)。在这种情况下,欧洲工会联盟(ETUC)对三方会谈产生实质性社会政策的可能性越来越怀疑,在会谈没有进展的情况下,于 1978 年停止了对会谈的参与,会谈也就此终止。

20 世纪 70 年代常务劳工委员会三方会谈的情况反映了共同体在社会政策领域发展的困境。一方面,资方的代表虽然参与了会谈,本质上却抵制共同体在社会政策领域权限的发展。成员国在经济不景气的背景下,对社会政策的议题也缺乏积极性。另一方面,欧洲工会联盟只是各国工会在共同体层面的松散联盟,不可能像成员国内部的工会那样通过罢工来威胁资方,也不可能通过动员工人阶级的选票来威胁成员国政府,因此,虽然其对社会政策的发展持积极态度,却没有什么实质性的筹码去影响其他相关

---

[1] Michael J. Gorges, *Euro-Corporatism? Interest Intermediation in the EC*, University Press of America, 1996, p. 123.
[2] Michael J. Gorges, *Euro-Corporatism? Interest Intermediation in the EC*, University Press of America, 1996, p. 129.
[3] Michael J. Gorges, *Euro-Corporatism? Interest Intermediation in the EC*, University Press of America, 1996, p. 123.

方。这种情况下,共同体层面实质性的社会政策一直处在难产状态。

(二)"瓦尔杜切斯进程"中的劳资利益集团博弈

20世纪70年代末期,尽管在共同体层面进一步发展社会政策的尝试并不顺利,但工会和共同体委员会并没有放弃这方面的努力。在工会看来,经济一体化的发展蕴含着潜在的再分配效应,也就是所谓的"社会倾销"(Social Dumping)。一体化为资本、贸易和商品的流动提供了极大的便利,这使资方更多地获得从高劳工标准地区转移至低劳工标准地区的便利。资方的高流动性,使民族国家很难为社会支出进行有效的征税,为了阻止资本外流和保障就业,民族国家不得不竞相降低税收和劳工标准,由此引发共同体内部民族国家之间非常不利于劳工的恶性竞争。[①] 因此,工会仍然积极地倡议在共同体层面发展必要的社会政策。共同体委员会作为共同体的日常管理机构,和工会有同样的担忧,其原本想通过促进劳方在企业中的管理权以加强对资方的限制,但相关的提案遭到了成员国的反对,在这种背景下,共同体委员会开始继续推动共同体层面的劳资对话机制,以从共同体层面拓展社会政策的发展空间。[②]

到20世纪80年代初,两个新的变化使共同体层面有关社会政策的讨论再次升温。一是带有社会主义色彩的密特朗当选了法国总统,法国政府开始对共同体层面推动社会政策的发展显示出兴趣,并在1984年推动UNICE和ETUC继续进行非正式的会谈。二是亲工会的德洛尔当选了共同体委员会主席。德洛尔本来就与法国的社会党关系密切,本人又有长期的工会工作经验,所以他积极地呼吁在共同体层面重启三方会谈机制以发展相应的社会政策。[③] 由于共同体重要成员国法国的态度变化,加上新委员

---

① Geroge Ross, "The European Community and Social Policy: Regional Blocs and a Humane Social Order", *Studies in Political Economy*, Vol. 40, Spring 1993, p. 50. 另见〔德〕赫尔伯特·奥宾格等著《德国与欧盟的社会标准:全球化及欧洲一体化的影响》,王程乐译,《德国研究》,2010,第5~6页。

② Michael J. Gorges, *Euro - Corporatism? Interest Intermediation in the EC*, University Press of America, 1996, p. 139.

③ Ruxandra Pupazescu, "The European Social Policy Area, Between Divergence and Convergence", in István Tarrósy, Susan Milford, eds. *The Future of Europe: a View from the Danube Region*, Publikon Books, 2007, p. 116.

会主席德洛尔的积极推动，1985 年，ETUC 和 UNICE 在瓦尔杜切斯开始了新的对话，代表欧洲国有企业的"公共参资企业和综合经济利益企业欧洲中心"（CEEP）也参与了这个对话机制，共同探讨共同体层面的社会政策问题，这也就是所谓的"瓦尔杜切斯进程"（Val Duchess Process）的开始。[1]

在当时，欧共体内部已经开始了继续深化经济一体化，建立统一大市场的讨论，在共同体委员会看来，如果只将共同体的权限限制在内部市场的自由化上，会导致经济共同体的结构失衡。欧洲的经济和社会模式，应该是强大的福利国家限制资本扩张引发的恶性竞争，并通过高水平的劳动力来创造繁荣，所以应该通过"瓦尔杜切斯进程"将共同体的有效权限扩大到社会政策领域，以作为共同体内部市场建设计划的重要补充。[2] 共同体层面的工会代表 ETUC 当然欢迎委员会的态度，在他们看来，"瓦尔杜切斯进程"如果发展顺利，不但有助于工会在共同体的决策中获得更大的话语权，也有助于工人阶级分享进一步经济一体化所产生的红利，但由于之前常务劳工委员会失败的教训，ETUC 强烈要求新的谈判机制必须是一个能够产生强制效力政策的集体协商机制。尽管 ETUC 的积极性很高，却仍没有足够的能力有效地整合其内部的各国工会。德国的工会由于本国的产业结构主要是对劳工素质要求较高的高端制造业，对 ETUC 的立场倒是比较支持。但英国的工会一直对欧洲一体化的进程存有戒心，其更倾向于支持本国政府提高贸易壁垒来保护本国工人。而北欧的工会，由于其已经在国别层面的劳资谈判取得了优势，故担心共同体层面的集体协商可能挤占既有的成员国内部劳资谈判的空间，所以也对 ETUC 的提议犹豫不决。[3] 在这种背景下，ETUC 的行动能力受到了很大的限制。至于资方，对于在共同体层面发展强制性社会政策这种明显有损于自身利益的做法，自然不可能支持。在当时，英国的产业联盟（CBI）在 UNICE 内具有很大的影响力，其非常支

---

[1] 杨解朴：《欧盟治理下社会伙伴的角色变化》，《欧洲研究》2007 年第 5 期，第 75 页。
[2] Michael J. Gorges, *Euro-Corporatism? Interest Intermediation in the EC*, University Press of America, 1996, p. 141.
[3] Michael J. Gorges, *Euro-Corporatism? Interest Intermediation in the EC*, University Press of America, 1996, pp. 144–145.

持撒切尔夫人有关统一大市场建设应仅局限在生产要素自由流通领域的论调,而 UNICE 内部来自希腊和爱尔兰的雇主联盟则担心共同体层面新的社会对话有损其国内政府的主权,比利时的雇主联盟认为社会对话不应超出技术性的层面,[①] 而德国雇主联盟(BDA)的立场更为强硬,虽然其表面上支持对话的存在,但明确指出:"对话必须限制在社会伙伴交流观点和经验的层面,我们不支持任何共同体层面的框架性协定,更不支持工资协定……欧洲共同体层面的利益集团没有商讨这个问题的权限,而对此事进行共同体层面的介入无法照顾到各国的具体情况,相关协定的执行也无法得到保障。"[②]

对比资方和劳方的立场可以发现,UNICE 内部的各国雇主联盟虽然在有关共同体层面集体谈判问题上的关注点有所差异,但其反对在共同体层面建立强制性社会政策的大方向是非常一致的。然而,在工会方面,内部的整合却困难得多,所以劳资双方的力量实际上并不对等。在这种背景下,指望共同体层面的集体协商能产出有利于劳方的成果显然并不现实。事实上,"瓦尔杜切斯进程"也的确不像德洛尔期望的那样具有实质意义,1985~1987年,劳资双方进行了多次会谈,但最终只是同意建立了两个在共同体委员会指导下的专门委员会,并出台了几个引入新的生产技术和职业培训的联合意见(joint opinion),而任何在共同体层面有强制力的协议都没有达成。总体上来看,资方的目的达到了,"瓦尔杜切斯进程"很大程度上又成为之前常务就业委员会的翻版。

(三) 从《单一欧洲法令》到《马约》:雇主集团的有限让步

尽管"瓦尔杜切斯进程"的发展并不顺利,但共同体委员会和工会并没有放弃努力,因为 1986 年单一欧洲法令出台后,共同体内的决策机制发生了变化。在涉及统一大市场建设的政策领域,部长理事会采用了特定多数投票制,这意味着单个成员国不再拥有对相关领域政策的一票否决

---

① Michael J. Gorges, *Euro - Corporatism? Interest Intermediation in the EC*, University Press of America, 1996, pp. 142-143.

② Michael J. Gorges, *Euro - Corporatism? Interest Intermediation in the EC*, University Press of America, 1996, p. 143.

权。成员国政府原本将这个变革理解为有利于加快统一大市场建设效率的必要措施,然而,在积极推动统一大市场建设的同时,共同体委员会却策略性地利用了这个变化,推动了几个涉及劳动健康、劳动安全和工作条件等方面的具有社会政策色彩的指令。如果没有表决机制的变化,这些进展本来肯定会受到一些成员国政府(如英国)的阻挠。[1] 同时,ETUC 和共同体委员会联合起来,进一步在共同体层面扩大对统一大市场背景下社会倾销问题的讨论,指出配套的社会政策缺乏可能导致的严重后果。在 1988 年,共同体委员会又提出了一份名为"内部市场的社会维度"的讨论文件,敦促成员国进一步深化共同体层面的社会对话。委员会和工会的不断造势,使有关共同体社会政策的讨论越发热烈。到 20 世纪 80 年代后期,在共同体的成员国首脑会议上,各国的领导人也开始严肃地讨论将社会政策纳入共同体决策的问题。[2] 到 1989 年,一个标志性的事件发生了,除英国以外的共同体 11 国签署了《欧洲社会宪章》(European Social Charter),《欧洲社会宪章》中对涉及劳动力自由流动、工作条件、社会保障等一系列工人的基本权利作出了明确宣誓,同时也明确了共同体层面的社会伙伴对话需要得到强化。[3]

在《欧洲社会宪章》出台后,共同体委员会开始制订行动计划,以推动《欧洲社会宪章》的执行。这给共同体内的雇主集团带来了巨大的压力。UNICE 强烈反对《欧洲社会宪章》以及共同体委员会的行动计划。由于英国也对此事持反对态度,并在部长理事会多次杯葛共同体委员会的相关立法提案,UNICE 在共同体内暂时还有一个"盾牌",但在 UNICE 内部,一些成员已经开始软化。一个关键的问题在于,共同体中亲工会的势力正致力于在涉及社会政策领域的部长理事会决策中引入特定多数投票,在特定多数投票制下,英国这面"盾牌"会被绕开,因此必须早作打算。法国雇主全国委员会(CNPF)的主席在 1991 年接受世界报的采访时,就流露出支

---

[1] David Coen and Jeremy Richardson, eds., *Lobbying the European Union: Institutions, Actors, and Issues*, Oxford University press, 2009, p. 259.

[2] Reiner Hoffmann, Otto Jacobi, Berndt Keller and Manfred Weiss eds., *Transnational Industrial Relations in Europe*, Hans–Böckler–Stiftung, 2000, p. 15.

[3] Reiner Hoffmann, Otto Jacobi, Berndt Keller and Manfred Weiss eds., *Transnational Industrial Relations in Europe*, Hans–Böckler–Stiftung, 2000, p. 16.

持共同体层面开展实质性劳资集体谈判的态度。① 这当然不意味法国雇主们的根本立场发生改变,法国人的如意算盘是,既然集体谈判的呼声已是大势所趋,直接地反对风险过高,如果通过参与谈判把社会政策领域的主动权控制在自己手中而不是共同体委员会的手中,同样可以达到目的。法国雇主集体的意见得到了德国方面的支持,只有英国的雇主集团仍然坚持反对在共同体展开任何实质性的劳资集体谈判。不过在法、德两方的支持下,UNICE 的总体立场最终还是发生了改变,UNICE 的主席费雷尔最终同意加强共同体的社会对话,并同意共同体委员会在谈判共识的基础上进行立法,但他也同时提出了一系列的前提条件,比如谈判的参与方有权自由确定谈判的主题、内容以及进展速度;政党和政治家不可以干预谈判;在无法达成一致的情况下,不能强行通过任何立法等。②

UNICE 的态度转变让外界感到吃惊,因为 UNICE 一贯反对在共同体层面建立实质性的社会政策产生机制。一旦 UNICE 愿意就此事和工会展开合作,那就将赋予共同体层面集体谈判很高的权威。换言之,如果来自各国各行业第一线的利益集团成为共同体社会政策的直接决策参与者,其他的力量,包括成员国政府在内,都难以质疑这些相关政策的合理性和合法性。然而,如果仔细分析 UNICE 提出的条件,可以发现雇主集团并没有实质性的利益损失。首先,由于谈判的进度不能受到外界干涉,雇主集团有充分的时间对任何可能的社会政策立法进行评估,并可以按照自己的意愿随时延缓谈判的进程,由于谈判的周期没有明确的时间限制,简单地说,雇主集团可以永远地进行一场没有结果的谈判。其次,通过积极参与谈判,雇主集团可以名正言顺地成为共同体社会政策的决策参与者,由于他们是行业第一线的代表,他们的正式参与实际上架空了共同体委员会在社会政策领域的作用。正如 UNICE 的秘书长蒂兹克维茨(Zygmunt Tyszkiewicz)指出:"大部分的雇主都不愿意参与这样的谈判,但鉴于共同体委员会正在出

---

① Michael J. Gorges, *Euro – Corporatism? Interest Intermediation in the EC*, University Press of America, 1996, p.152.

② Michael J. Gorges, *Euro – Corporatism? Interest Intermediation in the EC*, University Press of America, 1996, p.153.

台一些破坏性的指令,我们很愿意取代委员会,把自己变成立法者。"① 再次,UNICE 已经与 ETUC 打了多年的交道,非常清楚 ETUC 的内部的各国工会利益诉求不同,彼此的立场也存在矛盾。只要在谈判中策略性地设置议题,只针对 ETUC 内部某些成员国工会的个别诉求展开部门性或技术性的谈判,而不涉及总体性的社会政策,就可以有效地避开工会的整体性压力,并有可能在 ETUC 内部引发矛盾。②

工会方面当然清楚 UNICE 的意图,然而,一个低效但毕竟是正式的社会政策产生机制总是聊胜于无。只有建立正式的制定框架,工会才能在共同体确保其政策参与的合法性。而且,当时共同体各成员国已经开始就《马斯特里赫特条约》的内容进行密集的谈判,如果不抓住这个机会将工会的决策参与权列入《马约》的条款,那工人阶级在未来一体化进程中的话语权就更得不到保障,尤其是在英国仍然明确反对共同体层面社会政策发展的情况下。

由于劳方和资方的立场开始接近,到 1991 年 10 月末,劳资双方达成协议,同意在共同体层面将劳方和资方的决策参与进一步制度化,并强化现有的集体谈判机制。一方面,共同体委员会在向部长理事会提交社会政策领域的立法草案前,必须就草案的内容对劳方和资方进行全面的咨询,并尊重劳资双方协商的结果。另一方面,如果双方通过成功的集体谈判就某项立法自主达成了协议,则该协议可以在部长理事会特定多数票通过的情况下,成为具有强制力的立法,这也就是所谓的"社会对话程序"(Social Dialogue Procedure)③。共同体委员会对劳资双方终于达成一致表示欢迎,并将双方的协议整合成立法草案提交至 1991 年 12 月的共同体首脑会议。最终,这些内容都成为了《马约》社会政策议定书的正式内容。由于英国的反对,最终只有 11 个成员国接受了议定书。直到 1997 年欧盟成员国签订

---

① "Union comeback", *The Economist*, Novermber 23, 1991, also See Michael J. Gorges, *Euro - Corporatism? Interest Intermediation in the EC*, University Press of America, 1996, p. 154.

② Michael J. Gorges, *Euro - Corporatism? Interest Intermediation in the EC*, University Press of America, 1996, p. 154.

③ Reiner Hoffmann, Otto Jacobi, Berndt Keller and Manfred Weiss, eds., *Transnational Industrial Relations in Europe*, Hans - Böckler - Stiftung, 2000, pp. 22 - 23;另见杨解朴《欧盟治理下社会伙伴的角色变化》,《欧洲研究》2007 年第 5 期,第 78 页。

《阿姆斯特丹条约》时,当时的英国工党政府作出了让步,有关社会对话程序的条款才被纳入欧盟正式的条约体系。

从形式上看,社会对话程序成为欧盟社会政策的正式决策机制是一个具有里程碑意义的事件,因为共同体层面的社会对话终于获得了明确的法律地位,而且该对话达成的协议成为立法的门槛并不高,毕竟在部长理事会获得特定多数票相对还是容易一些。然而,对 ETUC 而言,这一进展只是一个好看却不好吃的成果。因为在劳资双方于1991年10月达成协议后不久,UNICE 的秘书长就对媒体公开表示,并不希望将集体谈判的领域扩展到就业和社会保障领域相关指令的谈判,而且也不支持部长理事会在共同体的社会政策领域拓展特定多数票的适用范围。[①] 由于任何欧盟层面社会政策的实质性进展都需要劳资双方的共识,所以在笔者看来,ETUC 实际上掉入了一个 UNICE 精心设计的"社会对话陷阱"。任何试图推动实质性社会政策的尝试,都需要在社会对话的框架下与资方利益集团协商来实现,但资方在实质性问题上又不会支持工会的立场,而且通过提升社会对话的法律地位,资方又架空了委员会,这样,劳方在共同体层面没有任何实质性的能威胁资方的筹码,除非 ETUC 能掀起一场泛共同体层面的罢工,但鉴于 ETUC 内部长期整合不利,这基本上是不可能完成的任务。如果说社会对话获得法律地位对 ETUC 还有积极意义的话,那主要是体现在 ETUC 至少在欧盟获得了条约认可的合法地位,这意味着欧盟的工人阶级在共同体决策中至少获得了法律意义的话语权,也有助于提升 ETUC 在各成员国工会中的威信。有参与决策的权利在手,ETUC 至少还保留了在未来进一步整合各成员国工会的可能性。

(四)《马约》之后:缓慢发展的欧盟社会政策

《马约》生效后,欧洲一体化进入了新一轮的发展,但直到2009年《里斯本条约》生效,欧盟在社会政策领域的步伐依然非常缓慢。在诸如社会保障之类的关键问题上,部长理事会仍采用一致通过的表决门槛,社会

[①] Zygmunt Tyszkiewicz, letter to the Editor, "EC intervention in collective bargaining should be limited", *Financial Times*, November 12, 1991.

对话的组织方式没有大的变化,权限也没有进一步的提升,在社会政策的实施问题上,欧盟的权限也非常有限[1]。事实上,尽管到目前为止《马约》已经生效了20多年,欧盟社会政策的决策框架依然没有大的变化,唯一一个可见的创新是在就业政策领域引入了开放式协调机制(Open Method of Coordination),即设立标准化的指标(Benchmarking)作为工作方向,并利用资方和劳方这两大社会伙伴与成员国展开合作,通过各国之间的比较,督促相关方向指标规定的方向进行努力。然而,开放式协调只是一个软法,不具有强制性的效力,其在就业政策领域的实施效果并不尽如人意。因为在没有硬性约束的情况下,无法保证所有的利益相关方都能积极配合欧盟的工作。[2] 而在社会对话程序这个劳方经过多年努力才得以建立的决策机制下,欧盟社会政策的发展又会如何呢? 1993~2001年,社会对话程序只针对亲职假、非全时制工和固定期劳动合同三个问题达成了框架协议,并将其作为欧盟的指令实施。2002年以后,社会对话程序则只是在远程工作、工作岗位过劳以及工作岗位的暴力与骚扰问题上达成三分自主的框架协议,并未转成立法,而是由参与对话的相关方自主实施。[3] 所有这些社会对话的政策产出,从内容上看只是一些局部的或技术性的政策改变,完全没有触及工资、社会保障这些关键性的领域。相对于ETUC之前提出的要在共同体层面推动广泛社会政策的目标,这些发展还远远不够。

(五) 对欧盟劳资利益集团在欧盟社会政策发展中的角色评估

从1957年的《罗马条约》到2009年的《里斯本条约》,有关欧盟社会政策的讨论已经持续了50多年。自一体化初期以来就在共同体层面组织起来劳方和资方利益集团,围绕社会政策议题展开的博弈也横贯了整个欧盟社会政策的发展历程。那么这些利益集团在欧盟社会政策的发展中究竟扮演了怎样的角色呢? 通过上文对政策史的梳理,笔者认为对这一问题的理

---

[1] Isabelle Schomann, "The Lisbon Treaty: a more social Europe at last?" ETUI Policy Brief, European Social Policy, Issue 1, 2010, pp. 2 – 4.
[2] 杨解朴:《欧盟治理下社会伙伴的角色变化》,《欧洲研究》2007年第5期,第83页。
[3] 郑春荣:《规范分析视角下的欧盟新型治理模式:"社会对话"》,《欧洲研究》2008年第2期,第107页。

解首先要从欧盟这一超国家行为体的特点入手。

一体化的初期建设是以发展经济共同体为导向的，而经济领域的一体化对所有的成员国都是一种"增量改革"，所以相关的政策决议相对更容易得到各成员国的支持。然而从长期来看，任何经济上稳定和可持续的发展，必须有相应的社会政策作为配套，以平衡自由市场引发的不平等和恶性竞争效应。所以代表欧盟总体利益的委员会，一直致力于在共同体层面推动社会政策的发展[①]，但从成员国的视角看，各国在经济社会发展水平上难免会有差异，共同体层面"一刀切"式的社会调节，并不像经济一体化那样，对所有的国家都是增量改革，有可能会损害部分国家，尤其是具有低劳动力成本优势国家的竞争力，除非各国的经济社会发展高度趋同，否则各国在社会政策问题上是难以取得一致立场的，这体现在欧盟的决策中，就是欧盟的社会政策议题长期受制于部长理事会的一致表决，难以取得进展。在这种情况下，引入经济社会第一线的劳方和资方利益集团，通过他们之间的直接谈判产生的协议作为共同体决策的基础，在理论上可以大大增加社会政策的合理性和合法性，并由此打破部长理事会长期无法取得一致的僵局。[②] 这也是委员会长期致力于推动共同体层面社会对话的重要动因所在。笔者认为，这本质上是一种通过引入经济社会基层的民主参与和专业性参与，打破部长理事会对决策权的垄断，以提高共同体决策效率与合法性的尝试。

那么，在社会政策领域的欧盟劳资利益集团是否扮演了委员会所期待的角色呢？对这一问题评估需要从两个角度展开，第一，欧盟劳资利益集团对决策的参与是否展现出了一种更广泛更贴近基层的民主代表性，也就是所谓的输入合法性？第二，这些利益集团的参与是否提高了欧盟在社会政策领域解决问题的能力？

从输入合法性来看，自《罗马条约》以来，共同体在社会政策领域的利益集团参与上主要发展了两个机制。一个机制是《罗马条约》开始就作

[①] 当然，通过发展社会政策以扩张自身的权力，也是委员会在社会政策问题上扮演积极角色的一个重要动因，作者注。

[②] Reiner Hoffmann, Otto Jacobi, Berndt Keller and Manfred Weiss eds. *Transnational Industrial Relations in Europe*, Hans–Böckler–Stiftung, 2000, p.14.

为共同体正式机构的经济社会委员会,这是一个开放程度较高,来自各个成员国各个行业领域利益集团广泛参与的机制,很多小型的和行业性的工会和雇主集团都是经社委员会成员。相对而言,其具有较高的民主代表性。然而,经社委员会只是一个咨询性的机构,在社会政策领域,其主要是在政策讨论的前期提供意见作为欧盟决策的参考,并不具有法律意义上的权威,所以利益集团在经社委员会的参与只能算作一种不完全参与。另一个机制,是前文重点介绍的社会对话机制,在这个机制下,劳方和资方的利益集团可以在不受外界干扰的情况下,自主达成社会政策领域的协议,并可以在部长理事会特定多数同意的情况下成为正式的立法。至少从形式上看,这种参与确实赋予了利益集团实质性的立法参与权。然而,从机制的实际运作来看,参与这个对话机制的利益集团,仅限于商业欧洲(Business Europe)[1]、欧洲工会联盟(ETUC)以及公共参资企业和综合经济利益企业欧洲中心(CEEP)这三个欧盟层面最大的利益集团伞状联盟。虽然这三个联盟囊括了各自领域较多的小型利益集团,但很多在欧盟活动的利益集团也并不是这三大联盟的成员。然而,欧盟委员会和部长理事会默认了这三大利益集团的社会伙伴身份,并赋予了其参与社会对话机制促进立法的特权。[2] 虽然这种安排可能是基于决策效率的考虑,毕竟欧盟内大大小小的利益集团数量极其庞大,不可能在立法过程中保证所有利益集团的参与,但在没有任何法律依据的情况下,就给这三大利益集团联盟以特殊地位,显然不符合民主基本的参与原则。实际上,很多被排除在外的中心利益集团对三大联盟垄断社会对话程序非常不满,比如欧洲中小企业联合会(UEAPME)就曾因为无法参与欧洲亲职假指令的决策过程,而向欧洲法院提起了诉讼。[3] 这一事实显然反映了社会对话在输入合法性上的不完善。

从解决问题的能力上看,欧盟利益集团在社会政策领域的角色也备受

---

[1] 即原来的欧洲工业和雇主联合会同(UNICE),后更名为商业欧洲(Business Europe),作者注。

[2] David Coen and Jeremy Richardson, eds. *Lobbying the European Union*: *Institutions*, *Actors*, *and Issues*, Oxford University press, 2009, p. 262.

[3] "Union Européenne de l' Artisanat et des Petites et Moyennes Entreprises (UEAPME) v. Council of the European Union, Case T – 135/96 (1998)". Eur – lex. europa. eu. Retrieved 2013 – 09 – 02.

争议。引入社会对话程序的一个重要初衷，就是通过该程序避免部长理事会在社会政策领域的"全体一致僵局"，提高欧盟的决策效率以产出具有实质性意义的社会政策。然而，如前文提到的，从《马约》通过至今的 20 年间，在社会对话程序下仅仅产出了三个指令，而这恰恰是欧盟层面劳资利益集团本身的特点和发展现状决定的。一方面，任何一种有效率的决策，都必须有足够的授权作为保障，可无论是劳方的 ETUC 还是资方的 UNICE，本身的结构都比较松散。作为欧盟层面的伞状联盟，ETUC 和 UNICE 参与决策的合法性在于他们最大程度地在欧盟层面分别代表了各国工会和雇主集团的利益，这也就意味着他们的有效行动必须建立在各自集团内部成员间的共识上，而各国因为经济社会发展水平和劳资关系组织模式的差异，必然使各国的工会和雇主集团在利益诉求上呈现出多元化的局面。因此，欧盟层面的伞状联盟从其内部成员中获得的授权，只能局限于各国利益集团利益上的最大公约数，这无疑限制了欧盟层面伞状联盟的行动能力。另一方面，欧盟层面劳方利益集团和资方利益集团的力量对比明显不平衡，参与社会政策产生机制的动机也截然相反。正如前文所述，相对于劳方，资方在集团内部形成集体行动的共识更容易，而且其加入决策的目的就是使决策机制无效化。而劳方受制于内部的分化，不但集体行动能力更低，也没有任何可以对雇主集团施加实质压力的手段，除了在社会对话陷阱中继续进行低效的谈判以维持自身的参与合法性，没有其他的行动空间。在这种情况下，资方只要保持不作为的状态，同时确保对社会对话机制的参与，就可以永远立于不败之地。在这种状况下，相关领域社会政策的发展缓慢就不足为奇了。

通过组织劳方和资方利益集团开展集体协商，参与共同体层面社会政策的决策，是欧盟在一体化进程中最重要的制度建设实验之一。欧盟怀着一种美妙的社团主义设想，试图通过发挥劳资利益集团的作用，在委员会官僚模式与自由市场模式之间，在成员国国家调节与欧盟共同体调节之间，建立一种稳定的、具有广泛代表性和控制能力的"欧洲社团主义"调节机制，以作为欧洲经济一体化可持续发展的重要保证。然而，欧盟社会政策的发展过程表明，在一个劳工力量碎片化，资本力量又非常强大的欧洲，以社团主义模式组织的政治参与既不能体现完善的民主合法性，又无法保证实质性政策的高效产出。它只是在欧盟委员会官僚强力干预下产生的象征性制度，与欧洲的经济社会现实相脱节。事实上，社团主义赖以生存的土壤，在于劳资力量的相对平衡以及广泛参与基础上高度组织化的工人阶级，但即便是在当前工会力量最为强大的欧洲，这种状况也并不存在。而且，随着欧盟的不断东扩以及全球化竞争压力的加大，工会组织的碎片化和劳资力量的不平衡很可能进一步加大，因此，在欧盟的社会政策领域，劳资利益集团广泛参与的、具有有效社会调节能力"欧洲社团主义"，恐怕只能成为一个越来越模糊的远景。

案例四　欧洲企业界圆桌会议与欧洲统一大市场的建设

（一）共同体委员会与欧洲企业家圆桌会议的建立

自20世纪50年代欧洲一体化启动以来，共同体层面及其各成员国的工商业利益集团，一直是一体化的受益者，因为一体化促进了生产要素的自由流通以及成员国经济壁垒的消除，大大促进了共同体成员国之间的贸易，使共同体市场成为世界最大的市场。然而，一体化带来的红利并不能使欧洲工商界满意。一方面，各种技术的和税收的壁垒仍然使共同体市场处在分裂的状态，这无疑增加了成本，使欧洲工商界在面对美国和日本的经济竞争时力不从心。另一方面，1977年的石油危机加重了各国的保护主义倾向，这进一步损害了欧洲工商界的利益。为了提升产业竞争力，欧洲工商界非常渴望一体化的进一步发展，进一步消除各种国家壁垒以促进产业发展。除了欧洲工商界，共同体委员会也对一体化在20世纪70年代的进展迟缓深感不满，从1974年起，委员会提出了多项发展共同体的建议，但这些建议总是因为与某些成员国的国家利益冲突而最终流产。委员会必须找到一个突破口，利用增量改革的办法，尽量使所有成员国都获益。

在深化一体化问题上的立场接近促成了委员会与欧洲产业界的合作。这种合作最早在沃尔沃首席执行官皮哈尔·吉林哈默（Pehr G. Gyllenhammar）与共同体委员会产业委员艾德涅·达维农（Etienne Davignon）之间展开。吉林哈默是瑞典工业巨头，热衷政治活动，对于当时欧工体各成员国政府在一体化问题上的步履迟缓深感不满，同时也深知欧洲工业和雇主联合会同盟（UNICE）因于组织涣散和内部的利益纷争，无力推动进一步的一体化动议，为此，他在《国际管理》上撰文，呼吁"欧洲工业界在未来的增长中扮演积极和重要的角色，催生产业战略"，而且"欧洲层面的合作将是必需的"①。吉林哈默的呼吁引起了达维农的注意，1982年夏天，达维农借沃尔沃在瑞典举办"欧洲再工业化论坛"研讨会的机会，会晤了吉林哈默，达维农的工作班子成员以及当时法国总统密特朗的几个高级智囊也参加了会晤，达维农与吉林哈默探讨了建立一个跨行业的欧洲产业巨头小组为欧洲经济形势和共同体产业政策提供建议的可能性，因为类似的组织在美国已经出现，但在欧洲共同体层面仍然缺失。②

由于吉林哈默是瑞典人，而瑞典当时还不是共同体成员国，所以吉林哈默无法名正言顺地正式参与当时共同体正式工作，但吉林哈默和达维农显然都对欧洲工业和雇主联合会同盟（UNICE）的工作不满意。在达维农的请求下，吉林哈默决定自己成立一个由欧洲大企业首席执行官组成的小组以协助委员会的工作。在委员会官员的协助下，沃尔沃集团草拟了一个具有较高政治影响力的欧洲工业巨头名单，并委派吉林哈默的高级智囊按照名单进行联络。在吉林哈默看来，建立这个产业巨头小组的目的不是简单地创造一个强有力的游说集团，而是推动欧洲内部市场建设，提升欧洲在高科技领域的领导力，通过扩大市场创造经济的规模效应以促进就业，等等。吉林哈默的设想得到了欧洲产业巨头们的积极回应，荷兰的飞利浦集团（Philips）、意大利的菲亚特集团（Fiat）以及英国的帝国化学工业集团（ICI）首先对吉林哈默的计划表示支持，随后德国的克虏伯集团和西门子集团、荷兰的壳牌石油公司、瑞士的雀巢公司等也加入了吉林哈默的小组，到1983年4月，小组第一次举行会议，一共有17个欧洲最有影响力的

---

① P. Gyllenhammar, "Viewpoint, *International Management*, European edn, July; Also See Maria Green Cowles," Setting the Agenda for a New Europe: The ERT and EC 1992, *Journal of Common Market Studies*, Vol. 33, No. 4, 1995, p. 504.

② Maria Green Cowles, Setting the Agenda for a New Europe: The ERT and EC 1992, *Journal of Common Market Studies*, Vol. 33, No. 4, 1995, p. 504.

产业巨头参加，他们受美国同行的启发，将该组织命名为"欧洲企业家圆桌会议"（European Round Table of Industrialists，ERT）。[①] 第一次小组会议召开不到两个月，ERT 就组织了第二次小组会议，确立了小组的章程和目标，并在此基础上为委员会委员达维农提交了一份备忘录。在这份名为"欧洲产业未来的基石"的备忘录中，ERT 明确表示："（我们）有愿望和能力在欧洲推动建立新的财富创造方式，但我们不能单靠自己完成这项工作，我们需要支持政治上的行动……""我们不能仅靠自身就破除当前欧洲一些造成资源浪费的障碍，这些障碍某种程度上已经使欧洲的企业在国际市场处于弱势地位。事实上，尽管欧共体在贸易自由化上雄心勃勃且采取了若干措施，但欧洲仍然是一个由分裂的民族国家市场、分裂的政策和分裂的产业结构组成的市场。这种状况使很多企业无法形成必要的规模以应对欧洲以外的竞争者欧洲。欧洲市场必须统一，以促使欧洲企业发展为全球市场上的强有力竞争者。"[②]

（二）欧洲企业家圆桌会议的全欧倡议和高层游说行动

ERT 的成员都是产业巨头，对于欧洲产业未来的发展方向具有很高的洞察力，而且无论在财力、社会影响还是执行能力上都非常强。ERT 成立后不久，ERT 的两个成员：飞利浦公司首席执行官德科（Wisse Dekker）和好利获得公司首席执行官贝内德蒂（Carlo De Benedetti）就推出了 ERT 的第一个计划，创立欧洲风险资本协会（The European Venture Capital Association，EVCA），这是 ERT 自己创办的第一个企业，启动资金约 3000 万美元，其目的是发展一个泛欧洲的资金网络，为促进欧洲内部各种跨边界项目的运作，尤其是创新性项目的运作提供资金。同年 12 月，ERT 的倡议者吉林哈默又推出了 ERT 的第二个计划 Missing Links，准备将欧洲各国的运输基础设施连成一体，形成泛欧洲的运输网。这些计划产生了巨大的影响力，使

[①] Maria Green Cowles, Setting the Agenda for a New Europe: The ERT and EC 1992, *Journal of Common Market Studies*, Vol. 33, No. 4, 1995, p. 504.

[②] European Round Table of Industrialists, "Foundations for the Future of European industry", Memorandum to EC Commissioner Davignon, June 10, mimeo; Also See Maria Green Cowles, Setting the Agenda for a New Europe: The ERT and EC 1992, *Journal of Common Market Studies*, Vol. 33, No. 4, 1995, pp. 506 – 507.

社会各界乃至欧洲政界都开始关注 ERT 推动建立欧洲大市场的想法。[1]

除了在全欧范围内倡议统一大市场的建立，ERT 的另一个特别之处就在于其和法国政府之间的关系密切。众所周知，20 世纪 80 年代欧洲一体化得以进一步发展的重要动力在于当时法国总统密特朗的大力推进，但作为社会党的领导人，密特朗在 20 世纪 80 年代初期还在推行法国版的社会主义实验，尝试对法国的大企业进行国有化，这与 ERT 后来倡导的思路显然不完全一致。为什么密特朗的经济政策后来转向了推动欧洲大市场呢？西方学者考勒斯（Maria Green Cowles）的研究表明，ERT 凭借其对法国政府的影响力，在推动密特朗的政策转向中起到了重要作用。事实上，20 世纪 80 年代初期密特朗政策圈子中的智囊分为两派，一派是以法比尤斯（Laurent Fabius）、利庞德（Jean Riboud）为代表的保守派，强调国家干涉对经济的重要性。另一派是以德洛尔（Jacques Delors）为代表的欧洲派，相信法国可以利用推动欧洲经济一体化重振国内经济，此外，在当时的欧洲政策界，也有很多人认为撒切尔推行的私有化和自由主义政策是解决经济问题的良方。作为一个凭借社会主义色彩纲领上台的社会党领导人，密特朗对于以自由主义的经济政策，尤其是撒切尔式的自由化改革来提振经济，一直存有戒心。而以欧洲化来重振经济的思路，当时还处在构想阶段，并没有现实可行的方案。密特朗在执政前期，与其保守派的智囊班子关系更加密切。20 世纪 80 年代初的社会主义改革遭遇困境后，密特朗的保守派智囊提出了利庞德计划（Riboud Plan），准备让法国退出欧洲货币体系，并提高关税壁垒。这种保护主义的方案遭到了德洛尔的反对，德洛尔通过精密的推演和计算，指出该计划将使法郎至少贬值 20%，并引发经济衰退。密特朗和他的保守派班子意识到德洛尔是正确的，经济上的保护主义无法解决问题，于是放弃了该计划。[2]

经济保护主义此路不通，撒切尔式的改革又与自身纲领相悖，在这种情况下，ERT 建立欧洲大市场的计划自然就进入了密特朗的视野。事实上，

---

[1] Maria Green Cowles, Setting the Agenda for a New Europe: The ERT and EC 1992, *Journal of Common Market Studies*, Vol. 33, No. 4, 1995, p. 508.

[2] Maria Green Cowles, Setting the Agenda for a New Europe: The ERT and EC 1992, *Journal of Common Market Studies*, Vol. 33, No. 4, 1995, pp. 509 – 510.

吉林哈默与密特朗本人及其另一重要智囊阿达利（Jacque Attali）有私交，而正如前文提到的，在筹备 ERT 的时候，吉林哈默就一直与密特朗的智囊圈子保持着联系。而 ERT 中的法国成员圣戈班公司（Saint Gobain）、拉法基公司（Lafarge Coppee）和 BSN 公司（后来的达能集团），在法国拥有巨大的影响力。更重要的是，在 ERT 的法国成员看来，ERT 是一个基督教民主主义和社会民主主义色彩的组织，他们并不认同撒切尔式资本主义的意识形态，他们的方案也并非只是为自己牟利，而是通过设计实务性的项目，为民族国家政府的困境提供解决方案。ERT 的这种姿态使其在法国社会党政府中具有良好的形象。在 1983 年 9 月，也就是 ERT 第二次小组会议后不久，法国政府提出了一项振兴产业的计划，有趣的是，该动议提出加强欧洲范围内的基础设施建设，加强欧洲层面的研发合作，促进欧洲企业的合作和联合，并建立统一的欧洲标准，以确保欧洲的共同贸易政策有利于促进欧洲的产业发展。这些内容与 ERT 第二次会议后提交达维农的备忘录中的内容十分接近。而在 1984 年 3 月，密特朗专门派出了他的智囊阿达利，与吉林哈默、德科以及其他几位 ERT 的成员进行了磋商，详细探讨了统一大市场的目标，以及相关的 ERT 项目。由于当时法国是欧洲共同体的轮值主席国，所以法国政府想在共同体层面借推动产业振兴计划的机会，促进统一大市场的建立。政策草案的起草由委员会内部市场委员 Karl – Heinz Narjes 负责。然而，事实证明，委员会并不胜任这项工作，委员会列举了数百条立法，强调建立内部市场的必要性，但在企业家看来，委员会的态度固然值得欢迎，但委员会的方案既没有时间表也没有具体的实施战略。显然，产业界需要自己制定统一大市场的具体计划。[1]

（三）欧洲 1990 计划和欧洲企业家圆桌会议在共同体的行动

•1985 年 1 月，ERT 的重要成员、飞利浦公司的首席执行官德科在欧共体发表了演说，提出了"欧洲 1990"计划，向委员会的委员们详细介绍了应该如何建立统一大市场，并提出了统一市场建设的具体方向，消除边界

---

[1] Maria Green Cowles, Setting the Agenda for a New Europe: The ERT and EC 1992, *Journal of Common Market Studies*, Vol. 33, No. 4, 1995, pp. 513 – 514.

管制,开放公共采购市场,统一技术标准,以及金融领域的融合。该计划还设计了统一市场的建设步骤以及时间表。由于支持欧洲一体化的德洛尔在1985年已经担任了共同体委员会主席,ERT和委员会的关系更加密切。德科欧共体演说后三天,德洛尔就在欧洲议会发表讲话,明确提出委员会的新任务就是敦促共同体成员国首脑会议,确保在1992年建立完全统一的欧洲市场。同年3月,德洛尔再次邀请ERT会面,探讨ERT统一市场计划的目标,并随后与吉林哈默进行了私人会晤。① 3月底,当欧共体首脑会议召开的时候,为了确保单一市场计划得到首脑会议的支持,德科和一些欧洲跨国公司还进行了积极的场外活动。德科在多个有关欧洲市场的演讲中明确指出,"如果欧洲不能或者不愿发展其经济结构,那船就要沉了。"② 这实际是一种威胁性的暗示,正如随后金融时报的头条报道中指出的,如果欧洲的领导人不按照企业界的计划建立一个统一的欧洲,那德科和其他欧洲跨国公司就会把企业迁到海外去。③

3月的欧共体首脑会议对统一大市场的计划实际上还比较积极,还指派欧共体委员会委员考克菲尔德起草相关文件,也就是后来著名的《考克菲尔德白皮书》。同年6月,欧共体各国首脑在米兰峰会上以宣言的形式对这份白皮书表示了欢迎,并随后安排了多次政府间会议以探讨文件的具体执行问题,下一次的欧共体首脑会议定于同年12月召开,ERT显然希望共同市场计划在12月的首脑会议就得以确立。为了ERT的目的实现,德科联络了ERT以及ERT之外的共计30家欧洲跨国公司,向共同体各国政府发表了一份措辞强烈的声明,表达了企业界对欧洲统一市场的强烈关切,声明指出:"作为欧共体的产业领军者,我们敦促你们发挥你们的影响力,以便使未来的首脑会议可以出台具体的成果。欧洲产业界急需一个明确信号:罗马条约的主要目标将在未来五年内实现,否则欧洲政治领导人的信誉将岌岌可危。哪怕一个明确的声明——虽然这还远远不够——也将有助于结束目前已经持续了很久的不确定性。困扰于这种不确定性,欧洲的企业在业

---

① Maria Green Cowles, Setting the Agenda for a New Europe: The ERT and EC 1992, *Journal of Common Market Studies*, Vol. 33, No. 4, 1995, pp. 514–515.
② J. Carr, "Multinationals may leave if Europe does not unite", *Financial Times*, April 25, p. 1.
③ J. Carr, "Multinationals may leave if Europe does not unite", *Financial Times*, April 25, p. 1.

务扩张和提高竞争力的问题上一直面临障碍。"①

统一市场计划最终于 1986 年 2 月以《单一欧洲法令》的形式正式签署，这也意味着欧洲一体化进程在多年的停滞后再次迈入快车道，但《单一欧洲法令》通过以后，ERT 和德科本人都没有过分乐观。因为在很多年前《罗马条约》签署之时就提出了建立共同市场的构想，但这一构想直到 20 世纪 80 年代也没实现。ERT 对成员国政府是否能有效执行条约心存疑虑。因此，德科于 1986 年 12 月又组建了支持内部市场委员会（Internal Market Support Committee，IMSC），其动机很明确：监督和推动统一大市场计划的顺利实施。该委员会的第一个行动，就是向当时的欧共体轮值主席国首脑撒切尔夫人发电报，表明产业界对统一大市场建设问题的关切和支持，撒切尔在回信中承认"进展比我们希望的要慢"，同时，她也对 IMSC 的支持表示了感谢。此后，IMSC 又与新的轮值主席国比利时的外长会面，继续为统一大市场的实施问题展开活动。这种接触后来成为支持内部市场委员会与欧共体轮值主席国正式的定期会面制度，双方在该制度框架下磋商 ERT 对欧共体发展和整体战略的相关建议。IMSC 的另一个游说重点是欧共体委员会的德洛尔和考克菲尔德，其目的是通过欧共体委员会将 IMSC 的意见传达至各成员国。② 德科于 1987 年年底提交的文件，就是通过这种渠道传达的。该文件就统一大市场计划的执行问题继续向成员国施压："如果统一大市场计划的实施进度还像现在一样缓慢，那欧洲的产业界为了保持竞争力，将不可避免的重新考虑他们的长期战略，有可能要转向欧洲之外的地区进行产业投资。这将使欧洲的产业发展严重倒退，同时引发经济、就业、和社会福利领域的严重问题。"

此后，当丹麦成为欧共体轮值主席国时，IMSC 在同丹麦外长会面时，继续表达同样的态度，即企业界迫切需要统一大市场计划的顺利实施。

在 ERT 和 IMSC 的不懈努力下，到 1988 年德国任轮值主席国时，一系列统一大市场建设的重要决定得以实施，统一大市场计划开始走上了不可

---

① Maria Green Cowles, Setting the Agenda for a New Europe: The ERT and EC 1992, *Journal of Common Market Studies*, Vol. 33, No. 4, 1995, p. 518.

② Maria Green Cowles, Setting the Agenda for a New Europe: The ERT and EC 1992, *Journal of Common Market Studies*, Vol. 33, No. 4, 1995, pp. 518 – 520.

逆转的轨道。而以德科为代表的欧洲产业巨头,在整个计划中起到了不可估量的作用。正如德洛尔本人指出的,统一大市场计划的成功"得益于很多人,我必须承认,工商业界起到了作用,他们使很多事情成为了现实"。①

（四）对欧洲企业家圆桌会议在欧洲统一大市场建设中的角色评估

统一大市场计划是欧洲一体化进程中最关键的阶段之一,正是统一大市场的确立,使欧洲走向了不可逆转的深层一体化阶段。从历史发展的规律来看,这样一个欧洲历史上前所未有的庞大的系统工程,自然是各种政治、经济和社会合力共同作用的结果,但不可否认的是,以 ERT 为代表的欧洲产业利益集团在其中发挥了非常关键的作用。由于史料的限制,在整个进程最关键的节点——欧共体首脑会议中,ERT 产业巨头的场外活动对最终投票产生了多大影响难以评估,但正是 ERT 最早提出了统一大市场的构想,也正因为 ERT 强大的社会影响力和游说能力,统一大市场的构想才能在共同体内达成共识。在计划确立后,ERT 又在确保计划的实施中发挥了积极作用。很多一体化的研究都将共同体委员会和欧洲大国政治领导人作为考察一体化发展动力的重要研究对象,但统一大市场计划的出台和实施过程似乎表明了另一种解释。委员会虽然长期以来都被认为是一体化的有力推动者,但从统一大市场计划的出台过程来看,作为官僚机构,委员会没有足够的专业能力驾驭统一大市场建设这样的专业性经济问题,此外,由于欧共体的政治架构特点,委员会并没有足够的权力筹码以直接左右成员国的决定。至于大国领导人如密特朗,虽然在政治权力上更胜一筹,但作为选举政治的产物,必然受制于自身既定的政治纲领,同时也受到本国国家利益的束缚,在需要突破重重障碍的历史性战略选择面前,必须协调各种利益,不能充分放开手脚。在这种背景下,只有欧洲的产业精英集团有其独特的优势,第一,作为产业巨头,对专业的经济问题和产业发展有深刻的认识,第二,这些产业巨头的跨国性质,使其可以超越国家层面,在欧洲乃至世界的视野上直接切入统一大市场的本质,较少受到民族国家

---

① Maria Green Cowles, Setting the Agenda for a New Europe: The ERT and EC 1992, *Journal of Common Market Studies*, Vol. 33, No. 4, 1995, p. 520.

利益的影响。第三，由于产业巨头在欧洲有巨大的投资，直接影响欧洲社会的经济、就业和福利，这也使他们拥有了直接影响成员国政府的政治决定的重要筹码。统一大市场的案例表明了利益集团在一体化进程中的作用实际上已经突破了传统的政府间主义学说对一体化动力的解释，正如考勒斯指出的："单一市场计划不只是传统意义上的国家行为，也不是成员国在（整合）国家内部利益集团基础上的行动。"① ERT 的跨国性质和其巨大影响力，表明欧洲产业界和资本的力量，在 20 世纪 80 年代就已经超越民族国家的框架为欧洲未来的发展设定议题、绘制蓝图了。

案例五 欧洲货币联盟委员会、欧洲货币联盟协会与欧洲经货联盟的建设

（一）欧洲经货联盟建设的历史背景

1986 年《单一欧洲法令》通过以后，欧共体迈向统一大市场开始成为大势所趋，而这又为一体化的进一步深化提出了新的要求。统一大市场意味着各种生产要素流通的极大便利化，并因此导致大市场范围内资本流动的自由化，这无疑提高了市场的资源配置能力，有利于激发经济的活力。然而，要充分地享受统一大市场带来的便利，需要一个前提条件，即保持汇率稳定，这不但是保证商品在大市场内部自由流通的前提，也是防止不适当的政府政策或者市场游资对正常的投资产生干扰的重要手段。问题在于，在一个由民族国家组成的联合经济体内，自由市场、不受限制的资本流动和国家的货币政策自主权是不可能同时存在的，三者只能取其二，这就是蒙代尔和克鲁格曼等经济学家提出的"三元悖论"问题。欧共体内的民族国家政府出于自利的冲动，很可能实施操纵汇率的行为，这必然导致汇率的波动，并直接干扰单一市场内部商品和服务的价格。由于自由市场和资本流通的便利化本身就是欧洲经济一体化的内在目标，要解决"三元

---

① Maria Green Cowles, Setting the Agenda for a New Europe: The ERT and EC 1992, *Journal of Common Market Studies*, Vol. 33, No. 4, 1995, p. 521.

悖论",唯一的办法就是建立一个实质性的经货联盟,消除各成员国的货币主权,将汇率固定化以达成价格稳定。

事实上,自 20 世纪 70 年代以来,欧洲内部和外部的情势变化客观上已经要求共同体向经货联盟的方向迈进。从外部来看,布雷顿森林体系崩溃后,美元汇率波动的常态化使欧共体国家不胜其扰,各国不得不建立联合浮动机制确保汇率的稳定,可联合浮动机制在石油危机等事件引发的世界经济动荡中显得非常脆弱,加入机制的国家也几进几出。从内部来看,成员国货币之间的汇率波动也严重影响着共同体的市场秩序,干扰了共同农业政策的有效运转。[①] "在欧洲单一市场内部,只有建立一个名副其实的货币联盟,才能够既稳定成员国货币的汇率,又不影响资本的自由流通。同时使欧共体摆脱对美元的严重依赖并能抵制美元危机的不利影响。"[②] 到 1979 年,在德国总理施密特和法国总统德斯坦的联合倡议下,欧共体成员国建立了欧洲货币体系(EMS),对外对美元共同浮动,成员国之间则实行固定但可调整的汇率,同时还设立了欧洲货币单位(ECU)和欧洲货币基金。这一系列举措,已经为欧洲经货联盟的建立提供了一个初步的基础。

(二)欧洲经货联盟建设的机会窗口与欧洲货币联盟委员会(CMUE)

到 20 世纪 80 年代中期,《单一欧洲法令》的通过使共同体在统一大市场的建设上步入了快车道,同时,欧洲经货联盟的建设也迎来了一个重要的机会窗口。在经济层面,国际原油价格下降,欧洲的经济增长开始复苏,失业率也有所下降。在政治层面,法国密特朗政府开始积极地支持统一大市场计划,这使成员国层面支持一体化走向深化的力量有所增加。而与此同时,美元的持续贬值仍然在不断地损害欧洲的出口和货币的稳定,欧洲的公众舆论因此流露出对欧洲一体化进一步深化的支持态度。[③]

当时,欧洲货币体系的主要倡议者——原法国总统德斯坦和德国总理

[①] 冯仲平:《欧洲统一货币的进展及前景》,《现代国际关系》1997 年第 4 期,第 11 页。
[②] 冯仲平:《欧洲统一货币的进展及前景》,《现代国际关系》1997 年第 4 期,第 11 页。
[③] Stefan Collignon and Daniela Schwarzer, *Private Sector Involvement in the Euro*: *The Power of Ideas*, Routledge; 2003, Kindle Edition Read by Calibre E‐book 1.21 Version, pp. 126‐130.

施密特已经退休,但作为具有战略眼光的政治家,他们敏锐地意识到欧洲获得了一个深化货币一体化建设的宝贵时机。德斯坦在其智囊班子以及法国投资银行总裁的陪同下,于 1986 年亲自赶赴波恩,与施密特进行了私人会晤,就欧洲经货联盟的建设问题进行了详细的讨论,并设计了包括将既有的欧洲货币单位实用化在内的一系列计划。计划确定后,就面临一个实施的问题,当时德斯坦和施密特已经卸去了公职,没有正式的政治权力,但他们都是让·莫内创办的"欧洲合众国行动委员会"(the Action Committee for the United States of Europe)的成员,亲眼目睹了莫内通过行动委员会推动欧洲一体化取得的成就。在他们看来,一群具有共同信念和思想的强力人物组成的小团体,可以在重大事件的推动上发挥巨大的影响力。所以,德斯坦和施密特很快达成共识,参考莫内的行动委员模式会,建立一个推动欧洲货币一体化的游说集团,其目标是确定能够影响货币联盟进程的关键性节点,并在这些节点对重要的政治决策者进行影响,同时也要针对公众,加强有关欧洲经货联盟的教育。[1]

到 1986 年 11 月,在德斯坦和施密特的运作下,欧洲货币联盟委员会(the Committee for the Monetary Union of Europe,CMUE)得以建立。CMUE 邀请了包括共同体主要成员国前国家首脑、大型银行总裁以及主要跨国公司负责人在内的 21 位重量级人物作为成员。CMUE 的目标非常明确,建立成功的欧洲货币体系,并使欧洲货币单位(ECU)成为真正意义上的欧洲货币,为了达成这个目标,就需要宏观经济的协调,一个欧洲中央银行和欧洲货币单位的广泛使用。[2] 在 CMUE 成立后仅一个月,德斯坦就赶赴布鲁塞尔,会晤了共同体委员会主席德洛尔,并向德洛尔介绍了 CMUE 的第一个行动计划——将现有的欧洲货币单位变成一个可以在市场上实际使用的货币,与成员国的货币同时流通。[3] 德洛尔与当时支持一体化的欧洲高层精英圈子关系密切,并通过与原"欧洲合众国行动委员会"副主席科斯泰姆

---

[1] Stefan Collignon and Daniela Schwarzer, *Private Sector Involvement in the Euro: The Power of Ideas*, Routledge; 2003, Kindle Edition Read by Calibre E – book 1.21 Version, p.139.
[2] Stefan Collignon and Daniela Schwarzer, *Private Sector Involvement in the Euro: The Power of Ideas*, Routledge; 2003, Kindle Edition Read by Calibre E – book 1.21 Version, p.154.
[3] Stefan Collignon and Daniela Schwarzer, *Private Sector Involvement in the Euro: The Power of Ideas*, Routledge; 2003, Kindle Edition Read by Calibre E – book 1.21 Version, p.158.

(Max Kohnstamm) 的私交，与支持欧洲一体化的商界精英们保持着密切的联系。① 他对德斯坦的建议表示支持，并在共同体内部推动修改立法，试图使欧洲货币单位（ECU）成为市场认可的真实货币，但德洛尔的尝试成效不大，虽然德洛尔有法国的支持，但德国央行对欧洲货币单位的实用化反应冷淡，因为这显然会对马克的地位造成威胁。② 为了说服德国，CUME 在 1987 年 3 月与德国央行行长波尔（Karl Otto Pöhl）、德国财长杰哈特 - 斯托登伯（Gerhard Stoltenberg），以及德国央行监管委员会主席威尔弗里德·古特（Wilfried Guth）进行了会晤，并由施密特亲自出马，对他们进行游说。施密特虽然已经退休，但他在德国政界仍然具有很大的影响力。他的出面起到了有限的效果，波尔和斯托登伯没有断然反对欧洲货币单位的实用化，但同时强调在资本市场自由化的背景下，各国的经济政策必须趋同，并认为欧洲货币体系的发展和欧洲货币单位的实际流通应该是个长期目标。③

（三）来自产业界的盟友：欧洲货币联盟协会

通过施密特的权威，CUME 与德国的银行部门建立了有限的共识，但 CUME 也意识到，推动一个货币的流通是一个非常宏大的目标，单凭退任政治家的影响力是不够的，必须动员社会的力量支持欧洲货币单位的流通。他们立刻想到了达维农，并邀请达维农建立一个在社会层面促进欧洲货币单位流通的工作组。④ 正如前文所述，达维农在组建欧洲企业家圆桌会议促进统一大市场的建设中起到了关键性作用，所以他手中握有一大批支持欧洲一体化的产业界盟友。达维农对欧洲货币单位流通的可行性进行了评估

---

① Andrew Moravcsik, *The Choice for Europe: Social Purpose and State Power from Messina to Maastricht*, Cornell University Press, 1998, p. 362.
② Karl Kaltenthaler, *Policymaking in the European Central Bank: The Masters of Europe's Money*, Rowman & Littlefield, 2006, p. 20.
③ Collignon 和 Schwarzer 于 2001 年 11 月 22 日对参与会晤的两个当事人波尔和达维农进行了访谈，达维农认为施密特的权威影响了波尔的立场，但有趣的是，波尔在访谈中表示他不记得这次会议。参见 Stefan Collignon and Daniela Schwarzer, *Private Sector Involvement in the Euro: The Power of Ideas*, Routledge; 2003, Kindle Edition Read by Calibre E – book 1.21 Version, note 56。
④ Stefan Collignon and Daniela Schwarzer, *Private Sector Involvement in the Euro: The Power of Ideas*, Routledge; 2003, Kindle Edition Read by Calibre E – book 1.21 Version, p. 189.

实验，他发现欧洲货币单位确实有利于经济，但要实现其在私人部门的顺利流通，必须通过政治层面的宣示，给企业界足够的信心，这就需要一个确定的货币联盟时间表和一个可靠的官方机构作为欧洲货币单位的政治保证。① 然而，当时《单一欧洲法令》刚刚通过，在这种情况下再次推动修约困难较大，所以德斯坦决定从基层开始工作，通过与产业界的合作开始为欧洲货币单位的流通造势。

在达维农的协助下，德斯坦会晤了几位欧洲企业界圆桌会议（ERT）的老班底，如菲亚特集团主席阿吉内利（Giovanni Agnelli）、飞利浦集团主席克鲁格特（Cornelis van der Klugt）、法国石油公司主席奥托利（François-Xavier Ortoli）等。他们对德斯坦的想法态度比较积极。1987年5月，德斯坦邀请这些产业巨头来到他在巴黎的私人别墅，提出了建立一个由产业界组成的协会的想法。产业巨头们对德斯坦的邀请深感荣幸，他们也很支持建立产业界的俱乐部以促进欧洲货币单位流通的想法。于是，与会各方开始拟定行动计划，成立了欧洲货币联盟协会（the Association for the Monetary Union of Europe，AMUE）。② 随后，AMUE中的各个产业巨头就开始为欧洲货币单位的流通开始了全欧范围的积极奔走。

首先，AMUE的成员开始在各自国内寻找同盟军，争取在各国获得更多的支持。很快，产业界就被AMUE的倡议鼓动起来，到AMUE第一次正式会议时，当时每个共同体的成员国都有代表来参见，而主要的大国甚至都来了两个代表。其次，AMUE开始为欧洲货币单位的流通进行造势。他们发行了名为《为了企业的欧洲货币单位》（The ECU for enterprises）的小册子，强调欧洲货币单位已经发展完备，会为企业带来稳定。同时，他们还通过电视、广播甚至赞助欧洲冠军杯足球赛，宣传欧洲货币单位的好处。再次，他们继续在共同体各成员国吸收支持欧洲货币单位的企业作为AMUE的会员，在AMUE建立的第一年，他们就在比利时拉到了16个会员，在法国拉到了26个，在希腊拉到20个，在意大利拉到31个，西班牙拉到了15个，

---

① Stefan Collignon and Daniela Schwarzer, *Private Sector Involvement in the Euro: The Power of Ideas*, Routledge; 2003, Kindle Edition Read by Calibre E-book 1.21 Version, p. 191.

② Stefan Collignon and Daniela Schwarzer, *Private Sector Involvement in the Euro: The Power of Ideas*, Routledge; 2003, Kindle Edition Read by Calibre E-book 1.21 Version, pp. 199-200.

而在荷兰，会员数甚至上升到 33 个。然而，在英国和德国，他们分别只拉到了一个会员。①

AMUE 在德国和英国遇到的困境，说明这两个大国的企业界对欧洲货币单位的前景仍然心存疑虑。这固然与英德企业界对本国的英镑和马克的钟爱有关，但 AMUE 在为欧洲货币单位造势的时候，也发现了一个明显的技术问题会影响公众说服工作的效果。如果只赋予欧洲货币单位与成员国货币同等的流动地位，那事实上市场上只是增加了一种货币，而各国的货币仍然存在，那欧洲的统一大市场实际上就会有十几种货币共同流通，交易的成本仍然很高。要想充分发挥欧洲货币单位的优势，就必须使之成为大市场内的单一货币。② 而推动单一货币，显然比推动欧洲货币单位的流通难度更大，这需要更强大的政治共识才能实现。

（四）从汉诺威峰会到《马斯特里赫特条约》：CMUE 与 AMUE 的合作

当时已经临近 1988 年，共同体领导人准备在德国汉诺威召开峰会，探讨货币同盟的问题。法国财长巴拉迪尔（Balladur）于 1987 年 12 月发表了著名的《巴拉迪尔备忘录》，提出了建立单一货币区的建议，并得到了德国外长根舍（Genscher）的积极回应，《巴拉迪尔备忘录》一直被外界认为是共同体成员国推动单一货币的重要一步，但事实上 CMUE 在这个过程中也起到了很大的作用，因为德斯坦和施密特对巴黎和波恩都有很大的政治影响力，德斯坦当时一直在利用 CMUE 有关欧洲货币问题的研究成果游说巴拉迪尔。③ 而在德国方面，总理科尔和外长根舍实际上也并不反对货币联盟的建设，只是因为国内银行界的反对，总理科尔还比较犹豫。④ 根舍向科尔指出，施密特通过在 CMUE 的活动，已经在公众中引起了很大的关注，作

---

① Stefan Collignon and Daniela Schwarzer, *Private Sector Involvement in the Euro: The Power of Ideas*, Routledge; 2003, Kindle Edition Read by Calibre E - book 1.21 Version, pp. 202 - 204.
② Stefan Collignon and Daniela Schwarzer, *Private Sector Involvement in the Euro: The Power of Ideas*, Routledge; 2003, Kindle Edition Read by Calibre E - book 1.21 Version, p. 217.
③ Stefan Collignon and Daniela Schwarzer, *Private Sector Involvement in the Euro: The Power of Ideas*, Routledge; 2003, Kindle Edition Read by Calibre E - book 1.21 Version, pp. 226 - 228.
④ 田野、张晓波：《国家自主性、中央银行独立性与国际货币合作——德国国际货币政策选择的政治逻辑》，《世界经济与政治》2012 年第 1 期，第 109 页。

第四章 欧盟利益集团参与欧盟决策的案例分析 173

为施密特的继任者,科尔有必要展现自己的政治领导力,以超越施密特的阴影。而根舍的建议明显引起了科尔的注意。① 当然,德法政府在货币联盟问题上立场接近,是国内外诸多因素综合作用的结果,但不可否认的是,CMUE 也在促成德法合作上扮演了重要角色。到 1988 年 6 月汉诺威峰会召开时,尽管存在一些来自德国银行界的争议,但科尔还是促成了共同体各国同意由共同体委员会研究分阶段建设欧洲经货联盟的路线图。更有趣的是,最终各国没有指派德国央行行长波尔,而是选择了由德洛尔负责筹备一个委员会来负责相关工作。② 而 Stefan Collignon 和 Daniela Schwarzer 的研究指出,通过对当事人的访谈,这个关键性人选的安排,最初恰恰是施密特和德斯坦提出的。③

德洛尔受命研究欧洲经货联盟的路线图,是欧洲一体化进程中一个里程碑式的事件。正是在德洛尔的主持下,共同体委员会出台了著名的《德洛尔报告》,为后来欧元的诞生奠定了基础。然而,尽管德洛尔报告在 1989 年的共同体峰会比较顺利地通过了,德洛尔却深知问题没有结束。他遇到了一个技术上的难题:是采用渐进的办法,在发展欧洲货币单位的同时,暂时保留成员国货币,还是步子迈得大一点,直接使用单一货币。在这个问题上,专家的意见也存在分歧,德洛尔决定扩大讨论的范围。④ 在这个节点上,AMUE 开始发挥其作用。AMUE 雇用了国际知名的咨询机构——安永管理顾问有限公司,指派其在微观层面对使用单一货币的优点进行调研,提供实证方面的证据。同时,AMUE 还派出了一个外部建议委员会指导安永公司的工作,以确保安永公司的研究方向不出现偏差。作为一个职业咨询公司,安永显然非常清楚其雇主的需求。1990 年 4 月,安永完成了名为《欧洲货币单位战略》的报告。报告的内容设计非常有趣。一方面,报告列

---

① Stefan Collignon and Daniela Schwarzer, *Private Sector Involvement in the Euro：The Power of Ideas*, Routledge, 2003, Kindle Edition Read by Calibre E‑book 1.21 Version, pp. 226 – 228.
② 田野、张晓波:《国家自主性、中央银行独立性与国际货币合作——德国国际货币政策选择的政治逻辑》,《世界经济与政治》2012 年第 1 期,第 110 页。
③ Stefan Collignon and Daniela Schwarzer, *Private Sector Involvement in the Euro：The Power of Ideas*, Routledge, 2003, Kindle Edition Read by Calibre E‑book 1.21 Version, p. 228.
④ Stefan Collignon and Daniela Schwarzer, *Private Sector Involvement in the Euro：The Power of Ideas*, Routledge, 2003, Kindle Edition Read by Calibre E‑book 1.21 Version, pp. 251 – 252.

举了大量的统计调研，表明企业界对单一货币持支持态度；另一方面，报告又指出，企业界对单一货币的信心仍不确定，因为政治层面的态度仍不明朗。最终，报告的结论是，只要建立单一货币的政治意愿足够，欧洲货币单位就可以成为欧洲统一大市场的单一货币。[1] 德洛尔对报告的内容很满意，他甚至为报告撰写了前言，并在前言中明确指出："委员会已经在消除欧洲货币单位的流通障碍上作出了努力，现在是各国政府、央行和 AMUE 这样的商界联合体出场行动的时候了。"[2]

在 AMUE 筹备《欧洲货币单位战略》研究报告期间，正赶上柏林墙倒塌，欧洲地缘政治发生了巨大变化，与此同时，欧洲统一大市场的建设进展顺利。统一大市场的最终建立很可能使欧共体成为整合东部伙伴的重要工具，要确保这一点，必须尽快建立经货联盟，巩固共同体的财政能力，西德马克在东德的大受欢迎正是反映这个现实的最好教材。除了英国首相撒切尔，所有的欧共体成员国领导人都意识到了经货联盟建设的紧迫性。他们同意按照德罗尔的建议，尽快开始欧洲经货联盟第一阶段的建设，并考虑修改欧共体的基础条约。因此，他们要求德洛尔尽快提交有关经货联盟建设评估的全面报告。AMUE 立刻意识到这是一个机遇，将他们的报告交给了共同体委员会，而这个报告也成为委员会相关报告的重要信息来源，在促进共同体各国有关经货联盟问题的共识上发挥了重要作用。[3]

到 1991 年，共同体各成员国已经开始了密集的有关《马约》的政府间磋商。尽管 CMUE 和 AMUE 在推动各国在单一货币问题上共识建立上取得了不小的进展，但对于这些共识最终在多大程度上能够实现，谁都心中无数，这毕竟是一个非常重大的举措，政府间会议一定会陷入争论，而且，正式实施单一货币的最终时间表还没有确定，只要政府高层在政治意愿方面还存在不确定性，市场方面的信心就无法得到保证，单一货币的前途也就仍然是未知数。为了推动马斯特里赫特政府间会议在单一货币问题上取

---

[1] Stefan Collignon and Daniela Schwarzer, *Private Sector Involvement in the Euro: The Power of Ideas*, Routledge, 2003, Kindle Edition Read by Calibre E-book 1.21 Version, pp. 273–277.
[2] Stefan Collignon and Daniela Schwarzer, *Private Sector Involvement in the Euro: The Power of Ideas*, Routledge, 2003, Kindle Edition Read by Calibre E-book 1.21 Version, p. 271.
[3] Stefan Collignon and Daniela Schwarzer, *Private Sector Involvement in the Euro: The Power of Ideas*, Routledge, 2003, Kindle Edition Read by Calibre E-book 1.21 Version, p. 288.

得确定的成果，AMUE 开始密切关注政府间协商的进程，一方面与一些共同体委员会的直接责任人——如委员会副主席克里斯多芬（Henning Christophersen）、委员会货币总司司长庞斯（Jean-François Pons）——保持密切的沟通，另一方面则开始联络成员国的高层官员，如德国财政部副部长科勒（Horst Köhler）、法国欧洲事务部长、密特朗重要的欧洲事务智囊吉古（Elisabeth Guigou），为进一步的政治游说做准备。同时，AMUE 还利用其内部成员国会员的影响力，引导各国舆论对欧洲经货联盟的讨论。AMUE 中40 个来自法国企业界的会员，就组织了一次午餐会，并邀请当时的法国央行行长罗西埃（Jacques de Larosière）和欧洲事务部长吉古参加，以深入讨论欧洲经货联盟的建设问题。①

事实证明，CUME 和 AMUE 的担心是有道理的，各国政府在经货联盟问题上确实进展缓慢，成员国对经货联盟建设需要的周期看法不一，在单一货币正式投入使用的最后期限上也难以达成共识。1991 年 9 月，AMUE 作出了一个明显的战术性调整，安排高层政治经验丰富的达维农亲自出马，担任 AMUE 的主席。达维农在当选后的首次 AMUE 会议上就明确指出，东欧剧变引发的国际环境变化要求共同体必须加快一体化的进程，但从政府间会议的情况看，各国在政治联盟建设方面的协商不利已经影响到了经货联盟问题。政治联盟的谈判缺乏充分的准备，组织混乱，而经货联盟问题在德洛尔报告的基础上已经有了非常清晰的框架，可各国政府仍没有在这个问题上明确表态。AMUE 的会员——法国石油公司主席奥托利对于政治层面的进展缓慢非常担心，他认为这样下去，马斯特里赫特的峰会可能很难将经货联盟的发展方向确定下来，AMUE 必须要求领导人峰会就单一货币问题发出一个明确的正面信号。另一位 AMUE 会员，法国罗纳普朗克医药化工集团（Rhône-Poulenc）的主席富尔图（Jean-René Fourtou）则提出建议，AMUE 应该发表一个公众声明，强调必须尽快加强欧洲一体化的深化。② 到 1991 年 11 月末，达维农从 CMUE 那里得到了坏消息，政府间会议

---

① Stefan Collignon and Daniela Schwarzer, *Private Sector Involvement in the Euro: The Power of Ideas*, Routledge, 2003, Kindle Edition Read by Calibre E-book 1.21 Version, p.312.
② Stefan Collignon and Daniela Schwarzer, *Private Sector Involvement in the Euro: The Power of Ideas*, Routledge, 2003, Kindle Edition Read by Calibre E-book 1.21 Version, p.317.

可能无法为经货联盟的最终启动确定一个具体的日期，而且可能还会针对不同国家的情况设计一些例外条款。在 AMUE 和 CMUE 看来，这些协商结果是不可接受的，因为充满不确定性的安排会严重影响外界对经货联盟的信心。[1]

当时，距马斯特里赫特政府间会议最终作出决议只剩两周时间，形势已经非常紧迫。AMUE 和 CMUE 也开始了最后关头的大规模游说。AMUE 发表了一个公开的声明："在马斯特里赫特即将通过的条约是罗马条约以来最重大的事件。欧洲的商界希望统一大市场使用单一货币……商界需要确定性，一个精确的启动时间是人们为即将发生的变化做好准备所必需的。一个没有时间表的条约无法增加市场的信心。因此，引入单一货币的日期应该在马斯特里赫特峰会宣布……"[2] 一个非官方的组织通过场外声明，直接对共同体首脑会议磋商的具体问题作出"指示"，在之前的欧洲一体化历史中并不多见，只有欧洲企业界圆桌会议曾在统一大市场的议题上有过类似的举动。然而，AMUE 和 CMUE 也清楚宣言式的游说只有单方面的效果，所以他们开始了针对共同体和各国首脑的直接游说。AMUE 首先通过午餐会的形式会晤了德洛尔，然后就安排其内部的成员按国别展开分头游说。由菲亚特的主席阿吉内利去游说意大利财长，达维农则负责比利时首相。达维农还通过德意志银行行长科帕（Hilmar Kopper）的关系，试图进一步游说德国总理科尔。随后，达维农还亲自拜访了科尔，向他强调一个确定的时间表的重要性。然而，科尔听了达维农的建议后，没有作出明确的表态。[3]

当时首脑峰会上最重要的两个角色，自然是德国总理科尔和法国总统密特朗。在法国方面，AMUE 已经和密特朗的欧洲问题智囊吉古建立了良好关系，从吉古反馈的消息来看，她本人两周前已经在法国政府的内阁会议上提出了经货联盟时间表的问题，内阁会议最终也接受了她的建议。所以

---

[1] Stefan Collignon and Daniela Schwarzer, *Private Sector Involvement in the Euro: The Power of Ideas*, Routledge, 2003, Kindle Edition Read by Calibre E-book 1.21 Version, pp. 317-318.

[2] Stefan Collignon and Daniela Schwarzer, *Private Sector Involvement in the Euro: The Power of Ideas*, Routledge, 2003, Kindle Edition Read by Calibre E-book 1.21 Version, p. 319.

[3] Stefan Collignon and Daniela Schwarzer, *Private Sector Involvement in the Euro: The Power of Ideas*, Routledge, 2003, Kindle Edition Read by Calibre E-book 1.21 Version, p. 321.

关键的问题,是科尔的态度仍不明朗。但事实上,这只是科尔的一个政治策略。在德国央行明确反对的情况下,科尔不愿过早地主动提出此事,以避免其个人面临过大的政治压力,但他实际上是支持为单一货币的引入设定具体日期的。在达维农会晤科尔后不久,密特朗和意大利总理安德烈奥蒂在一次早餐会上会晤了科尔,密特朗主动提出了单一货币的时间表问题,科尔立刻表示接受,他显然早有准备,他只是希望这个想法是由外国领导人而不是由他提出。[①]

德法领导人的共识使事情变得简单了,据吉古的回忆,在后来正式的首脑峰会上,密特朗首先提出了为经货联盟确定固定时间表的问题,随后科尔立刻对该建议表示支持。对此事持反对态度的一些德国高级官员和德国央行,对德法首脑的共识非常吃惊,他们中的一些人本来还希望不惜一切代价阻止德国加入经货联盟。可在来自德法首脑的强大共识面前,大势已定。[②]《马约》最终明确了欧洲经货联盟建设的时间表,欧洲经济进一步的一体化也由此走上了不可逆转的道路。

(五) 对 CMUE 和 AMUE 在欧洲经货联盟建设中的角色评估

经货联盟是继统一大市场计划后,欧洲一体化的又一个关键阶段。正是经货联盟建设的启动,铸就了现在的欧元,也铸就了欧洲经济一体化继续向深层发展的基础。那么在这一过程中,诸如 CMUE 和 AMUE 这样的利益集团究竟扮演了怎样的角色呢?通过上文对这两大利益集团参与经货联盟建设的历史梳理,笔者认为:首先,CMUE 和 AMUE 在欧洲经货联盟早期的议题设定上扮演了重要的角色。是德斯坦和施密特两位具有敏锐战略眼光的政治家意识到经货联盟建设的宝贵时机,组建了 CMUE 和 AMUE 这两个组织,并通过其组织的一系列研究为经货联盟的可行性验证提供了大量的专业知识,使有关经货联盟的讨论不断进入高层政治视野。

其次,CMUE 和 AMUE 在凝聚社会各界对经货联盟的共识上发挥了重

[①] Stefan Collignon and Daniela Schwarzer, *Private Sector Involvement in the Euro: The Power of Ideas*, Routledge, 2003, Kindle Edition Read by Calibre E – book 1.21 Version, pp. 323 – 325.

[②] Stefan Collignon and Daniela Schwarzer, *Private Sector Involvement in the Euro: The Power of Ideas*, Routledge, 2003, Kindle Edition Read by Calibre E – book 1.21 Version, p. 325.

要作用。CMUE利用德斯坦和施密特的政治权威，有效地影响了德法政府高层政治精英对经货联盟的态度，并一定程度上缓和了不同意见者的反对（如上文提到的1987年3月CMUE与德国央行行长波尔的会议就是例证）。而AMUE则借助其成员在各国商界的影响力，在共同体各成员国内部的产业界进行了有利于经货联盟建设的基层动员，为各国经济界在经货联盟问题上的立场融合作出了贡献。

再次，CMUE和AMUE与共同体委员会保持着密切的联系，当委员会在设计经货联盟的具体方案，并遇到专业性的难题和技术上的不确定性时，他们利用自己的资源，组织系统的专业性研究，论证了经货联盟在实际经济运行中的可行性，为委员会推动经货联盟的计划提供了有效的专业技术支持。

最后，CMUE和AMUE具有丰富的政治经验和强大的政治影响力。他们非常了解欧洲政治运作的内在规律，还拥有一个涵盖了欧洲政界和商界最高端精英的关系网。他们正确地认识到，一体化深入发展的关键在于德法合作。而且，他们还有能力通过自身的网络去促进这种合作。事实上，从汉诺威峰会到《马约》的谈判，在经货联盟问题上，几乎所有的关键决策者背后，都可以发现CMUE和AMUE的影子，而在相关政策进入政府间协商阶段的各个关键节点，他们的影响力也无处不在。

由于史料所限，我们很难就CMUE和AMUE在经货联盟建设中究竟发挥了多大的作用进行精确的评估，但可以确定的是，他们恰恰是在正确的时间和正确的场合，出现在决策过程关键点的力量。这两个组织是以资深政治精英为核心，通过共同的目标，达成跨国资本精英和政治精英的自愿联盟。相对于共同体委员会，他们拥有更专业的政策制定能力和更丰富的政策宣传资源；相对于共同体各成员国，他们不需要通过大范围的民主参与和公共讨论来建立共识。虽然游离于有形的共同体决策和政府间协商制度之外，他们却可以利用自身的人脉网络，对共同体的决策实施有效甚至是巨大的影响。这是一种典型的小集团精英式的决策参与。显然，这种参与谈不上具有什么民主合法性，但从欧洲一体化发展的角度来看，正是这种小规模但高效的精英组织，起到了共同体机构和民族国家政府都无法替代的作用。

第五章
对欧盟利益集团在欧盟决策中地位和作用的评估

一 基于经验性观察的总结

自1952年欧洲煤钢共同体的建立,到1957年的欧洲经济共同体、1986年的《单一欧洲法令》、1992年的《马斯特里赫特条约》,直至2009年的《里斯本条约》,欧洲一体化已经走过了60余年的历史,欧盟也从一个单纯的煤钢共同体发展成为一个囊括经济社会诸多政策领域、具有相当程度公共政策权威的庞大超国家行为体。欧盟大大小小的经济社会利益集团也伴随着欧盟的发展,逐渐成长为欧盟决策中一支不可忽视的重要力量。

通过对欧盟利益集团的历史发展、其决策参与活动的机制与运作,以及对公共政策领域经和欧洲一体化进程中相关案例的研究,可以发现:第一,欧洲一体化进程刺激了欧盟层面利益集团的出现,而且随着欧洲一体化的发展和欧盟政策权限的不断扩张,欧盟利益集团发挥影响力的政策领域和空间也在同步增长。在欧洲一体化早期的煤钢共同体时期,共同体层面的利益集团的主要运作空间在于共同体的煤钢产销领域。随着欧洲经济共同体的建立,雇主联盟、工会、农业生产者集团、专业技术集团和其他公民组织,开始在欧洲共同市场的建设和其他相关领域活跃起来。其后,随着共同市场走向深化,一体化迈向统一大市场和进一步的经货联盟建设,超国家的跨国资本集团开始在共同体层面发挥作用,积极地推动了一体化的建设。《马约》签订后,经济一体化产生的外部性问题促使欧盟在相关的社会、地区政策和公民的政治参与问题上做出进一步的配套改革,欧盟的利益集团格局也因此更加多元化,地区利益集团和公民团体开始积极进入欧盟的相应政策领域,工会和雇主联盟等生产者集团则开始在欧盟的社会政策领域发挥更重要的作用。总体而言,一体化的发展不断为欧盟创造新的政策空间,吸引着各种经济社会力量在欧盟层面组织起来,他们不但积极地进入了欧盟的决策空间,还在某些时候扮演着一体化的推动性力量,进一步在欧盟拓展自身的影响空间,这种共生与互动成为欧盟政治生活中一个重要的组成部分。

  第二,一体化的进程中,欧盟的决策不断走向复杂化、精细化和网络化,而活跃在欧盟的利益集团,也逐渐将其影响力渗透到了欧盟决策体系中主要行为体和决策过程的每个环节。在煤钢共同体成立之初,利益集团只是在相对边缘化的共同体咨询委员会扮演有限的政策咨询角色。而进入21世纪后,到《里斯本条约》后欧盟的机构改革时,大大小小的利益集团不但在制度性的经社委员会、地区委员会、社会对话、公民对话以及形形色色的欧盟政策网络中成为重要的参与者,还通过多种多样的方式与欧盟委员会、欧洲议会和部长理事会各层级的决策行为体建立了紧密的联系。从政策形成到立法的实施,几乎在每个事关欧盟决策的环节都可以看到利益集团的影子。

  第三,活跃在欧盟的利益集团在欧盟决策中体现了重要的功能性价值。首先,作为最贴近经济社会现实的行为体,相对于欧盟的行政官僚机构、代议机关和各成员国政府,他们在相关政策领域拥有更丰富的专业信息。在欧盟决策者资源有限的情况下,他们为相关决策提供了必要的信息支持,在本研究的五个案例研究中,欧盟的相关决策和立法都建立在利益集团大量信息注入的基础之上。其次,利益集团在一定程度上促进了欧盟决策过程中的政策讨论,并在部分情况下促进了各个政策相关方之间有限程度的利益协调,这在欧盟公共性决策的案例中表现得较为突出,比如在涉及环境政策的欧盟废气—燃油指令出台过程中,来自产业界和公民社会的力量通过在决策过程中的博弈,最终达成了各方都得到兼顾的局面。而在欧盟社会政策领域,来自劳方和资方的不同利益集团,就通过欧盟框架内的集体协商，在部分劳动力市场相关的领域也达成了一定的共识，推动了相关立法的产出。最后，某些情况下，利益集团的参与有助于欧盟政策的实施，比如欧洲企业家圆桌会议就在推动成员国实施1986年《单一欧洲法令》的问题上发挥了积极作用，而在社会政策领域，劳资双方的利益集团在欧盟社会对话的框架内，也基于劳资双方共识自主实施了一些涉及劳工权益的集体协议。

第四，从欧盟决策合法性的角度看，在不同的决策领域和不同的决策参与模式下，欧盟利益集团扮演的角色呈现出多样化的特征。

在常态下的公共决策领域，欧盟利益集团主要是通过多元主义和社团主义两种模式参与欧盟决策。在多元主义模式下，本研究的案例研究揭示了正反两方面的经验。在涉及环境政策的欧盟废气—燃油指令生成过程中，受相关决策影响的各个利益集团都较为顺利地进入了决策过程，利益诉求是多元的，而且各利益集团之间的力量对比相对均衡，他们对决策的参与权和对决策结果的影响力都得到了一定的体现，整个过程呈现为一种较为良性的民主参与，并为欧盟的相关决策提供了较好的输入合法性。而且，利益集团之间的竞争和辩论提高了欧盟在环境政策领域的专业化知识，促进了相关公共政策的决策水平，并因此加强了政策的输出合法性。而在涉及健康政策的欧盟禁止烟草广告指令中，由于参与决策的利益集团之间强弱不均，强势的烟草业利益集团通过自身的资源优势和政治影响力优势，一定程度上阻碍了公民利益集团对欧盟决策的参与，使相关决策的输入合法性受到影响。此外，烟草利益集团出于自身的利益，不但试图对政策讨论的方向进行扭曲，还通过政治寻租等行为，拖延相关决策的进程，造成欧盟控烟决策的低效化，对相关政策的输出合法性造成了不利影响。这一正一反两个案例说明，在多元主义模式下，要想使利益集团成为真正意义上欧盟决策合法性的提供者，需要一个条件，即不同诉求的利益集团之间力量相对平等，在自由竞争的同时能够确保彼此之间的有效制衡。否则，缺乏制衡的强势利益集团很可能出于自利的动机，打压弱势利益集团的决策参与空间，并利用自己组织和资源上的优势歪曲政策讨论，拖慢决策效率，这无论对决策的输入合法性还是输出合法性都是一种损害。

在社团主义模式下，本研究对欧盟社会政策发展过程的案例考察表明，欧盟利益集团通过社团主义的组织方式参与欧盟决策，无论在政策输入合法性和输出合法性上，其表现都不甚理想。从输入合法性看，通过社会对话机制、工会（ETUC）和雇主集团（UNICE）在欧盟社会政策决策中获得了制度化的参与权，这在形式上促进了部分产业界利益和工人阶级利益对欧盟决策的民主参与。然而，尽管劳方的ETUC和资方的UNICE已经是各自领域在欧盟层面最广泛的利益集团联盟，仍然有相当多中小型劳资利益集团被排除在这两个组织之外。相比多元主义模式，社团主义模式通过制度化的集体协商来实现利益集团的决策参与，但制度化本身也意味着一种门槛，难以将欧盟多元化的经济社会力量全部囊括其中，这也使社会对话的民主代表性受到质疑。而从输出合法性来看，一方面，由于劳资双方基本利益诉求上的差异，共识的达成存在困难，而且由于劳资双方的力量不对等，劳方缺乏制衡资方的必要杠杆，无法通过谈判和协商促使资方展开实质性的有效行动，这限制了社会对话机制解决社会政策领域实际问题的能力；另一方面，无论是ETUC还是UNICE，都受困于组织过于庞大引发的集体行动困境。在既有的不完善的民主参与之下，由于组织内部成员利益诉求的多元化，他们的集体行动能力已经受到限制，而进一步输入民主代表性，无疑会使他们的行动能力下降，这种集体行动的困境之下，无论是劳方利益集团、资方利益集团，还是两者联合起来作为一个整体，都难以形成合力来推动欧盟社会政策的发展，无法为欧盟社会政策领域决策的输出合法性提供可靠的保障。所以，本案例的经验表明，利益集团通过社团主义模式对欧盟决策的参与，是一种不完善的民主代表性和低效的政策推动力的结合，对欧盟决策合法性的贡献是有限的。

在一体化进程中的战略性决策中，本研究的两个案例表明，利益集团对一体化战略性决策的参与呈现出一种明显的精英主义倾向，经济领域内最有影响力的产业巨头和政治精英，以自愿的形式组成小型的精英利益集团，对欧盟的决策施加影响。从输入合法性看，这种小集团的参与基本上不体现民主原则，除了少数精英，所有的经济社会基层大众都被排除在外，而且在整个过程中，他们的行动都基本游离于公众视野之外，也没有受到实质性的外部监督，呈现出一种秘密的精英政治的色彩。而从输出合法性看，这些小型精英集团通过其丰富的专业技术资源、强大的财力和深厚的政商人脉网络，一方面动员社会大众，另一方面直接影响欧盟决策体系中的最高端行为体，即委员会主席和主要成员国首脑，事实上，他们很大程度上扮演了政策议题的直接设定者。而且，由于专业知识和经济资源上的优势，他们拥有可以影响欧盟机构和欧盟成员国政府的杠杆，可以在欧洲一体化发展的重要关头，强力推动相关决策。如果我们承认统一大市场和经货联盟的建设，有助于提高欧盟公众的总体利益，那么这些小型精英集团显然为欧盟的相关决策提供了很高的输出合法性。

二 对欧盟利益集团在欧盟决策中地位与作用的规范性评估

欧洲一体化发展至今，欧盟已经成为一个涵盖诸多政策领域的决策中心，欧盟层面的利益集团也在欧盟的各种决策中发挥着重要的作用。由于篇幅所限，本研究只覆盖了欧盟公共性决策和一体化战略发展阶段中的部分案例，但这些有限的经验研究，已经反映出欧盟利益集团在欧盟决策参与中的一些复杂特征，笔者认为，这些经验事实的引入，有助于我们对有关利益集团决策参与的相关理论和规范性问题做出进一步的深入思考。

（一）理论视角下的欧盟利益集团与欧盟决策：应然范畴的探讨

正如笔者在开篇提到的，政治学研究中一个核心的讨论议题，就是公众应当如何参与政治决策。在西方政治实践中，一种具有悠久历史的主流模式是代议制民主，即通过选举的方式选择具有民主合法性的代理人，代表公众进行决策。然而，和人类所有的政治制度一样，代议制民主存在着先天的缺陷。首先，由于代议机关垄断了实质性的政策讨论，除了选举时期，公众通常都被排除在决策过程之外，这无可避免地限制了公众的民主参与权。其次，随着社会的发展，公共政策的复杂性正在不断上升，日益增长的决策专业性需求对代议机关的专业能力提出了严峻的挑战。一个电影明星可能因为公众形象良好而高票当选为议员，但他很可能对涉及公众切身利益的公共政策缺乏经验。再次，代议制民主催生了一个职业的政客阶层，他们把注意力放在相互倾轧和夺取政权上，这种政治斗争往往以牺牲公共决策的效率和质量为代价。事实上，近年来西方世界日趋严重的政治冷漠和民众参选率的下降，正是这个问题的最好写照。①

代议制民主的种种缺陷，促使人们不断呼唤直接民主的回归。在这种背景下，有关一种新的民主形式——参与式民主（Participatory Democracy）的讨论开始升温。参与式民主强调决策过程的广泛参与对民主政治的意义，并特别注重利益集团参与政治决策的重要性。在参与式民主理论看来，利益集团的参与为民主政治生活带来了两个积极意义。第一，有组织的利益集团不是外力干涉的产物，而是以自愿的原则结合而成的共同体，该共同体本身就是人们自主参与的结果，这充分体现了民主参与的原则。② 第二，利益集团更贴近经济社会生活的现实，他们可以为公共决策提供最专业的决策信息，这恰恰是传统的代议机关无法提供的。基于这两个特点，参与式民主论认为利益集团同时具有民主代表性和决策专业性这两个优势，因此他们应该成为民主政治生活中重要的参与者。③

理论上看，通过将利益集团引入决策过程，参与式民主似乎在维持决策输入合法性和保证决策输出合法性上达成了新的平衡，而参与式民主提出的解决方案也为欧洲研究学界和欧盟的政治实践提供了新的思想注入。有学者指出，在20世纪90年代以前，有关欧盟民主的学术和政治讨论还聚集在如何加强欧洲议会的作用。到20世纪90年代中期后，更多的讨论开始聚集于欧盟和欧盟成员国层面的代议制民主的危机，同时，参与式民主的概念也开始被越来越多的欧盟研究者所关注。④ 欧盟官方同样对参与式民主的概念以及利益集团对欧盟决策的参与显示出浓厚的兴趣，1999年，欧盟委员会发布了名为《在委员会和特殊利益集团之间开展开放和有序的对话》

---

① 张海洋：《持续深化的欧洲政党组织危机》，《当代世界》2012年第5期。
② Frank Baumgartner and L. Leech Beth, *Basic Interests. The Importance of Groups in Politics and Political Science*, Princeton, 1998, NJ: Princeton University Press.
③ Jane J. Mansbridge, "A Deliberative Theory of Interest Representation", in Mark Petracca (eds.), *The Politics of Interest*. Boulder, CO: Westview Press, 1992, pp. 32 – 57.
④ Sabine Saurugger, "Interest Groups and Democracy in the European Union", *West European Politics*, Vol. 31, No. 6, November 2008, pp. 1277 – 1278.

的官方文件,① 到 2001 年,在欧盟治理白皮书中,欧盟委员会开始明确呼吁"市民社会的参与",② 而在后来的《欧盟宪法条约草案》和《里斯本条约》中,欧盟更是把"参与式民主"同"民主平等"和"代议制民主"一起,列为欧盟民主的三条原则之一。③ 参与式民主的概念和利益集团的参与受到欧盟的关注在逻辑上非常自然,一方面,代议式民主在欧盟层面的发展相对缓慢,另一方面,随着成员国的增加和政策权限的扩张,欧盟机构面临着不断增长的决策需求。将既能体现民主原则,又能协助公共决策的利益集团引入决策,显然是欧盟有效增加政策制定的合法性,达成良好治理的一个现实手段。那么,在现实政治的实践中,这种方案是否可行呢?

(二) 对欧盟实证经验的解读:实然范畴的回应

本研究的经验考察表明,相对于参与式民主在应然范畴对利益集团的理论假设,在欧盟的决策实践中,利益集团的地位和作用呈现出多变性。

从输入合法性角度看,总体而言,利益集团作为提高公众直接民主参与的载体,其作用有限。因为通过参与式民主促进直接民主,需要两个前提。一方面,参与决策的利益集团在自我建构的过程中,遵循自愿结社的原则;另一方面,各种利益集团无论强弱,都有实质上参与决策的机会,这种参与不能由少数强势利益集团所垄断。换言之,参与式民主的实现需要严格的条件,它很大程度上依赖于多元主义民主理论提出的一种理想化的利益集团格局:即整个社会中的公众都自由地结成各种利益集团,而利益集团之间则展开充分的竞争,虽然通过单个利益集团实现的利益表达只反映个别群体的诉求,但利益集团之间的竞争可以在整体上实现利益表达的均衡,从而达到促进直接民主的效果。④ 而本研究的一系列案例考察表

---

① European Commission, "An Open and Structured Dialogue between the Commission and Special Interest Goups", SEC (1992) 2272 final Brussels.
② European Commission, "European Governance (A White Paper)", COM (2001) 428 final Brussels.
③ 赵晨:《超越国界的民主:欧盟民主问题研究》,中国社会科学院欧洲研究所,2008 年博士论文,第 58 页;〔德〕贝娅特·科勒-科赫:《对欧盟治理的批判性评价》,《欧洲研究》2008 年第 2 期,第 97 页。
④ Sabine Saurugger, "Interest Groups and Democracy in the European Union", *West European Politics*, Vol. 31, No. 6, November 2008, p. 1277.

明，在欧盟层面，并不是在所有的决策领域都存在这种格局。事实上，在本研究的五个案例中，只有健康政策案例符合这种较为均衡的多元参与模式，而且笔者认为，这个案例很可能是特殊案例，在一般情况下，以利益集团为载体，实现广泛而多元的民主参与会面临诸多难题。

首先，由于行业和资源上的差异，在自由竞争状态下，欧盟层面的利益集团之间出现强弱之分是一种常态，基于自利的考虑，强势的利益集团必然在欧盟决策中尽量排除其他弱势利益集团的影响。欧盟虽然意识到了这个问题，并一定程度上对弱势利益集团（如部分公民利益集团）进行扶植，但本研究对欧盟健康政策的案例考察表明，这种扶植是脆弱的，缺乏足够的制度保障，很可能被强势利益集团以更大的资源优势和政治影响力所抵消，而欧盟在制度上恰恰缺乏一种有效的限制强势利益集团过分影响力的机制。其次，如果欧盟的公共决策权威为了确保利益集团决策参与的均衡，进行更大程度的干涉，那么就只能采取更大规模的制度建设，以份额制的方式为利益集团的决策参与塑造更为固化的参与空间，这实际上就需要建立社团主义模式，而社团主义模式同样具有种种缺陷，一方面，社团主义模式过于僵化，无法灵活地对经济社会基层力量的变化做出及时反应，必然使部分经济社会利益集团被排除在决策过程之外，这直接导致了对民主参与原则的损害。另一方面，社团主义模式只能确保强弱不均的各种利益集团在形式上具有相对均等的决策参与机会，却无法在决策结果上保证弱势利益集团享有和强势利益集团同等的影响力，而这种对决策结果缺乏实质影响力的参与，同样不符合民主参与的基本原则。再次，在特定的欧盟决策领域，通过各种经济社会利益集团充分参与最终完成决策过程的设想，在现实中难以实现，这充分体现在统一大市场和经货联盟这两个欧洲一体化关键发展期的战略性决策上。这两个决策的共同特点，就是共同体处于重大制度变迁的前夜，需要通过前所未有的制度创新，从无到有地创造全新的政策空间。而推动这种决策，需要在较短的时间内就能将极高的预见能力和创新能力，丰富的专业性资源和强大的政治影响力结合起来，换言之，这种战略性决策需要具有高效集体行动能力的小规模精英集团，而不是各种经济社会利益集团广泛而均衡的参与。

从输出合法性角度看，利益集团在欧盟决策中的表现，表面上似乎更加令人乐观。从本研究的经验考察看,除了健康政策的案例,在环境政策、社会政策、欧洲统一大市场建设和欧洲经货联盟的建设中,利益集团的参与总体上都促进了欧盟决策的输出合法性,然而,不同案例中其促进的程度大有不同。利益集团表现最好的两个案例,是在欧洲一体化的两个关键战略性决策,小型的精英利益集团不但深度参与了相关议题的设定,还极为高效地推动了各个关键性的决策权威达成共识,促成了相关政策的生成。至少从今天来看,这两个战略性决策最终的政策产出,还是极大地提高了欧盟公众的总体利益,当然,这种高度的输出合法性是通过小型精英集团的强力推动而非各种利益集团多元参与来实现的。而在一般性的公共决策中,情况更为复杂,在环境政策案例中,利益集团在运转良好的多元主义模式下,同样提高了欧盟的决策质量,使欧盟在废气排放领域的公共政策水平追上了美国。在社会政策案例中,参与决策的利益集团联盟因为囊括了相对较多的成员国同业组织,而且两大联盟之间的实力不均,很大程度上损害了其集体行动能力,只是在非常有限的范围内促进了欧盟社会政策的发展。而在健康政策案例中,由于参与决策的两类利益集团在实力上存在明显差异,缺乏制衡的强势利益集团成功地实现了对欧盟控烟政策的阻挠,对欧盟在相关领域的决策能力造成了负面影响。这些案例似乎表明,利益集团在多数情况下可以不同程度地促进欧盟决策的输出合法性,但其在欧盟决策中的角色很大程度上并不符合参与式民主理论的预期,即兼顾输入合法性和输出合法性,在重大战略性决策中,高度的输出合法性是以完全牺牲输入合法性为代价的。在一般性的公共决策中,只有利益集团充分自由参与和利益集团之间的有效制衡这两个条件都得以满足,也就是运转良好的多元主义模式下,利益集团才能在决策中成为输入合法性和输出合法性的双重促进者。而在僵化的社团主义模式,或者运转不良的多元主义模式下,利益集团或者复制公共决策的传统难题,陷入民主和效率之间的两难困境,或者由于相互倾轧,造成赢者通吃的局面,成为决策输入合法性和输出合法性的双重破坏者。总体而言,参与式民主将利益集团视为决策输入和输出合法性双重促进者的假设,只有在非常理想的条件下才可能实现,而欧盟决策的现实环境远为复杂,这也使利益集团在欧盟决策中的角色定位存在诸多不确定性。

三　未来的研究议程

　　无论外界对利益集团的评价如何，欧洲一体化发展至今，利益集团已经成为欧盟政治系统中一个重要的组成部分。对利益集团在欧盟决策参与的研究，是理解欧洲一体化进程和欧盟公共政策制定的一个重要窗口。本研究对欧盟利益集团的历史发展及其在欧盟决策中的参与机制和运作特点进行了一定的描述，对其在欧盟决策中的地位与作用，做出了一定的评估，基于这些研究，笔者认为，对欧盟利益集团的进一步考察，应从以下几个方面展开。

　　第一，有关欧盟利益集团对欧盟决策参与的案例研究应当进一步扩展，因篇幅所限，本研究主要考察了统一大市场、经货联盟、社会政策、健康政策和环境政策等领域的五个案例，但欧盟发展至今，其一般性的公共政策权限已经非常广泛，而且欧洲一体化仍在处于不断发展的进程当中，欧盟未来必然要在一体化发展的问题上面临更多的战略性决策，要对欧盟利益集团在欧盟决策中的地位和作用进行全面的评估，就需要更大范围的案例样本作为考察的基础。

　　第二，在引入利益集团这个观察对象的情况下，应当从比较政治的视角出发，对欧盟这一政治系统进行更全面和深入的考察。众所周知，欧盟是一个非常特殊的政治系统，一方面，它是主权国家组成的联合体，具有一些国际组织的行为特征，另一方面，它又拥有自己的议会和行政机关，具有一般意义上主权国家的部分特点。如果我们从比较政治的视角出发，只观察其第一支柱，也就是欧盟作为公共政策决策权威的领域，可以发现，随着利益集团在欧盟层面的日趋活跃，在欧盟的公共政策领域实际存在三种公共利益调节机制，一是国家间调节，二是欧洲议会作为传统的代议制机构的调节，三是正在成长中的以多元主义和社团主义两大模式为基础的有组织的利益集团调节。总的来说，这是成员国间接民主，欧洲议会直接的代议式民主和利益集团参与式民主并存的一个杂合体。那么，在公共政策领域，欧盟层面的公共利益调节机制最终将以哪种模式存在？目前这种并存的状态是否会持续？三者之间是否会展开竞争？或者在融合的基础上发展出一个全新的公共利益调节模式？这都是值得我们思考的问题。笔者认为，对上述问题的考察可以从以下两方面入手：一方面，应从输入合法性和输出合法性的角度，对上述三种调节模式进行横向的比较研究，对这些模式在欧盟不断演化的决策环境中的适应性做出精确的评估。另一方面，应在欧盟各项政策的决策过程中进一步考察包括利益集团在内的各个决策行为体之间的关系，尤其需要关注他们如何处理政策话语权的分配，是竞争还是合作，如果是合作，那么用何种方式予以实现？

第三，一个重要的可能性，也是从目前的经验研究中得到最多支持的判断，就是欧盟利益集团、欧洲议会、欧盟成员国和欧盟委员会等行为体，通过新的分化组合，形成多元的网络，根据议题在不同的政策领域呈现出不同的个性化的结构，这就是科勒－科赫等西方学者提出的欧盟治理模式，即政策网络和多层治理。在这个模式下，由于利益集团进入决策空间，从功能上对传统的一元化政治决策进行拆分成为可能。政治精英可以只负责确立利益博弈的空间和规则，具有专业能力的各种利益集团则在开放性参与的前提下，一方面体现民主合法性，另一方面则扮演技术专家的角色，保证决策的质量。然而，由于经验性的观察目前尚不全面，这种欧盟治理模式的生命力仍然存在不确定性。科勒－科赫本人也承认，经验研究提供的证据可谓喜忧参半，利益集团进入决策空间，总的来说确实提高了决策的效率，但从民主合法性的角度看，结果不容乐观。[①] 本研究总体上也支持这种判断，对欧盟公共政策的一系列案例研究表明，这种模式得以存在的重要前提，是代表不同利益的各种经济社会利益集团，都充分地加入到决策过程中，在相互制衡和良性竞争的基础上，安于决策信息提供者的角色。然而，强大的利益集团是否会甘于这种分工呢？这不但取决于欧盟层面的利益集团格局在经过一段时间的发展后是否会"天然的"趋向均衡，也取决于欧盟在相关领域能否发展出有效的制衡机制。因此，欧盟层面利益集团的未来发展趋势和欧盟在规范利益集团决策参与方面的制度建设，也是

---

① 贝娅特·科勒－科赫：《对欧盟治理的批判性评价》，《欧洲研究》2008 年第 2 期，第 98 ~ 102 页。

未来进一步研究的一个重点。

第四，欧盟是一个不断发展变化的行为体，相对于传统的国家行为体，欧盟的政策权能在短短60年间已经经历了几次重大的变化，在每次变化中，都会有新的政策空间出现在欧盟层面，也就意味着新的逐利空间的出现。本研究对欧盟统一大市场和经货联盟两个案例的考察表明，在欧盟进行制度创新之前，预见到制度创新的可能性，并意识到自身可能会从制度创新中获益的经济社会力量，会能动地组成利益集团，并与欧盟政治系统内的政治精英结成联盟，成为新制度的塑造者，这也使他们成为新制度下的最大受益者，然而，在整个制度变革期，他们的行为都游离于民主过程之外，而制度变革恰恰涉及所有公众的利益。

我们如何对这种现象做出解读？从传统的民主理论视角来看，这种涉及所有公众重大利益的制度变革最需要民主，但在这个问题上，民主的困境在于，只有一个问题成为稳定的公共性问题，民主才能发挥作用，如果公众和绝大部分社会精英还意识不到某个问题的存在，就很难谈到民主。举例而言，在建立统一大市场的问题上，公众和绝大部分的政治精英在统一大市场建立之前，对其的认识都处在相对模糊的状态，而跨国产业精英集团却可以利用他们在知识和资源上的优势，直接促成统一大市场的建设，并在一定程度上成为相关制度的规则塑造者。当然，从今天来看，统一大市场计划作为公共决策，还是在总体上为欧盟公众的福利提供了增量，但由于欧洲一体化仍将继续发展，未来还会面临很多的制度创新和制度变革，如果在制度转型期，精英利益集团的行为不受到民主过程的限制，那么对于公众而言，这无疑意味着巨大的风险。

然而，从欧洲一体化的本质特征来看，战略性的制度创新往往不得不以牺牲民主为代价。从大的国际格局看，欧洲一直面临着老牌发达国家和新兴市场国家不断增长的经济竞争压力，但在福利制度和民主选举制度深度结合的欧洲，如果将一体化的设计和创新交付于民主过程，并让公众就"是否愿意放弃对本国经济资源的控制，将福利创造的主动权交付于自由市场"这一问题展开辩论的话，很难想象欧洲一体化会得到顺利推行，无论是成员国还是欧盟机构中的政治决策者们，都会直接或间接地受困于民意政治，难以展开行动。而精英利益集团的价值，恰恰在于他们游离于民主过程之外，将事关一体化关键发展的战略性决策过程从民意政治中剥离出来，由少数精英做出实质性的决策，并通过高度的行动能力推动相关政策的出台和实施。事实上，如果我们对欧洲一体化几个重大发展阶段的决策过程进行回顾，就不得不承认，一体化内在的发展逻辑和欧洲传统的民主政治原则之间是存在张力的。在这种背景下，我们该如何对精英利益集团在一体化战略性决策过程中的精英式参与进行价值判断？在这个问题上，无论是参与式民主理论，还是与之密切相关的欧盟治理理论，其理论视野似乎都存在瓶颈，因为这些理论的着眼点，通常在于欧盟一般性公共决策中的利益调和与分配问题，而精英利益集团在一体化的发展进程中的战略性决策参与，则更接近于一种制度创新和利益增量的创造。如果既有的民主理论要对利益集团在欧盟决策中的地位和作用做出全面的解读，那么如何对精英利益集团在欧洲一体化制度创新过程中的地位和作用做出规范性评价，就是相关理论需要回应的问题。或者，我们需要在相关的研究中，对利益集团在欧盟一般性公共决策和欧洲一体化战略决策中的角色进行进一步的划分，并在比较政治研究和欧洲一体化研究跨学科对话的基础上，探索新的理论发展空间。

主要参考文献

外文专著

Andrew Moravcsik, *The Choice for Europe: Social Purpose and State Power from Messina to Maastricht*, Cornell University Press, 1998.

Beate Kohler – Koch and Berthold Rittberger, (eds.), *Debating the Democratic Legitimacy of the European Union*, Rowman & Littlefield, Lanham, 2007.

Caroline De Cock, *Survival Guide to EU Lobbying, including the Use of Social Media*, Eburon Academic Publishers, Kindle Version, 2010.

Daniel Guéguen, *Comitology: Hijacking European Power?* 3rd Edition, Electronic Version, European Training Institute, 2011.

Daniel Guéguen, *Reshaping European Lobbying*, Published by PACT European Affairs, First Edition, Kindle Version, 2013.

David Coen and Jeremy Richardson, eds., *Lobbying the European Union: Institutions, Actors, and Issues*, Oxford University Press, 2009.

Ernst B. Haas, *The Uniting of Europe: Political, Social and Economic Forces 1950 – 1957*, University of Notre Dame Press, 1958.

Ernst B. Haas, *Beyond the Nation – state: Functionalism and International Organization*, Stanford University Press, 1964.

Geroge Ross, "The European Community and Social Policy: Regional

Blocs and a Humane Social Order", *Studies in Political Economy*, Vol. 40, 1993.

Ian Bache, Stephen George and Simon Bulmer, *Politics in the European Union*, 3rd edition, Oxford University Press, 2011.

James A. Caporaso, *The Structure and Function of European Integration*, Goodyear Publishing Company, 1974, Pacific Palisades, California.

Justin. Greenwood and M. Aspinwall (eds.), *Collective Action in the European Union: Interests and the New Politics of Accociability.* London; New York: Routledge, 1997.

Justin Greenwood, Interest Representation in the European Union, 3rd Edition. Palgrave Macmillan, Kindle Version, 2011.

Karl Kaltenthaler, *Policymaking in the European Central Bank: The Masters of Europe's Money*, Rowman & Littlefield, 2006.

Klemens Joos, *Lobbying in the New Europe, Successful Representation of Interests after the Treaty of Lisbon*, WILEY - VCH Verlag Gmbh & KGaA, Boschstr. 12, 69469 Weinheim, Germany, 2011.

Linda Hantrais, *Social Policy in the European Union*, MacMillan Press Ltd., 1995.

Michael J. Gorges, *Euro - Corporatism? Interest Intermediation in the EC*, University Press of America, 1996.

Miruna Andreea Balosin, *The Evolution of Lobbying in the European Union: Is EU Lobbying Important for the European Public Space?*, Lambert Academic Publishing, 2012.

Patrick Venturini, *The European Social Dimension.* Luxembourg: Office for Official Publications of the European Communities, 1989.

Rinus van Schendelen, *More Machiavelli in Brussels, The Art of Lobbying the EU*, Amsterdam University Press, 2010.

Rinus van Schendelen & Roger Scully (eds.), *The Unseen Hand: Unelected EU Legislators*, Taylor & Francis e - Library, Kindle Version, 2005.

Stefan Collignon and Daniela Schwarzer, *Private Sector Involvement in the Euro: The Power of Ideas*, Routledge, Kindle Edition, 2003.

William Nicoll and Trevor Salmon, *Understanding the European Communities*, Hemel Hempstead, Philip Allan, 1990.

外文论文

Adam William Chalmers, "Special Interests and Integration: Changes in Patterns of Lobbying since Lisbon", Policy Brief in the Meeting "DECISION – MAKING IN THE EUROPEAN UNION BEFORE AND AFTER LISBON", Organized by Charles University in Prague, Leiden University, University of Victoria and University of Florida, June 5, 2012, Brussels.

Andrew. Moravcsik, "Preferences and Power in the European Community: A Liberal Intergovernmentalist Approach", *Journal of Common Market Studies*, 1993, Vol. 31, No. 4.

Christine Mahoney, "The Power of Institutions: State and Interst Group Activity in the European Union", *European Union Politics*, 2004, Vol. 5, No. 4.

Christian Egenhofer, Sebastian Kurpas and Louise van Schaik, "The Ever – Changing Union: An Introduction to the History, Institutions and Decision – making Processes of the European Union", CEPS Paperbacks, 18 April 2011, http://ceps.eu/book/ever–changing–union–introduction–history–institutions–and–decision–making–processes–european–un.

DanielGuéguen, "Bad News for EU Decision – making: Comitology no Longer Exists", *Euractive*, Opinion, 19 April 2013, http://www.euractiv.com/future–eu/bad–news–comitology–longer–exist–analysis–519247.

David Coen: "The Evolution of the Large firm as a Political Actor in the European Union", *Journal of European Public Policy*, 1997, Vol. 4, No. 1.

David Marshall, "Who to Lobby and when: Institutional Determinants of Interest Group Strategies in European Parliament Committees", *European Union Politics*, 2010, Vol. 11, No. 4.

Dolvik, J. E. and Visser, J. "ETUC and European Social Partnership: A Third Turning – Point", in H. Compston and J. Greenwood (eds.), *Social Partnership in the European Union* 2001, Basingstoke: Palgrave Macmillan.

Dusan Sidjanski, "Pressure Groups and the European Economic Community", in COSGROVE, C. et TWITCHETT, K. J. (eds.), *The New International Actors*, New York et Londres, MacMillan, St Martin's Press, 1970, p. 223.

Henry Hauser, "European Union Lobbying Post – Lisbon: An Economic Analysis", *Berkeley Journal of International Law*, Vol. 29, Issue 2.

Ingvild Olsen, "The Council Working Groups: Advisors or de facto Decision Makers?", Paper presented at the Fifth Pan – European Conference on EU Politics Porto, Portugal – 23 – 26 June 2010, http://www.jhubc.it/ecpr-porto/virtualpaperroom/100.pdf.

J. Kendall and H. K. Anheier, "The third Sector and the EU Policy Process: an Initial Evaluation", *Journal of European Public Policy*, Vol. 6, No. 2.

Jean Meynaud and Dusan Sidjanski, 1971, Les groupes de Pression dans la Communaut'e Europ'eenne, 1958 – 1968. Structure et action des organisations professionnelles, Universit'e Libre, Institut de Sociologie, Brussels.

Machael J. Gorges, "Interest Groups, European Integration and the New Institutionalism", Conference Paper for the Fifth Biennial Conference of the European Community Studies Associaltion, Seattle, Washington, May 29 – June 1, 1997.

Maria Green Cowles, Setting the Agenda for a New Europe: The ERT and EC 1992, *Journal of Common Market Studies*, Vol. 33, No. 4, 1995.

M. Egeberg, "Transcending Intergovernmentalism? Identity and Role Perceptions of National Officials in EU Decision – Making", *Journal of European Public Policy*, 1999, Vol. 6, No. 3.

Pieter Bouwen, Corporate Lobbying in the European Union: Towards a Theory of Access, EUI working Paper SPS, No. 2001/5.

ReinerHoffmann, Otto Jacobi, Berndt Keller and Manfred Weiss eds. *Transnational Industrial Relations in Europe*, Hans – Böckler – Stiftung, 2000.

Sabine Saurugger, "Interest Groups and Democracy in the European Union", *West European Politics*, Vol. 31, No. 6, November 2008.

Stephen Siberson, "Inching Toward EU Supranationalism? Qualified Majority Voting and Unanimity Under the Treaty of Lisbon", *Virginia Journal of Interna-*

tional Law, Vol. 50, No. 4, 2010.

Susana Borrás – Alomar, Thomas Christiansen and Andrés Rodríguez – Pose, Towards a Europe of the Regions'? Visions and Reality from a Critical Perspective, *Regional Politics and Policy*, Vol. 4, No. 2, 1994.

Sven S. Andersen and Kjell A. Eliassen, "European Community Lobbying", *European Journal of Political Research*, 1991, Vol. 20, No. 2, pp. 173 – 187.

Wolfgang Streeck and Philippe C. Schmitter, "From National Corporatism to Transnational Pluralism: Organized Interests in the Single European Market", *Politics & Society*, 1991, Vol. 19, No2.

中文专著及译著

田德文:《欧盟社会政策与欧洲一体化》,社会科学文献出版社,2005。

〔美〕大卫·杜鲁门:《政治过程》,陈尧译,天津人民出版社,2005。

〔法〕法布里斯·拉哈:《欧洲一体化史,1945~2004》,彭姝祎译,中国社会科学出版社,2005。

〔美〕汉密尔顿、杰伊、麦迪逊:《联邦党人文集》,程逢如等译,第10篇,《续前篇内容》,商务印书馆,2004。

〔美〕曼瑟尔·奥尔森:《集体行动的逻辑》,陈郁等译,三联书店,1995。

〔美〕曼瑟尔·奥尔森:《国家兴衰探源——经济增长、滞涨与社会僵化》,吕应中等译,商务印书馆,1999。

中文论文

〔德〕贝娅特·科勒-科赫:《欧盟研究中的治理转向》,《欧洲研究》2007年第5期,第28~29页。

〔德〕贝娅特·科勒-科赫:《对欧盟治理的批判性评价》,《欧洲研究》2008年第2期,第103页。

戴炳然:《评欧洲〈阿姆斯特丹条约〉》,《欧洲研究》1998年第1期。

冯仲平:《欧洲统一货币的进展及前景》,《现代国际关系》1997年第4期。

关信平:《欧洲联盟社会政策的历史发展:兼析欧盟社会政策的目标、

性质与原则》,《南开学报》2000 年第 2 期。

〔德〕赫尔伯特·奥宾格等著《德国与欧盟的社会标准:全球化及欧洲一体化的影响》,王程乐译,《德国研究》2010 年第 1 期。

江碧华:《欧盟安全政策发展之研究》,台湾政治大学,2004 年硕士论文。

李巍:《如何认识欧盟的民主赤字问题》,《欧洲研究》2002 年第 6 期。

彭萍萍:《欧盟利益集团与欧盟政策制定》,中共中央党校,2010 年博士论文。

孙敬亭:《欧盟利益集团研究:概念、重要性及影响力》,《欧洲研究》2011 年第 4 期。

徐静:《欧盟多层级治理下利益集团对欧盟决策作用的分析》,华东师范大学,2011 年博士论文。

田野、张晓波:《国家自主性、中央银行独立性与国际货币合作——德国国际货币政策选择的政治逻辑》,《世界经济与政治》2012 年第 1 期。

夏建中:《欧盟社会政策的发展及其启示》,《南通师范学院学报》2002 年第 2 期。

杨解朴:《欧盟层面的利益集团》,中国社会科学院欧洲研究所,2001 年硕士论文。

杨解朴:《欧盟治理下社会伙伴的角色变化》,《欧洲研究》2007 年第 5 期。

张海洋:《持续深化的欧洲政党组织危机》,《当代世界》2012 年第 5 期。

张磊:《欧盟共同决策程序的变革:以三方会谈为例》,《欧洲研究》2013 年第 2 期。

曾凡锋:《欧盟商业利益集团与欧盟决策机构互动探究——接近理论视角》,河北师范大学,2007 年硕士论文。

邹峻:《欧盟地区政策:制度安排与政策工具》,复旦大学,2007 年博士论文。

郑春荣:《欧盟委员会与公民社会关系的变迁与反思》,《欧洲研究》2009 年第 1 期。

郑春荣:《规范分析视角下的欧盟新型治理模式:"社会对话"》,《欧洲研究》2008 年第 2 期。

郑裕镇:《欧洲联盟授权立法委员会（comitology）之研究》, 台湾淡江大学欧洲研究所, 2012 年博士论文。

赵晨:《超越国界的民主: 欧盟民主问题研究》, 中国社会科学院欧洲研究所, 2008 年博士论文。

研究报告

AMERICAN CHAMBER OF COMMERCE IN POLAND, Annual Report 2011, http: //amcham. pl/file/pdf/agm_ report_ 2011_ with_ cover. pdf? PHPSESSID = a831def816b9664def3a050025c9773d.

Corporate Europe Observatory, "Brussels the EU Quarter, Explore the Corporate Lobbying Paradise", http: //archive. corporateeurope. org/docs/lobbycracy/lobbyplanet. pdf.

Eurocoal Report, "60 Years of Voicing Coal Interests in Europe", http: //www. euracoal. be/pages/medien. php? idpage = 621.

European Commission, DG - ENTR, Framework Contract for Evaluation and Evaluation - related Services: BUDG - 02 - 01 L2, Evaluation of the Transatlantic Business Dialogue (TABD), Final Report, http: //ec. europa. eu/enterprise/dg/files/evaluation/2004_ executive_ summary_ en. pdf.

European University Institute, *Historical Archives of the European Community*, OEEC, www. eui. eu/HAEU/pdfinv/inv - oeec. pdf.

OECD, *Explorations in OEEC History*, OECD Publishing, 2009.

OECD, *Development Co - operation Review Series*, European Community, OECD Publishing, 1998.

相关网站

Business Europe, History of the Organization, http: //www. businesseurope. eu/content/default. asp? PageID = 601.

CEMR Website, http: //www. ccre. org/en/article/3_ 2.

CESI Website, http: //www. cesi. org/about_ us/about_ us. html.

Eurofound, "European Industry Federations", http://www.eurofound.europa.eu/areas/industrialrelations/dictionary/definitions/europeanindustryfederations.htm.

EU Academy, E-learning Course, "Council of Ministers & European Council", http://www.eu-academy.eu/free-resources/e-learning/.

EU Academy, E-learning Course, "European Parliament", http://www.eu-academy.eu/free-resources/e-learning/.

European Training Academy, "EU Regulatory Affairs: What you should Know about Implementing and Delegated Acts", http://www.eu-academy.eu/freeresources/eu-regulatory-affairs-implementing-delegated-acts/.

EU Website, European Commission, http://europa.eu/about-eu/institutions-bodies/european-commission/index_en.htm.

EU Website, Employee Involvement - European Works Councils, http://ec.europa.eu/social/main.jsp?catId=707&langId=en&intPageId=211.

EU Website, European Transparency Initiative, ETI, http://europa.eu/legislation_summaries/institutional_affairs/decisionmaking_process/ai0003_en.htm.

EU Website, Glossary, Comitology, http://europa.eu/legislation_summaries/glossary/comitology_en.htm.

EU Website, Press Releases Database, "Commission and European Parliament Launch Joint Transparency Register to Shed Light on all Those Seeking to Influence European Policy", http://europa.eu/rapid/press-release_IP-11-773_en.htm?locale=en.

EU Website, Standing Committee on Employment, http://europa.eu/legislation_summaries/other/c10233_en.htm.

EU Website, Transparency Register, Statistic for Register, http://ec.europa.eu/transparencyregister/public/consultation/statistics.do?locale=en&action=prepareView.

Lobbyplanet Website, "Commissioners and Their Cabinets", http://www.lobbyplanet.eu/wiki/who/the-european-commission/commissioners-and-their-cabinets.

欧盟农业组织专业委员会网站, http://www.copa-cogeca.be/Cogeca-History.aspx。

欧盟相关文件

EU Regulation, No. 211/2011 of the European Parliament and of the Council of 16 February 2011 on the Citizens' Initiative, *Official Journal of the European Union*, 11. 3. 2011, Preamble, Section 9.

EU Website, TREATY ON EUROPEAN UNION, Official Journal C 191, 29 July, 1992, DECLARATION on cooperation with charitable associations. http://eur-lex.europa.eu/en/treaties/dat/11992M/htm/11992M.html#0103000043.

EU Website, "The Draft Statute for European Associations (EA)", http://ec.europa.eu/enterprise/policies/sme/promoting-entrepreneurship/social-economy/associations-foundations/index_en.htm.

Euroepan Commission, "Communication from the Commission of 6 June 1997 on Promoting the Role of Voluntary Organisations and Foundations in Europe", COM (1997) 241 final, http://europa.eu/legislation_summaries/employment_and_social_policy/social_inclusion_fight_against_poverty/c10714_en.htm.

Euroepan Commission, EUROPEAN GOVERNANCE: A WHITE PAPER, Brussels, 25. 7. 2001, COM (2001) 428 final, http://eur-lex.europa.eu/LexUriServ/LexUriServ.do?uri=COM:2001:0428:FIN:EN:PDF.

European Commission, COMMUNICATION FROM THE COMMISSION, Towards a Reinforced Culture of Consultation and Dialogue – General Principles and Minimum Standards for Consultation of Interested Parties by the Commission, Brussels, 11. 12. 2002, COM (2002) 704 final, http://eur-lex.europa.eu/LexUriServ/LexUriServ.do?uri=COM:2002:0704:FIN:en:PDF.

European Commission, "High-level Stakeholder Conference: A 2030 FrameWork for Climate and Energy Policies", Agenda, june 19, 2013, http://ec.europa.eu/energy/events/doc/20130619_climate_energy_2030_agenda.pdf.

索 引

《阿姆斯特丹条约》 38，45，49，54，154
报告起草人 84，89，112，114，124，137，138
参与式民主 11，12，184，185，187，188，191
常务就业委员会 32，146，147，150
成本效益 137，140
代议制民主 1，3，5，58，64，183－185
《单一欧洲法令》 36，37，47，50，51，54，72，150，165，167，168，171，179，181
地区利益集团 39，50－53，97，111，180
多层治理 3，13，50，53，189
多元主义 6，7，10，11，118，119，181，182，185，187，188
方丹报告 48
工会 18，20，21，24－26，29，30，32－34，39，43－46，55，60，81，90，100，101，144－154，157－159，179，180，182
工商业利益集团 32，37，39－41，46，58，60，145，159
公共利益调节机制 10，188

公民利益集团 39，46－50，85，107，122，123，131－133，135－142，181，186
共同决策程序 55，69，83，85，103，111，123，124，129，131，137
国际农业生产者欧洲委员会 18
汉诺威峰会 172，173，178
精英集团 166，182，183，186，187，190
开放式协调 2，155
跨党团小组 84－87，91，113
里斯本条约 14，53，54，57，69－71，78－80，82，83，85，103，111，116，154，155，179，180，185
立法草案核准阶段 111
立法草案起草阶段 102，109，113
立法实施阶段 116，117
利庞德计划 162
联盟的联盟 25，29，35，36，41
卢森堡妥协 34，35
《罗马条约》 25，26，31，33，47，143－146，155，156，164，165，176

《马斯特里赫特条约》 37，47，54，153，172，179

煤钢共同体钢铁生产者俱乐部 22

煤炭生产者研究委员会 21，22

农业组织专业委员会 26，30

欧共体农业合作总务委员会 26

欧共体轧钢行业联盟 23

欧盟地区委员会 43，51，53，99，101

欧盟东扩 41，53，56，57，63，94

欧盟反烟草广告指令 120，123

欧盟废气排放指令 134

欧盟经济社会委员会 99

欧盟汽车燃油指令 134

欧盟委员会 11，39，41，43，48，49，52-56，59-61，66-86，88，89，91-96，99-117，131，134-137，140-142，157，159，180，184，185，189

欧盟委员会委员 60，72，75，110，111

欧盟委员会主席 60，72，74，111

欧盟治理 2，11，12，16，48，49，52，59，185，189，191

《欧盟治理白皮书》 48，49，59，185

欧洲产业联盟理事会 21，22，25

欧洲独立企业理事会 18

欧洲工业和雇主联合会同盟 25，29，30，36，41，145，160

欧洲工业联盟理事会 18，20

欧洲合众国行动委员会 169

欧洲货币联盟委员会 167-169

欧洲货币联盟协会 167，170，171

"欧洲1990"计划 163

欧洲经货联盟 167-169，173-175，177，187

欧洲经济合作组织 17-23

欧洲煤炭交易与消费联络委员会 24

欧洲企业家圆桌会议 36，72，159，161，163，166，170，181

欧洲统一大市场 37，159，166，174，187

欧洲透明动议 60，61

欧洲冶金行业联络委员会 21，23

欧洲议会 3，11，47，48，54-56，59，61，63，66，67，69-71，78，80，82-91，93，95，96，99-105，107，110-118，124，125，130，132-134，137-141，164，180，184，188，189

欧洲议会常务委员会 87，107

起草小组 75-78，81，89，95，109，110，114-117

三方会谈 33，34，45，56，57，103，104，114-116，140，146-148

三元悖论 167

伞状联盟 29，30，35，157，158

社会对话程序 153-155，157，158

社会政策议定书 38，153

社团主义 9-11，32，34，45，118，119，158，159，181，182，186-188

授权立法委员会 56，70，71，78-83，101，116

输出合法性 10-12，15，120，133，141，181-184，186，187，189

输入合法性 10，12，15，64，120，132，133，141，156，157，181，182，184，185，187，189

特定多数 37-39，45，54，79，80，93，94，97，114，116，117，125，129，130，150，151，153，154，157

统一大市场　15，36，37，39，44，45，50，72，79，120，149－151，162－168，170，172，174，176，177，179，183，186，188，190

瓦尔杜切斯进程　148－150

网络治理　3

委员内阁　72－74，110，111

新功能主义　3，7，8

影子起草人　84，90，112

政策形成阶段　102－104，107－109，114，122，125

政府间主义　3，7，8，91，95，167

专家委员会　75，77，78，81，82，109

自愿联盟　35，36，178

图书在版编目（CIP）数据

欧盟利益集团与欧盟决策：历史沿革、机制运作与案例比较 /
张海洋著 .—北京：社会科学文献出版社，2014.6
（欧洲研究丛书·研究系列）
ISBN 978-7-5097-6070-3

Ⅰ.①欧… Ⅱ.①张… Ⅲ.①欧洲国家联盟-利益集团-
研究 Ⅳ.①D814.1

中国版本图书馆 CIP 数据核字（2014）第 114082 号

欧洲研究丛书·研究系列
欧盟利益集团与欧盟决策
—— 历史沿革、机制运作与案例比较

著　　者 / 张海洋

出 版 人 / 谢寿光
出 版 者 / 社会科学文献出版社
地　　址 / 北京市西城区北三环中路甲 29 号院 3 号楼华龙大厦
邮政编码 / 100029

责任部门 / 全球与地区问题出版中心　　　　　责任编辑 / 仇　扬
　　　　　（010）59367004　　　　　　　　　　　　　　徐　瑞
电子信箱 / bianyibu@ ssap. cn　　　　　　　　责任校对 / 曹俊红
项目统筹 / 祝得彬　　　　　　　　　　　　　　责任印制 / 岳　阳
经　　销 / 社会科学文献出版社市场营销中心 （010）59367081　59367089
读者服务 / 读者服务中心 （010）59367028

印　　装 / 北京季蜂印刷有限公司
开　　本 / 787mm × 1092mm　1/16　　　　　　印　　张 / 13
版　　次 / 2014 年 6 月第 1 版　　　　　　　　字　　数 / 205 千字
印　　次 / 2014 年 6 月第 1 次印刷
书　　号 / ISBN 978-7-5097-6070-3
定　　价 / 59.00 元

本书如有破损、缺页、装订错误，请与本社读者服务中心联系更换
▲ 版权所有　翻印必究